科创板
知识产权
100 问

国家知识产权局专利局专利审查协作江苏中心
苏州慧谷知识产权服务有限公司   组织编写

孙跃飞   主编

知识产权出版社
全国百佳图书出版单位
— 北 京 —

图书在版编目（CIP）数据

科创板知识产权 100 问 / 国家知识产权局专利局专利审查协作江苏中心，
苏州慧谷知识产权服务有限公司组织编写；孙跃飞主编 .—北京：
知识产权出版社，2023.8

ISBN 978-7-5130-8819-0

Ⅰ.①科…　Ⅱ.①国…②苏…③孙…　Ⅲ.①创业板市场—
上市公司—知识产权—中国—问题解答　Ⅳ.①D923.405

中国国家版本馆 CIP 数据核字（2023）第 126536 号

责任编辑：刘　雪　　　　　　　　　责任校对：潘凤越
封面设计：乾达文化　　　　　　　　责任印制：刘译文

科创板知识产权 100 问

国家知识产权局专利局专利审查协作江苏中心
苏州慧谷知识产权服务有限公司　　　　　　组织编写
孙跃飞　主编

出版发行：知识产权出版社 有限责任公司　　　网　　址：http://www.ipph.cn
社　　址：北京市海淀区气象路 50 号院　　　　邮　　编：100081
责编电话：010-82000860 转 8112　　　　　　　责编邮箱：jsql2009@163.com
发行电话：010-82000860 转 8101/8102　　　　　发行传真：010-82000893/82005070/82000270
印　　刷：天津嘉恒印务有限公司　　　　　　　经　　销：新华书店、各大网上书店及相关专业书店
开　　本：720mm×1000mm　1/16　　　　　　　印　　张：24.25
版　　次：2023 年 8 月第 1 版　　　　　　　　　印　　次：2023 年 8 月第 1 次印刷
字　　数：365 千字　　　　　　　　　　　　　　定　　价：118.00 元

ISBN 978-7-5130-8819-0

编委会

编者说明

　　本书的编写团队来自国家知识产权局专利局专利审查协作江苏中心及其下属苏州慧谷知识产权服务有限公司。具体分工如下：

　　沈佳媚：问题 001-017、098-100，附录 004；

　　陈　晨：问题 018-024、059-060；

　　张　钰：问题 025-042、061-062，附录 002；

　　吴　昊：问题 043-058，附录 001；

　　王廷廷：问题 063-072、094；

　　张静静：问题 073-078、095-097；

　　王　静：问题 079-093、附录 005；

　　陈伟琦：部分图表制作、附录 003。

　　全书由张钰、沈佳媚、吴昊统稿，孙跃飞、李彦涛、黄超峰、张磊审核校对。

　　此外，本书写作过程中得到了上海市浦东新区知识产权局的大力支持，在此表示诚挚的感谢。

简称一览表

法律规章	
《中华人民共和国证券法》（2019 修订）	《证券法》
《中华人民共和国公司法》（2018 修正）	《公司法》
《中华人民共和国专利法》（2020 修正）	《专利法》
《中华人民共和国专利法实施细则》（2010 修订）	《专利法实施细则》
《中华人民共和国商标法》（2019 修正）	《商标法》
《中华人民共和国商标法实施条例》（2014 修订）	《商标法实施条例》
《中华人民共和国反不正当竞争法》（2019 修正）	《反不正当竞争法》
《中华人民共和国著作权法》（2020 修正）	《著作权法》
《关于在上海证券交易所设立科创板并试点注册制的实施意见》（中国证券监督管理委员会公告〔2019〕2 号）	《实施意见》
《首次公开发行股票注册管理办法》（中国证券监督管理委员会令第 205 号）	《注册办法》
《公开发行证券的公司信息披露内容与格式准则第 57 号——招股说明书》（中国证券监督管理委员会公告〔2023〕4 号）	《第 57 号准则》
《公开发行证券的公司信息披露内容与格式准则第 58 号——首次公开发行股票并上市申请文件》（中国证券监督管理委员会公告〔2023〕5 号）	《第 58 号准则》
《保荐人尽职调查工作准则》（2022 修订）	《尽调准则》

续表

《上海证券交易所股票发行上市审核规则》（上证发〔2023〕28号）	《上市审核规则》
《上海证券交易所科创板股票上市规则》（上证发〔2020〕101号，2020修订）	《上市规则》
《上海证券交易所科创板企业发行上市申报及推荐暂行规定》（上证发〔2022〕171号，2022修订）	《上市申报及推荐暂行规定》
机构	
中国证券监督管理委员会	中国证监会
上海证券交易所	上交所
深圳证券交易所	深交所
北京证券交易所	北交所
上海证券交易所科技创新咨询委员会	咨询委
上海证券交易所上市审核委员会	上市委
上海证券交易所并购重组审核委员会	重组委
上海证券交易所股票公开发行自律委员会	自律委
上海证券交易所复核委员会	复审委

序 P R E F A C E

　　当前，世界百年未有之大变局加速演进，新一轮科技革命和产业变革深入发展，作为国家发展的战略性资源和国际竞争力的核心要素，知识产权日益发展成为助推经济发展的强大推动力。习近平总书记深刻指出，创新是引领发展的第一动力，保护知识产权就是保护创新。知识产权保护工作关系国家治理体系和治理能力现代化，关系高质量发展，关系人民生活幸福，关系国家对外开放大局，关系国家安全。推进知识产权强国建设，需要我们立足总书记阐述的"五个关系"，自觉把知识产权工作融入国家经济社会发展大局，提供各方面的有力支撑。

　　知识产权一头连着创新，另一头连着市场，是科技成果向现实生产力转化的桥梁和纽带，也是构建统一开放、竞争有序的现代市场体系的重要内容。《知识产权强国建设纲要（2021—2035年）》和《"十四五"国家知识产权保护和运用规划》对推动我国由知识产权大国向知识产权强国转变、提高知识产权转移转化成效等作出了战略安排。近年来，国家知识产权局不断优化知识产权运营服务体系，深化知识产权权益分配机制改革，推进知识产权金融创新。国家知识产权局专利局专利审查协作江苏中心作为长江三角洲地区唯一一家国家级专利审查机构，为发挥国家局直属单位的桥梁纽带作用，深度融入国家战略和区域发展，与上海市知识产权局、上海证券交易所、上海市浦东新区知识产权局联手落实《中共中央、国务院关于支持浦东新区高水平改革开放打造社会主义现代化建设引领区的意见》，共同推进科创板拟上市企业上海（浦东）知识产权服务站建设，这是服务国家发展大局、支撑国际一流营商环境建设的有益创新和生动实践。

本书基于国家知识产权局专利局专利审查协作江苏中心近年来围绕科创板开展的知识产权服务工作和相关研究成果，以问题为主线，通过生动的问答形式，以案说法，旨在解答企业在上市前后通常会遇到的知识产权问题，助力企业走好从 IP 到 IPO 之路。

目 录 C O N T E N T S ◀◀

核心技术　　　　　　　　　　　　　　　　　　　　133

主营业务   **185**

从零开始了解科创板

科创板在设立之初就成了注册制的"试验田"，如今已发展成为我国"硬科技"企业上市的首选地，总市值突破 6 万亿元。

与其他板块相比，上市科创板必须符合"6+1"行业领域要求和"4+5"科创属性评价指标要求。上市审核终止的原因中，近 30% 是科创属性相关问题，上市审核机构的问询多围绕核心技术、核心技术人员及相关重大诉讼风险。

Q001 科创板是什么?

科创板由中华人民共和国国家主席习近平于 2018 年 11 月 5 日在首届中国国际进口博览会开幕式上宣布设立,是上交所的新设板块,独立于主板市场,也是我国最早试点注册制的板块。

作为我国资本市场的一项增量改革,科创板的设立旨在增强资本市场的包容性和竞争力,主要服务于符合国家战略、突破关键核心技术、市场认可度高的科技创新企业,重点支持新一代信息技术、高端装备、新材料、新能源、节能环保、生物医药等高新技术和战略性新兴产业。可以说,科创板的推出,既顺应了科技创新的发展趋势,又符合了经济发展的现实需要。

▶▶ 科创板的初心:高质量发展要靠创新驱动

改革开放以来,我国主动融入世界市场体系,实现了举世瞩目又令人艳羡的经济中高速增长。然而近年来,我国劳动密集型产业的劳动力成本竞争优势已逐渐丧失。能否实现发展动力由要素驱动、投资驱动向创新驱动的转换,将决定我国在世界百年未有之大变局中的位势。

放眼国际,当今世界经济陷入低迷期,经济全球化发展遭遇逆流。特别是 2018 年以来,我国发展面临的国际环境愈加严峻。从国内来看,国家"十四五"规划提出 2035 年实现人均国内生产总值达到中等发达国家水平的远景目标,这意味着需要让 GDP 保持在不低于 5%~6% 的年均增长率。"发展是解决我国一切问题的基础和关键",保持经济中高速增长是应对国内外挑战和不确定性最有效的办法。

未来中国经济发展要依靠什么?答案是科技创新。创新是引领发展的第一动力,科技实力是经济全球化背景下的核心竞争力。在激烈的国际竞争中，不进则退，我国必须补齐制约科技创新的短板，而科创板的设立就是一记真招、实招。

❯❯ 科创板的使命：补齐短板，扭转局面

科创板设立之前，曾出现过 A 股和港股"冰火两重天"的尴尬局面。2018 年，A 股市场新股发行数量同比下降 76.5%，募资规模同比下降 40.8%，市场上出现了极为罕见的"撤单潮"。当年共计审核 172 家企业的发行上市申请，其中 111 家顺利过会，过会率仅 64.5%，创下近五年新低。与此同时，港股新股发行数量和筹资额双冠全球。

企业融资难、融资贵，一直是我国实体经济发展的障碍。处于初创期的科创企业普遍存在"轻资产、无抵押、高风险"的特点，此前经常受制于市值、盈利率、股权结构等方面的要求，未能满足 A 股发行审核条件。如果无法通过资本市场直接融资，这些企业就只能依赖银行贷款等利息较高的间接融资渠道，或像百度、阿里巴巴、腾讯一样选择在境外上市。

科创板的推出和注册制的试点，为上述企业打开了一扇窗，让具备长期增长前景的"科技幼苗"得到国内"资本活水"的充分浇灌。科创板更具制度包容性，支持有一定营业收入规模但未盈利的企业上市，允许存在投票权差异、红筹企业等特殊企业上市。目前，在科创板已汇聚起大批自主研发能力突出、能够引领战略性新兴产业未来发展的"硬科技"企业。且在资本市场的加持下，其研发攻关能力实现可持续发展，盈利能力持续提升，在各自赛道上实现了高速发展。市场各方都期待，在科创板中能形成可复制、可推广的经验，进而以增量带动存量的方式，引领中国资本市场踏上全面深化改革的新征程。

Q002 科创板和其他板块有哪些区别?

全面实行注册制下，各板块聚焦不同定位，形成错位发展。科创板与其他板块的主要区别见表2-1。

表2-1 科创板与其他板块的区别

项目	场内市场				场外市场	
	上交所		深交所		北交所	全国中小企业股份转让系统
板块	主板	科创板	主板（中小板已并入）	创业板	原新三板精选层	新三板创新层	新三板基础层
成立时间	1990年	2019年	1990年	2009年	2021年	2013年	
上市条件	高	低	高	较低	极低		
特色	大盘蓝筹	硬科技\n新一代信息技术、高端装备、新材料、新能源、节能环保、生物医药行业	大盘蓝筹	"三创四新"\n传统产业与新技术、新产业、新业态、新模式深度融合	先进制造业和现代服务业		
特色	大型企业中型稳定发展企业	成长型科技创新企业	大型企业中型稳定发展企业	成长型创新创业企业	专精特新中小企业	民营中小微企业	

续表

项目	场内市场				场外市场		
	上交所		深交所		北交所	全国中小企业股份转让系统	
股票代码	600、601、603、605开头	688 开头	000、001、002开头	30 开头	8 开头或 4 开头		
涨跌幅限制	日涨跌幅10%	日涨跌幅20%	日涨跌幅10%	日涨跌幅20%	日涨跌幅30%	日涨跌幅50%	日涨跌幅100%
	上市后前 5 个交易日不设涨跌幅限制				上市后首日不设涨跌幅限制		

▶▶ 不容动摇的"硬科技"导向

科创板服务于国家创新驱动发展战略,面向世界科技前沿、面向经济主战场、面向国家重大需求,优先支持符合国家战略、拥有关键核心技术、科技创新能力突出、主要依靠核心技术开展生产经营、具有稳定的商业模式、市场认可度高、社会形象良好、具有较强成长性的企业。

在其他板块中,主板突出"大盘蓝筹"特色,重点支持业务模式成熟、经营业绩稳定、规模较大、具有行业代表性的优质企业。

创业板突出"三创四新",要适应发展更多依靠创新、创造、创意的大趋势,主要服务成长型创新企业,支持传统产业与新技术、新产业、新业态、新模式深度融合。

新三板主要服务于创新型中小企业,重点支持先进制造业和现代服务业等领域的企业。

▶▶ 差异化的企业上市条件

科创板在设立之初,就成为实行股票发行注册制的"试验田"。科创板不以持续盈利为唯一指标,强调面向尚未进入成熟发展期且具有一定发展潜力的企业,并提供了多样化的上市标准。

以创新药企为例,其药物研发周期长、投入大、技术壁垒高,大多处于未盈利状态。核准制下，无法满足连续多年盈利要求就无法通过审核，而科创板"定位关键核心技术以及科技创新能力"和"允许未盈利公司申报"，就为这类企业提供了上市融资的机会。

》严格的信息披露要求

实行注册制不等于发行质量"放水"，拟在科创板上市的企业，要充分披露科研水平、科研人员、科研资金投入以及募集资金重点投向科技创新领域的具体安排等相关信息，并确保信息的真实性、准确性、完整性、及时性、公平性。

科创板设置了科技创新咨询委员会作为"智囊团"，在上市审核过程中，上市审核机构会针对发行人是否具备科创属性、是否符合科创板定位等问题，向科技创新咨询委员会提出咨询。可以说，科创板的问询中涉及研发投入和专业技术的问题比例更高，而发行人可参照的答复先例有限。

此外，中国证监会等 8 家中央单位联合发布《关于在科创板注册制试点中对相关市场主体加强监管信息共享完善 失信联合惩戒机制的意见》，加大了对信息披露违规行为的处罚力度。

Q003 科创板的创设有多快?

从 2018 年 11 月 5 日科创板宣布设立到 2019 年 3 月 18 日第一批上市申请受理企业"面世",科创板上市仅用 137 天,可谓"光速"推进(见图 3–1)。而这一进程,中小板用了 5 年,创业板则超过 10 年。

2018年	11月5日　拉开序幕	国家主席习近平在上海举行的首届中国国际进口博览会开幕式上宣布,将在上交所设立科创板并试点注册制
2019年	3月18日	发行上市审核系统正式"开工",标志着科创板向科创企业敞开大门
	4月1日	以688开头的科创板股票代码揭晓
	6月13日　正式开板	在上海举行的第十一届陆家嘴论坛现场,科创板正式开板
	7月22日	正式步入"交易时间",首批25家科创企业当天集中上市
2020年	4月29日　上市公司数量达100家	
	7月23日	上证科创板50成份指数实时行情正式发布
2021年	5月31日	科创板总市值突破4万亿
2022年	5月25日	北交所"转板第一股"正式登陆科创板
	10月31日	科创板股票做市交易业务正式启动
	11月4日	上证科创板成长指数正式发布
	12月28日　上市公司数量达500家	总市值超6万亿元

图 3–1　科创板大事记

科创板的高效创设历程体现了各方对资本市场改革的迫切需要。根据上交所数据,截至 2023 年 3 月 9 日,已有 871 家企业申报科创板,注册生效超 500 家,科创板成为现阶段我国"硬科技"企业上市的首选地。

Q004 科创板的发展情况如何？

科创板打造了资本市场与科创企业双向赋能的新格局，引领我国科技创新发展。自科创板设立以来，板块整体盈利增速、净利率和毛利率等数据持续领先。根据沙利文《2022 年科创板年度总结》报告，截至 2022 年年末，科创板总市值达 6.1 万亿元，成为全年唯一总市值增长的板块。

科创板集聚了大量高新技术产业和战略性新兴产业的标杆公司和潜力企业，促进"资本活水"加速流入科创板，在助力企业科技创新能力持续提升的同时，也实现了科技、产业和资本的良性循环。得益于此，科创板企业也具有了较高的估值溢价，最新的平均市盈率为 52.72 倍，高于其他板块（见图 4–1）。

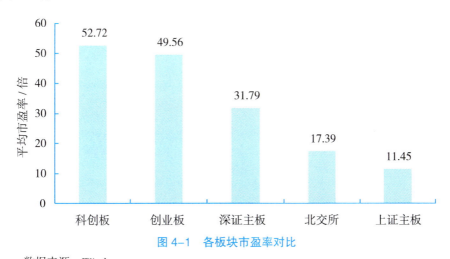

图 4–1　各板块市盈率对比

数据来源：Wind。

知多少 "数"说科创板

科创板股票市价总值和首发融资金额排名概况见表 S-1 和表 S-2。

表 S-1 科创板股票市价总值排名前十名（截至 2023 年 3 月 9 日）

名次	股票简称	市价总值 / 万元	所占总市值的比例 / %
1	晶科能源	15590000.00	2.44
2	金山办公	14299214.69	2.24
3	联影医疗	13300261.61	2.08
4	天合光能	12398346.91	1.94
5	海光信息	12293424.16	1.93
6	大全能源	10342860.28	1.62
7	中芯国际	8469681.57	1.33
8	华润微	7676334.17	1.20
9	中微公司	7656837.66	1.20
10	传音控股	6708965.67	1.05

数据来源：上交所网站，http://www.sse.com.cn/market/stockdata/marketvalue/star/，2023 年 4 月 20 日访问。

表 S-2 科创板首发融资金额排名前十名（截至 2023 年 3 月 9 日）

名次	证券简称	首发融资金额 / 亿元
1	中芯国际	532.3
2	百济神州	221.6
3	联影医疗	109.9

续表

名次	证券简称	首发融资金额 / 亿元
4	海光信息	108.0
5	中国通号	105.3
6	晶科能源	100.0
7	和辉光电	81.7
8	时代电气	75.6
9	翱捷科技	68.8
10	大全能源	64.5

数据来源：上交所网站，http://www.sse.com.cn/market/stockdata/marketvalue/star/，2023年4月11日访问。

科创板申报上市企业总体概况（截至 2023 年 3 月 9 日）如图 S-1 和图 S-2 所示。

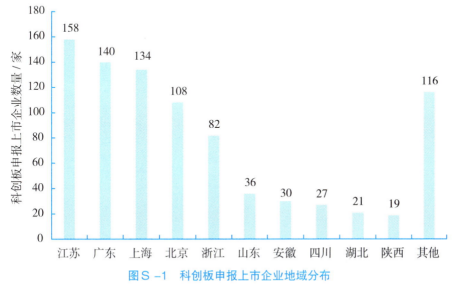

图 S -1　科创板申报上市企业地域分布

数据来源：上交所网站，http://listing.sse.com.cn/renewal/，2023 年 4 月 11 日访问。

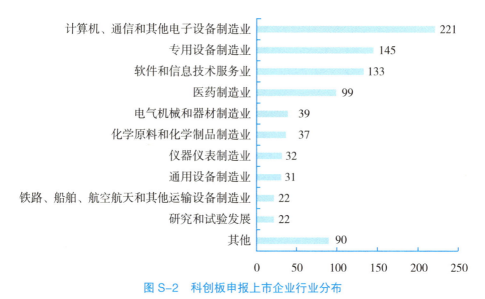

图 S-2　科创板申报上市企业行业分布

数据来源：上交所网站，http://listing.sse.com.cn/renewal/，2023 年 4 月 11 日访问。

Q005 科创板的上市门槛是什么？

≫ 符合《首次公开发行股票注册管理办法》规定的发行条件

1. 持续经营满 3 年

发行人是依法设立且持续经营 3 年以上的股份有限公司，具备健全且运行良好的组织机构，相关机构和人员能够依法履行职责。

有限责任公司按原账面净资产值折股整体变更为股份有限公司的，持续经营时间可以从有限责任公司成立之日起计算。

2. 会计基础工作规范，内控制度健全

发行人会计基础工作规范，财务报表的编制和披露符合企业会计准则和相关信息披露规则的规定，在所有重大方面公允地反映了发行人的财务状况、经营成果和现金流量，最近三年财务会计报告由注册会计师出具无保留意见的审计报告。

发行人内部控制制度健全且被有效执行，能够合理保证公司运行效率、合法合规和财务报告的可靠性，并由注册会计师出具无保留结论的内部控制鉴证报告。

3. 业务完整，具有直接面向市场独立持续经营的能力

发行人资产完整，业务及人员、财务、机构独立，与控股股东、实际控制人及其控制的其他企业不存在对发行人构成重大不利影响的同业竞争，不存在严重影响独立性或者显失公平的关联交易。

主营业务、控制权和管理团队稳定，首次公开发行股票并在主板上市的，最近 3 年内主营业务和董事、高级管理人员均没有发生重大不利变

化；首次公开发行股票并在科创板、创业板上市的，最近 2 年内主营业务和董事、高级管理人员均没有发生重大不利变化；首次公开发行股票并在科创板上市的，核心技术人员应当稳定且最近 2 年内没有发生重大不利变化。

发行人的股份权属清晰，不存在导致控制权可能变更的重大权属纠纷，首次公开发行股票并在主板上市的，最近 3 年实际控制人没有发生变更；首次公开发行股票并在科创板、创业板上市的，最近 3 年实际控制人没有发生变更。

不存在涉及主要资产、核心技术、商标等的重大权属纠纷，重大偿债风险，重大担保、诉讼、仲裁等或有事项，经营环境已经或者将要发生重大变化等对持续经营有重大不利影响的事项。

4. 经营合法合规

发行人生产经营符合法律、行政法规的规定，符合国家产业政策。最近 3 年内，发行人及其控股股东、实际控制人不存在贪污、贿赂、侵占财产、挪用财产或者破坏社会主义市场经济秩序的刑事犯罪，不存在欺诈发行、重大信息披露违法或者其他涉及国家安全、公共安全、生态安全、生产安全、公众健康安全等领域的重大违法行为。

董事、监事和高级管理人员不存在最近 3 年内收到中国证监会行政处罚，或者因涉嫌犯罪正在被司法机关立案侦查或者涉嫌违法违规正在被中国证监会立案调查且尚未有明确结论意见等情形。

》》 符合科创板定位

行业领域符合《上市申报及推荐暂行规定》"6+1"要求。

发行人属于高新技术和战略性新兴产业，包括新一代信息技术、高端装备、新材料、新能源、节能环保、生物医药以及符合科创板定位的其他领域（见图 5–1）。

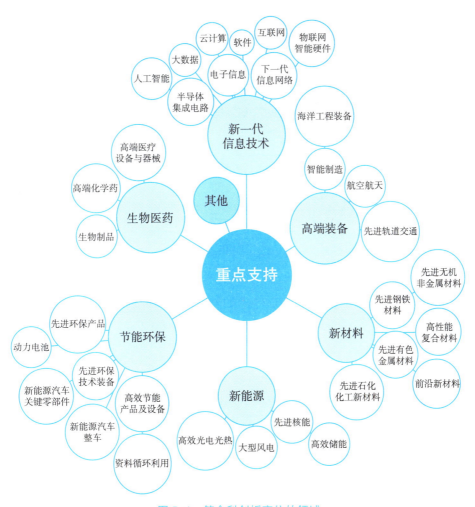

图 5-1 符合科创板定位的领域

科创属性评价指标符合《科创属性评价指引（试行）》（2022 修正）"4+5"要求。

发行人不符合科创属性第一套评价标准（4 项指标须全部符合，见图5-2）的，应符合第二套评价标准（符合 5 项指标其中之一，见图 5-3）。

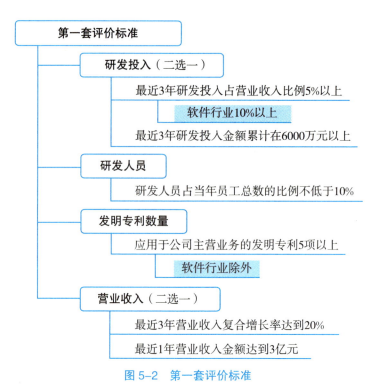

图 5-2　第一套评价标准

注：采用《上市规则》第 2.1.2 条第一款第（五）项规定的上市标准申报科创板的企业，或按照《关于开展创新企业境内发行股票或存托凭证试点的若干意见》等相关规则申报科创板的已境外上市红筹企业，可不适用上述"营业收入"指标的规定。

第二套评价标准

发行人拥有的核心技术经国家主管部门认定具有国际领先、引领作用或者对于国家战略具有重大意义

发行人作为主要参与单位或者发行人的核心技术人员作为主要参与人员，获得国家科技进步奖、国家自然科学奖、国家技术发明奖，并将相关技术运用于公司主营业务

发行人独立或者牵头承担与主营业务和核心技术相关的国家重大科技专项项目

发行人依靠核心技术形成的主要产品（服务），属于国家鼓励、支持和推动的关键设备、关键产品、关键零部件、关键材料等，并实现了进口替代

形成核心技术和应用于主营业务的发明专利（含国防专利）合计50项以上

图 5-3　第二套评价标准

≫ 符合《上市规则》要求规定的市值及财务指标要求

发行人的市值及财务指标应当至少符合下列标准（见表 5-1）中的一项。

表 5-1　发行人申请在科创板上市需满足的市值及财务指标

市值及财务指标（五选一）	
预计市值不低于 10 亿元（二选一）	最近 2 年净利润均为正且累计净利润不低于 5000 万元
	最近 1 年净利润为正且营业收入不低于 1 亿元
预计市值不低于 15 亿元	最近 1 年营业收入不低于 2 亿元
	最近 3 年累计研发投入占最近三年累计营业收入的比例不低于 15%
预计市值不低于 20 亿元	最近 1 年营业收入不低于 3 亿元
	最近 3 年经营活动产生的现金流量净额累计不低于 1 亿元
预计市值不低于 30 亿元	最近 1 年营业收入不低于 3 亿元
预计市值不低于 40 亿元	主要业务或产品需经国家有关部门批准，市场空间大，目前已取得阶段性成果
	医药行业企业需至少有 1 项核心产品获准开展二期临床试验，其他符合科创板定位的企业需具备明显的技术优势并满足相应条件
市值及财务指标（两种额外情形）	
红筹企业（二选一）	预计市值不低于 100 亿元
	预计市值不低于 50 亿元，且最近 1 年营业收入不低于 5 亿元
表决权差异安排（二选一）	预计市值不低于 100 亿元
	预计市值不低于 50 亿元，且最近 1 年营业收入不低于 5 亿元

Q006　哪些行业被限制或被禁止在科创板上市？

2022年12月，中国证监会对《科创属性评价指引(试行)》再次进行修正，完善了科创板"硬科技"的界定标准，增加了限制类和禁止类行业领域分类，建立了负面清单制度。

第一，限制行业领域。限制金融科技、模式创新企业在科创板发行上市。

第二，禁止行业领域。禁止房地产和主要从事金融、投资类业务的企业在科创板上市。

第三，其他禁限制规定。保荐机构不得推荐国家产业政策明确抑制行业的企业，不得推荐危害国家安全、公共安全、生态安全、生产安全、公众健康安全的企业。

科创板作为我国资本市场的"新生儿"，自开板运行以来，相关政策要求处于持续探索优化的状态，以确保科创板姓"科"的定位，帮助板块健康发展。2020年11月3日，上交所发布消息，决定暂缓蚂蚁科技集团股份有限公司（简称蚂蚁集团）科创板上市，透露出监管层对于金融科技企业的态度。鉴于此，另一家仍在冲击科创板的金融科技企业——京东数字科技控股股份有限公司（简称京东数科）对业务进行了部分整合，以淡化其金融属性。但经问询，2021年3月30日，京东数科主动向上交所提交了撤回发行上市申请。4月2日，京东数科的审核状态变更为终止。4月16日，中国证监会公布《关于修改〈科创属性评价指引（试行）〉的决定》，明确限制金融科技、模式创新企业在科创板发行上市，这也意味着蚂蚁集团和京东数科与科创板彻底无缘了。

Q007 股票发行制度经历了几次变革?

　　股票发行制度，是指发行人在申请发行股票时必须遵循的一系列程序化的规范。我国的股票发行制度主要经历了从审批制、核准制到注册制的变革。

》审批制

　　1990 年 12 月 19 日，上交所正式开业；1991 年 7 月 3 日，深交所正式开业。"两所"的正式开市，标志着新中国证券集中交易市场的形成。1992 年 10 月，中国证监会设立。1993 年国务院颁发《股票发行与交易管理暂行条例》，意味着全国统一的股票发行审核制度正式建立，开启了行政主导的审批制。

　　审批制下，以行政和计划的办法分配股票发行的指标和额度，由地方政府或行业主管部门根据指标推荐企业发行股票。因此，此时企业发行股票的首要条件就是取得指标和额度。

》核准制

　　2000 年 3 月 16 日，《中国证监会股票发行核准程序》发布，这标志着股票发行制度开始由审批制向核准制转变。2001 年 3 月 17 日，核准制正式启动。核准制下，中国证监会设立股票发行审核委员会，即发审委，负责股票发行审核工作。相较之前，行政审批权力受到弱化，发行过程的透明度大幅提高。

　　在实行核准制的阶段中，中国证券业协会还于 2001 年提出实行通道制，即证券公司推荐企业发行股票时自行排队、限报家数，每核准过会一家，才能递增下一家推荐企业。通道制于 2005 年 1 月废止。

　　2003 年 12 月 28 日，中国证监会发布《证券发行上市保荐制度暂行办法》。保荐制度是指由保荐人对发行人发行证券进行推荐和辅导，并核实发行文件中的资料是否真实、准确、完整，协助发行人建立严格的信息披露制度，承担风险防范责任，并在其上市后继续协助建立规范的法人治理结构，督促遵守上市规定，完成招股计划书中的承诺，同时对信息披露负有连带责任的一种制度。

》 注册制

2015 年 12 月 9 日，国务院常务会议通过提请全国人民代表大会常务委员会授权国务院在实施股票发行注册制改革中调整适用《证券法》有关规定的决定草案。2018 年 11 月 5 日，国家主席习近平宣布将在上交所设立科创板并试点注册制。2019 年 12 月 28 日，第十三届全国人民代表大会常务委员会第十五次会议审议通过修订后的《证券法》，明确将全面推行证券发行注册制度，新《证券法》于 2020 年 3 月 1 日起施行。

注册制下，交易所承担全面审核判断企业是否符合发行条件、上市条件和信息披露要求的责任，并形成审核意见。中国证监会对发行人是否符合国家产业政策和板块定位进行把关，并基于交易所的审核意见履行注册程序，于 20 个工作日内作出是否同意注册的决定。

Q008 注册制会放松审核吗？

　　注册制的实施提升了资本市场的包容性和开放性，使更多具备高成长潜力、足够研发创新能力的优秀企业获得上市机会。但注册制绝不是走过场，也绝不等于放松审核。

　　注册制的关键在于充分贯彻以信息披露为核心的理念，实行全面注册制，意味着对信息披露质量的审核把关更加严格。发行上市审核机构通过问询，来督促发行人真实、准确、完整地披露信息。同时，也会综合运用多要素校验、现场督导、现场检查、投诉举报核查、监管执法等多种方式，压实发行人的信息披露第一责任、中介机构的"看门人"责任。与核准制相比，注册制的特点包括以下几个。

》信息披露更严格

　　核准制下，中国证监会对发行人进行形式上和实质性审核，包括营业形式、财务状况、经营能力、发展前景、发行数量、发行价格等。注册制下，监管机构的身份从"决策者"回归到"监管者"，在市值、盈利等方面更加包容。但注册制同时搭配更加严格的信息披露制度，披露内容包括但不限于行业特点、业务模式、企业治理、发展战略、经营政策、会计政策、科研水平、科研人员、科研资金投入等，以及可能对核心竞争力、经营稳定性和未来发展产生重大不利影响的风险因素。

》审核效率大幅提升

　　核准制下，发行上市"堰塞湖"问题日渐突出，发行人从正式申报到最终上市，短则一两年、长则四五年。注册制下，审核权力由中国证监会下放至上交所，中国证监会负责发行注册，注册周期为 20 个工作日以内，大大缩短了审核周期。例如，中芯国际从提交上市申请到正式上市科创板仅用了45 天。

›› 退市制度更加严格

中国股市已有 30 余年的发展历程，但退市制度并未得到严格执行，一些不具有持续盈利能力、不符合继续上市条件的企业长期留在 A 股市场，导致借壳上市成为资本市场企业上市的重要方式。注册制的引入将消灭"壳公司"的价值，通过严格、完善的监管机制体现上市企业真正的市值。常态化退市机制将加速形成，国内资本市场将形成"有进有出、优胜劣汰"的良性循环。

注册制拓宽了证券市场的直接融资通道，如果全面实施注册制，将对整个中国金融市场产生巨大的推动作用，进而使之迎来新的发展黄金期。

Q009 科创板的上市成功率高吗？

》"轻而易举"是错觉

尽管注册制放宽了对企业盈利情况等方面的要求，但切不可认为科创板上市就成了轻而易举的一件事。从科创板上市审核状态的统计结果来看，截至 2023 年 3 月 9 日，科创板累计受理了 871 家企业的发行上市申请，其中有 516 家企业注册生效、188 家企业终止上市、73 家企业尚处问询阶段（详见图 9–1 ）。[①] 可见，尽管被公开否决不予注册的项目寥寥无几，但科创板上市实际上的成功率只有 59% 左右，不少企业在申报后中途撤回，或通过上市审核委员会审核但最终并没有注册成功。

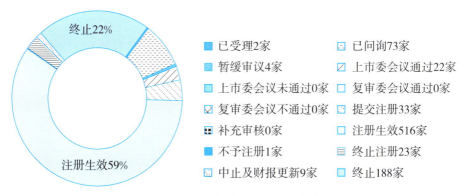

图 9–1 科创板发行上市项目状态

- 已受理2家
- 暂缓审议4家
- 上市委会议未通过0家
- 复审委会议不通过0家
- 补充审核0家
- 不予注册1家
- 中止及财报更新9家
- 已问询73家
- 上市委会议通过22家
- 复审委会议通过0家
- 提交注册33家
- 注册生效516家
- 终止注册23家
- 终止188家

根据 2022 年共有 40 家发行人科创板上市审核终止。从终止阶段来看，33 家在上交所审核问询阶段撤回，7 家在中国证监会注册环节终止。从所属行业来看，新一代信息技术 18 家，高端装备 8 家，生物医药 7 家，新能源 3

[①] 数据来源：上交所发布的《科创板发行上市审核动态》2023 年第 1 期（总第 14 期）。

家，新材料和节能环保各 2 家。终止项目中有 9 家涉及现场督导，3 家涉及现场检查。从终止原因来看，财务核查相关问题占比约 53%，科创属性相关问题占比约 28%，合规性问题相关占比约 20%，其他原因占比约 18%。

科创板始终严守"硬科技"定位，在上市审核方面坚持"实质重于形式"的原则。以被否的上海海和药物研究开发股份有限公司为例，其实际控制人为中国科学院院士，此前完成的两轮融资中受到华盖、高瓴、中金等资本热捧，拥有"院士＋明星资本机构"的高阶配置。但由于其研发管线几乎都来自授权引进的模式，面对上市审核机构提出的"是否具有独立自主的研发能力"的尖锐问题，上海海和药物研究开发股份有限公司无法给出令上市审核机构信服的答案，所以最终黯然收场。

⟩⟩ "审核趋严"肉眼可见

自科创板开设以来，上市审核趋严的态势越发明显，发行人和保荐人要扎实做好申报准备工作。一方面，要充分把握相关法律法规和政策文件的内涵与导向，结合上市审核先例判断企业是否符合科创板定位要求；另一方面，要努力提高信息披露质量，及时报告重大新增事项，特别是企业是否掌握具有自主知识产权的核心技术、是否具备将技术成果有效转化为经营成果的条件、是否具有重大诉讼风险等。

Q010 信息披露的原则和重点是什么？

　　上市审核部门除了对发行人是否符合发行条件、是否符合上市条件进行审核外，还要求发行人的信息披露符合相关要求。

》信息披露的基本原则

　　发行人是信息披露的第一责任人，应当努力提升信息披露的质量，并负有确保信息披露真实、准确、完整、及时、公平的义务。

1.真实性

　　应当以客观事实或者具有事实基础的判断和意见为依据，如实反映实际情况，不得有虚假记载。

2.准确性

　　应当使用明确、贴切的语言和简明扼要、通俗易懂的文字，不得夸大其词，不得有误导性陈述。披露预测性信息的，应当合理、谨慎、客观。

3.完整性

　　应当内容完整，充分披露对发行人有重大影响的信息，揭示可能产生的重大风险，不得有选择地披露部分信息，不得有重大遗漏。信息披露文件应当材料齐备，格式符合规定要求。

4.及时性

　　应当在规定的期限内及时披露知识产权等重大信息。

5.公平性

　　应当同时向所有投资者公开披露知识产权等重大信息，确保所有投资者可以平等获取信息，不得向单个或部分投资者透露或泄露。

›› 知识产权信息披露重点

1. 科创板定位情况说明

符合科创板支持方向、行业领域及其依据。重点考虑所处行业及其技术发展趋势与国家战略的匹配程度，核心技术在境内与境外发展水平中所处的位置，核心竞争力及其科技创新水平的具体表征。

2. 科创属性评价

符合科创属性相关指标及其依据。如未达到相关指标要求，应说明是否符合规定要求的科技创新能力突出等情形。评估形成核心技术和应用于主营业务的发明专利数量及技术先进性，企业产品和专利的匹配程度等；保持技术不断创新的机制、技术储备及技术创新的安排等。

3. 核心技术及核心技术人员情况说明

（1）先进性：主要产品（服务）的核心技术及其对行业的贡献。核心技术人员、研发人员占员工总数的比例，学历背景构成、专业资质及其对企业研发的具体贡献，包括获得的重要奖项、承担的重大科研项目、核心学术期刊论文发表情况等。

（2）稳定性：核心技术来源，是否取得专利或其他技术保护措施。核心技术人员的主要变动情况及其对发行人的影响。与其他单位合作研发协议主要内容，权利义务划分约定及采取的保密措施等。对核心技术人员实施的约束激励措施。

（3）应用性：核心技术在主营业务及产品（服务）中的应用和贡献情况，如生产和销售数量、细分行业市场占有率以及收入构成、占比、变动情况及原因等。主要在研项目所处阶段及应用前景，研发投入的构成、占比，以及技术未能形成产品或实现产业化等重大风险及重大不确定性等。

4. 重大诉讼风险说明

知识产权资产的独立性、完整性、稳定性。重点说明有关重大变化或重大事件，包括核心技术的权属纠纷，重大诉讼对持续经营造成不利影响的事项及应对措施等。

Q011 科创板和知识产权有什么关系？

　　科创板自诞生以来就承载着"落实创新驱动发展和科技强国战略"的重要使命，科技创新能力关乎着我们国家的未来，习近平总书记曾深刻指出："创新是引领发展的第一动力，保护知识产权就是保护创新。"知识产权制度是保护科技创新的重要制度，知识产权拥有量是体现企业创新能力的重要指标，因而企业的知识产权相关情况是影响其能否成功登陆科创板的重要因素。

　　从定位而言，科创板以优先支持符合国家战略，拥有关键核心技术、科技创新能力突出的企业为基本定位，重点支持新一代信息技术、高端装备、新材料、新能源、节能环保以及生物医药六大类高新技术产业和战略性新兴产业。从宏观上来说，这些产业本身就属于知识产权密集型产业，同时，知识产权又是衡量上述产业领域企业是否拥有关键核心技术、科技创新能力是否突出的重要指标。

　　从科创板的科创属性相关规定修正过程来看：科创板创设之初，相关规定办法中并未对拟上市企业的科创属性提出明确具体的要求；2020 年 3 月，中国证监会发布《科创属性评价指引（试行）》，提出 3 项衡量科创属性的常规定量指标及 5 项例外情形指标；2021 年中国证监会发布《关于修改〈科创属性评价指引（试行）〉的决定》，形成"4+5"的科创属性评价指标体系，此次修正将"硬科技"明确写入政策文件，从而加强科创板的"硬科技"属性。从这一系列的修正，我们可以发现科创板的上市审核逐步加重了"硬科技"的权重，科创属性已成为科创板上市审核的核心评价指标。科创属性通常从研发投入、研发人员、核心技术、自主知识产权数量和质量、营业收入这5个维度进行评价，由此可见知识产权与科创属性息息相关，是拟上市企业的标配。

从信息披露的角度来看，由于知识产权对于科创企业而言具有重要意义，往往直接与企业的核心技术、核心业务密切关联，直接影响企业是否具有独立持续经营能力，所以知识产权相关事项作为可能对企业核心竞争力、经营活动和未来发展产生重大不利影响的风险因素，是拟上市企业的重点披露事项。知识产权信息相对于其他经营信息具有更强的专业性和复杂性，包括取得方式、法律状态、权属关系、技术关联度、价值高低等，这些信息如果不进行充分、深入、全面披露，投资人很难作出合理判断。因此，以信息披露为核心的注册制必然会对拟上市企业知识产权工作的规范性、系统性、科学性提出更高的要求。

综上所述，对于计划登陆科创板的企业而言，有效做好优质知识产权资产的构建工作、促进知识产权与主营业务的深度融合是一项影响深远的工作，直接关乎企业能否成功上市以及上市后能否安全、合规运营。

知多少 知识产权大家族

　　知识产权是人们对自己的智力活动创造的成果和经营管理活动中的标记、商誉依法享有的权利。[①] 知识产权具有专有性、地域性、时间性的特征。

　　最为人所熟知的知识产权莫过于专利权、商标权、著作权，其中专利权和商标权也被称为工业产权。广义的知识产权除了上述三种，还包括商业秘密权、商号权、邻接权、地理标志权、集成电路布图设计权等。《民法典》第 123 条规定："民事主体依法享有知识产权。知识产权是权利人依法就下列客体享有的专有的权利：（一）作品；（二）发明、实用新型、外观设计；（三）商标；（四）地理标志；（五）商业秘密；（六）集成电路布图设计；（七）植物新品种；（八）法律规定的其他客体。"

　　在我国，专利包括发明专利、实用新型专利和外观设计专利。其中，发明专利申请必须经过实质审查。专利审查员会在全世界范围内检索与发明专利申请相同和相近的专利文献、论文等，并进行对比，以确定申请的发明创造是否具有新颖性、创造性、实用性等实质性要件。而实用新型和外观设计专利申请经初步审查没有发现驳回理由的，即可作出授权决定。因此，发明专利更能体现技术先进性，其权利稳定性也更高。发明专利数量成为评价企业科创属性的指标之一，也是当之无愧了。

---

① 张伟、祝红霞、曹丹、张海英："知识产权概念新论"，载《科技管理研究》2006 年第 2 期。

Q012 科创板上市注册流程是怎样的?

根据《注册办法》和《上市审核规则》的相关规定,科创板审核注册涉及的主体包括发行人、上交所和中国证监会,流程主要有股东大会批准、制作申请文件、保荐申报、上交所受理、审核问询、上市审核委员会审议、报送中国证监会、中国证监会注册、发行股票,具体如图 12-1 所示。

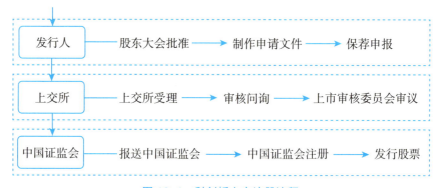

图 12-1 科创板上市注册流程

≫ 上市注册流程详解

1. 股东大会批准

发行人董事会应当依法就本次股票发行的具体方案、本次募集资金使用的可行性及其他必须明确的事项作出决议,并提请股东大会批准。股东大会作出决议。

2. 制作申请文件

发行人申请首次公开发行股票并在科创板上市,应当按照中国证监会有关规定制作注册申请文件。发行上市申请文件的内容与格式应当符合中国证监会和上交所的相关规定。

3. 保荐申报

发行人制作的申请文件，由保荐人保荐。保荐人通过上交所发行上市审核业务系统报送注册申请文件、上市保荐书等文件。

4. 上交所受理

上交所收到注册申请文件，5 个工作日内作出是否受理的决定。注册申请文件受理后，未经中国证监会或者上交所同意，不得改动。发生重大事项的，发行人、保荐人、证券服务机构应当及时向上交所报告，并按要求更新注册申请文件和信息披露资料。

5. 审核问询

上交所设立独立的审核部门，负责审核发行人公开发行并上市申请；设立科技创新咨询委员会，负责为科创板建设和发行上市审核提供专业咨询和政策建议；设立上市审核委员会，负责对审核部门出具的审核报告和发行人的申请文件提出审议意见。上交所主要通过向发行人提出审核问询、发行人回答问题方式开展审核工作。2023 年全面注册制改革将证监会部分审核职能前置至该阶段，在首发项目首轮问询答复后，证监会召开注册准备会，重点考察"两符合""四重大"情况，即是否符合国家产业政策，是否符合拟上市板块定位，是否涉及重大敏感事项、重大无先例情况、重大舆情、重大违法线索。

6. 上市审核委员会审议

上交所发行上市审核机构收到发行人及其保荐人、证券服务机构的审核问询回复后，认为不需要进一步审核问询的，将出具审核报告并提交上市审核委员会。上市审核委员会召开审议会议，对发行上市审核机构出具的审核报告及发行人的发行上市申请文件进行审议，通过合议形成是否符合发行条件、上市条件和信息披露要求的审议意见。上交所结合上市审核委员会的审议意见，出具符合发行条件、上市条件和信息披露要求的审核意见，或者作出终止发行上市审核的决定。

7. 报送中国证监会

上交所审核通过后，其将审核意见、发行人注册申请文件及相关审核资料报中国证监会注册。

8. 中国证监会注册

中国证监会收到上交所报送的审核意见及相关资料后，基于上交所审核意见，依法履行发行注册程序。在 20 个工作日内对发行人的注册申请作出予以注册或者不予注册的决定。在注册期限内，中国证监会发现存在影响发行条件的新增事项的，可以要求上交所进一步问询并就新增事项形成审核意见。

9. 发行股票

中国证监会予以注册的决定自作出之日起一年内有效，发行人应当在注册决定有效期内发行股票，发行时间点由发行人自主选择。

Q013 科技创新咨询委员会是做什么的?

中国证监会和上交所均设立了科技创新咨询委员会(简称咨询委)。

中国证监会咨询委是中国证监会的政策咨询机构,负责向中国证监会以及发行审核委员会、并购重组审核委员会、上交所、深交所、全国中小企业股份转让系统有限责任公司提供专业咨询和政策建议。

上交所咨询委是上交所的专家咨询机构,负责向上交所提供专业咨询、人员培训和政策建议。

›› 设立原因

咨询委的设立是为了进一步发挥资本市场对国家创新驱动发展战略和建设现代化经济体系的服务功能,提高科学决策的能力和水平。科创企业处于科技前沿,存在专业性较强、更新迭代和发展变化快的特点。为了更加准确地把握科创企业的行业特点,中国证监会和上交所各自选聘行业权威专家、知名企业家、资深投资专家组成委员会,负责提供专业的咨询意见。

›› 具体职责

1. 中国证监会咨询委的职责

介绍科技创新及产业化应用的发展动态、境内外典型案例;

分析我国经济发展中科技应用的战略机遇和薄弱环节,对中国证监会落实国家创新驱动发展战略的重要政策进行咨询研究,提出政策建议;

对申请境内发行股票或存托凭证试点的企业相关情况提供咨询;

对中国证监会已受理的申请首次公开发行、再融资、并购重组等企业的行业现状、技术水平和发展前景进行分析讨论；

处理中国证监会根据工作需要提请咨询的其他事项。

2. 上交所咨询委的职责

就上交所提请咨询的下列事项提供咨询意见：

国家科技创新发展战略、细分领域规划等；

板块建设及相关规则的制定；

板块定位、科创属性及业务与技术相关事项；

国内外科技创新及产业化应用的发展动态；

上交所根据工作需要提请咨询的其他事项。

)) 委员构成

1. 中国证监会咨询委

《中国证监会科技创新咨询委员会工作规则（试行）》明确，咨询委由从事高新技术产业和战略性新兴产业（主要包括互联网、大数据、云计算、人工智能、软件和集成电路、高端装备制造、生物医药等）的权威专家、知名企业家、资深投资专家组成。咨询委设主任委员一名，副主任委员若干名。

2. 上交所咨询委

《上海证券交易所科技创新咨询委员会工作规则（2022 年修订）》明确，咨询委委员共 40~60 名，由从事科技创新行业的权威专家、知名企业家、资深投资专家组成，所有委员均为兼职。根据科技创新行业相关性，咨询委中设立不同咨询组别。上交所可以根据需要对咨询委委员人数和人员构成进行调整。

经对比分析，在上交所公示的第一届和第二届咨询委的委员名单中：

（1）咨询委规模扩大：第一届委员 48 名，第二届委员 60 名。

（2）来自科研院校和企业的委员是主力：第一届委员中，超 60% 来自科研院校，超 33% 来自企业，其余来自医院；第二届委员中，超 45% 来自科研院校，超 31% 来自企业，其余来自医院及政府机构。

（3）新增来自政府机构的委员：第二届委员中，有8名来自政府机构及下属事业单位，包括国家医疗保障局、国家卫健委、生态环境部、国资委、上海市知识产权局、上海药品审评核查中心、上海市医疗器械检验研究院。

（4）生物医药领域委员占比倍增：第一届委员中，新一代信息技术领域委员人数最多，其次为生物医药领域；第二届委员中，生物医药领域委员达26人，占比较上届几乎翻了一番。

（5）金融投资领域委员变动大：第一届委员中，有23名委员连任至第二届，占比近一半。其中，金融投资领域委员，仅有1人连任两届。

Q014 上交所的四个委员会有哪些区别?

除了科技创新咨询委员会（简称咨询委）以外，上交所还设有上市审核委员会（简称上市委）、并购重组审核委员会（简称重组委）、股票公开发行自律委员会（简称自律委）。

根据《上海证券交易所科技创新咨询委员会工作规则（2022 年修订）》《上海证券交易所上市审核委员会和并购重组审核委员会管理办法》《上海证券交易所股票公开发行自律委员会工作规则》的规定，四个委员会的主要区别如下。

》人员构成不同

咨询委由 40~60 名从事科技创新行业的专家组成，并根据行业划分为多个小组。委员由上交所选聘，并可商请有关部委、单位及相关科研院校与行业协会推荐委员人选。

上市委主要由上交所以外专家和上交所相关专业人员组成，不超过 30 名委员。委员包括专职委员和兼职委员，以具有证券监管经验专业人员担任的专职委员为主。

重组委主要由上交所以外专家和上交所相关专业人员组成，不超过 20 名委员。委员包括专职委员和兼职委员，以具有证券监管经验专业人员担任的专职委员为主。

自律委共 31~35 名委员，由市场机构委员和上交所委员组成。市场机构委员由股票一级市场买卖双方机构组成。买方市场机构委员从股票市场投资规模居前的证券公司、基金管理公司、期货公司、信托公司、财务公司、保

险公司、合格境外投资者和私募基金管理人等机构投资者中产生；卖方市场
机构委员从股票发行家数、募资金额与研究力量等方面居前的证券公司以及
上交所会员理事、会员监事中产生。

》 工作职责不同

咨询委定位于专家咨询机构，重在提供专业咨询意见和建议。方式灵
活，包括会议及书面函件等。委员会将根据上交所工作需要，在上市推广相
关工作中，就企业是否具有科创企业属性、是否符合技术发展趋势，提供咨
询意见；在发行上市审核相关工作中，就发行人披露的行业现状、技术水平
和发展前景涉及的专业性、技术性问题，对审核问询提供意见和建议。

上市委对发行上市审核机构出具的审核报告及发行上市申请文件进行审
议，就其提出的初步审核意见，提出审议意见；对上交所相关业务部门出具
的退市相关审核报告以及上市企业提交的相关书面文件进行审议，提出审议
意见。

重组委对上市企业发行股票（含可转换公司债券等证券）购买资产等申
请进行审议。

自律委作为由股票发行一级市场主要参与主体组成的咨询和议事机构，
负责就上海市场股票发行相关政策制定提供咨询意见、对股票发行和承销等
事宜提出行业倡导建议。

知多少 上交所网站信息查询方法

第一，登录上交所科创板网站 http：//star.sse.com.cn/home/。

第二，在科创板网站主页的各个查询板块中可选择需要查询的内容（见图 S–1 ）。

图 S–1 上交所科创板网站首页

在"投资者教育"板块中可查询科创板基本情况介绍。

在"信息披露"板块中可查阅上交所公告和公司公告。

在"监管信息公开"板块中可查阅问询函具体内容。

在"注册项目动态"板块中可查阅所有发行上市项目动态，包括审核状态、注册地、保荐机构等。

第三，在"注册项目动态"板块中可查询并下载各发行人相关动态信息。

Q015 科创板上市问询中都会涉及知识产权相关问题吗？

　　科创板实行以"信息披露"为核心的注册制，科创企业相较于传统产业，在行业风险、技术迭代等方面存在较大的不确定性，这必然要求申请上市的企业充分揭示其存在的风险。

　　在科创板上市审核的问询环节，上市审核机构针对企业的问询主要聚焦于发行人核心技术是否存在纠纷及潜在纠纷、知识产权的流转是否公平合理、知识产权的权属是否存在瑕疵、核心技术的稳定性、核心技术人员认定依据及变化情况，这其中涉及大量的知识产权问题。科创板审核问询的知识产权角度全面、针对性强，涵盖了专利权、商标权、著作权、集成电路布图设计权、商业秘密权等问题，其中以专利权问题数量最多，占比近80%。

　　据不完全统计，科创板上市审核中100%问询知识产权问题，平均每个企业被问询12.3项[1]。另外，对2021年终止上市的78家企业进行分析发现，其中因为知识产权问题被终止审核或撤回的企业占到了近40%，一定程度上说明知识产权问题是导致企业折戟科创板的重要因素。

　　因而，在上市之前，企业应当充分重视自身知识产权相关资产建设，尽可能让专业的知识产权服务机构及早介入，帮助企业做好尽职调查、知识产权诊断以及合规建设等。在上市过程当中，企业应当在服务机构的协助下，结合企业自身实际情况与相关监管规定，针对问询阶段中提出的知识产权问题，及时作出合理有效的答复，以便符合相关规范，尽快通过上市审核。

---

[1]　谢卫群：《浦东设立科创板拟上市企业知识产权服务站》，载人民日报客户端上海频道，https://wap.peopleapp.com/article/6826412/6694254，2023年4月访问。

Q016 科创板上市问询中知识产权高频问题有哪些?

　　通过对申报科创板上市企业的招股说明书、问询函及回复意见等材料的分析，发现知识产权问询高频问题主要涉及自主可控、潜在风险、研发体系、技术匹配度、价值贡献度和技术先进性六个方向。

▶▶ 自主可控

　　自主可控主要是指是否掌握了具有自主知识产权的核心技术，核心技术是否权属清晰，是否国内或国际领先，是否成熟或者存在快速迭代的风险。自主可控重点问询的方向主要包括来源和取得过程、是否权属清晰、是否存在外部依赖、合作研发成果归属、知识产权共享及技术自主研发度等方面。拟上市企业自主可控问题至关重要，该类问题的问询一般集中在前两轮，新一代信息技术、生物医药及高端装备这三个领域的企业会被重点关注自主可控问题。

▶▶ 潜在风险

　　潜在风险主要是指发行人是否存在潜在的风险或不利因素；发行人是否具有侵权、诉讼纠纷、质押等情形。潜在风险重点问询的方向主要包括潜在侵权风险和纠纷、法律状态、权利期限相关风险、技术迭代风险、无法获取权利风险、申请进展、核心技术外泄风险及非专利技术被侵权风险等方面。

▶▶ 研发体系

　　涉及研发体系的问询主要是指是否拥有高效的研发体系，是否具备持续创新能力，是否具备突破关键核心技术的基础和潜力。研发体系重点问询的内容包括核心技术人员认定及变化、研发基本情况、研发潜力及持续创新能力、发明人情况、研发投入对核心技术的贡献、技术路线及变化趋势等。关于研发体系的问询容易引起多轮次连续发问，应予以重视。

》 技术匹配度

技术匹配度主要是指拟上市企业拥有的知识产权与企业的主营业务、主要产品和核心技术的匹配程度。技术匹配度重点问询的方向包括知识产权与主营业务关系、知识产权与核心技术关系、知识产权与主要产品关系、技术转化情况等。

》 价值贡献度

价值贡献度是指对企业拥有的知识产权进行量化的价值评估、贡献度评估。其问询问题主要集中于会计处理、对知识产权价值的量化、对收入的贡献度、对业务的促进作用、对产品的贡献度及技术研发价值等方面。该类问题容易引起上市审核机构对企业相关财务情况的问询，而财务问题是信息披露的重点，因此关于价值贡献度的问题会在多轮问询中涉及。

》 技术先进性

技术先进性主要是评价企业的核心技术是否具有相对竞争优势，包括但不限于所处行业市场空间和技术壁垒情况、行业地位及主要竞争对手情况、技术优势及可持续性情况、核心经营团队和技术团队竞争力情况、是否国内或国际领先、是否成熟或者存在快速迭代的风险、是否拥有市场认可的研发成果。技术先进性重点问询的方向主要包括技术创新性、技术成熟度及可持续性、是否进口替代等方面。由于科创板定位于服务"硬科技"企业，因此对企业的技术水平关注度高，该类问题几乎是第一轮问询中必备的问题。

Q017 拟上市企业如何做好知识产权诊断?

科创板上市的知识产权要求主要体现在对于科创属性、发行条件和信息披露等方面的要求中,核心是要满足"6+1"行业领域要求和"4+5"科创属性评价指标要求,企业拥有的知识产权能够支持企业面向市场保持独立持续经营能力,包括核心技术人员稳定,不存在对持续经营有重大不利影响的核心技术、知识产权的权属纠纷,或知识产权担保、诉讼、仲裁等事项。由此可见,科创板对拟上市企业的知识产权要求主要包括两点:一是具有与"科创属性"相匹配的知识产权布局;二是主营业务不存在知识产权权属风险和侵权风险。

科创板之所以如此重视知识产权相关问题,主要原因是:如果企业主营业务的知识产权布局不科学或存在知识产权权属和侵权风险,将极有可能导致企业丧失商业竞争优势。那么,对于拟上市企业而言,应该如何做好知识产权诊断呢?

虽然部分拟上市企业具有专门的知识产权管理部门,但是从避免局限性和对上市流程规则熟悉度等角度考虑,建议企业在科创板上市准备阶段,尽快引入专业的知识产权服务机构。为什么建议企业聘请专门的上市知识产权服务机构呢?主要原因在于:知识产权管理是涉及技术和法律的复合性法律细分领域,对于执业人员的专业性、技术性、相关技术领域从业年限等要求比较高。因而,为保证企业能顺利登陆科创板,应优先选择熟悉企业主营业务和相关技术,并且在知识产权资产构建、风险防范应对等方面具有丰富经验的专业知识产权服务机构。

在确定好知识产权服务机构后,企业应当尽快在服务机构的帮助下,通过科创属性体检、尽职调查等方式，从企业知识产权战略、人员、技术、管理等方面进行整体的知识产权诊断，从而判断企业是否符合下列要求：

（1）知识产权储备能够支撑核心技术的实施和经营，且能体现技术先进性和行业竞争力。

（2）核心技术人员和研发人员稳定性等方面符合要求。

（3）知识产权权属清晰并能够有效应对知识产权风险诉讼纠纷。

（4）知识产权管理体系和制度完备且有效运行。

如果通过诊断，发现企业在某些生产经营环节可能面临知识产权风险，则需要在知识产权服务机构的帮助下及时制定对应的风险防控措施并落地实施。

Q018 科创板的法律法规和知识产权政策体系包括哪些?

自宣布设立科创板以来,中国证监会与上交所先后出台并修订了多项规章制度,为科创板的顺利运行和注册制改革提供了充分的制度供给。其中,与科创属性及知识产权密切相关的规章制度,主要涉及法律法规、中国证监会规章、上交所规则三个层面。[①]

》 现行法律法规

《中华人民共和国证券法》(2019 修订)

《中华人民共和国公司法》(2018 修正)

《全国人民代表大会常务委员会关于授权国务院在实施股票发行注册制改革中调整适用〈中华人民共和国证券法〉有关规定的决定》(2015 公布)

《全国人民代表大会常务委员会关于延长授权国务院在实施股票发行注册制改革中调整适用〈中华人民共和国证券法〉有关规定期限的决定》(2018 公布)

》 中国证监会规章

《关于在上海证券交易所设立科创板并试点注册制的实施意见》(中国证券监督管理委员会公告〔2019〕2 号)

《首次公开发行股票注册管理办法》(中国证券监督管理委员会令第 205 号)

《科创属性评价指引(试行)》(中国证券监督管理委员会公告〔2022〕

---

① 编者注:为保持完整性,本问中使用文件全称。

48 号）

《关于公布公开发行证券的公司信息披露内容与格式准则第 57 号——招股说明书的公告》（中国证券监督管理委员会公告〔2023〕4 号）

《关于公布公开发行证券的公司信息披露内容与格式准则第 58 号——首次公开发行股票并上市申请文件的公告》（中国证券监督管理委员会公告〔2023〕5 号）

《保荐人尽职调查工作准则》（中国证券监督管理委员会公告〔2022〕36 号）

>> 上交所规则

《上海证券交易所股票发行上市审核规则》（上证发〔2023〕28 号）

《上海证券交易所科创板股票上市规则》（上证发〔2020〕101 号）

《上海证券交易所科创板企业发行上市申报及推荐暂行规定》（上证发〔2022〕171 号）

《上海证券交易所科创板发行上市审核规则适用指引第 7 号——医疗器械企业适用第五套上市标准》（上证发〔2022〕89 号）

《上海证券交易所发行上市审核业务指南第 4 号——常见问题的信息披露和核查要求自查表》（上证函〔2023〕657 号）

《上海证券交易所科技创新咨询委员会工作规则（2022 年修订）》（上证发〔2022〕88 号）

知多少 "美国科创板"纳斯达克的前世今生

›› 纳斯达克与科技创新

纳斯达克是仅次于纽约证券交易所的全球第二大证券交易市场。诞生于 1971 年 2 月的纳斯达克，最初是美国全国证券交易商协会为了规范场外交易（OTC）和为小企业提供融资平台而创建的，其英文名 NASDAQ 即全国证券交易商协会自动报价表（National Association of Securities Dealers Automated Quotations）的缩写。

20 世纪 70 年代，正是美国半导体行业蓬勃发展的时期。当时，纽约证券交易所主要面向传统的大企业，上市门槛很高，其对业绩规模和盈利水平的要求都是刚刚起步的小科技企业所无法企及的。人们如果想购买小企业的股票，需要前往银行、证券机构的柜台进行场外交易（OTC），而做市商之间了解股票报价需要通过电话沟通，十分不便。作为一个数字化的报价披露系统，纳斯达克的出现改变了股票交易的方式，此后其还引入了自动匹配报价、完成交易的系统，进而脱离协会，最终成为了一家独立的企业。这也是纳斯达克与科技企业的渊源所在。

以全球芯片巨头英特尔公司为例，其于 1971 年 10 月登陆纳斯达克，成功融资 820 万美元。同年 11 月，英特尔公司推出了世界上第一款商用微处理器 Intel 4004，开创了人类使用微型计算机的新时期。如今全球价值排名前列的科创企业，如苹果、微软、亚马逊、Alphabet（谷歌母公司）、特斯拉、Meta（原 Facebook）等，均选择在纳斯达克上市，这也树立了纳斯达克与创新创业"强绑定"的品牌形象。

›› 科创板与纳斯达克的区别

科创板与纳斯达克都采用了注册制，并提供了多套上市标准，具有相似之处。但两者诞生的土壤不同，区别点也众多，在此仅作简单介绍。

1.上市标准的关注点

科创板除了财务指标之外，特别强调拟上市企业要具备科创属性。科创属性的常规评价指标涉及研发投入、研发人员、发明专利、营业收入，详见表 M-1。

表 M-1　科创板属性常规指标

科创板科创属性常规指标	
同时符合	最近 3 年研发投入占营业收入比例 5% 以上，或最近 3 年研发投入金额累计在 6000 万元以上
	研发人员占当年员工总数的比例不低于 10%
	应用于公司主营业务的发明专利 5 项以上
	最近 3 年营业收入复合增长率达到 20%，或最近 1 年营业收入金额达到 3 亿元

纳斯达克沿用了场外市场做市商制度，并且在上市门槛中规定了流动性方面的指标。纳斯达克市场按照上市标准的严格程度分为纳斯达克全球精选市场、纳斯达克全球市场、纳斯达克资本市场三个层级。从纳斯达克官方网站公布的《纳斯达克上市指南（2023 年 1 月）》（Nasdaq Initial Listing Guide）中可以看出，三个层级的上市条件侧重有所不同，但都对股东数、公众持股数等流动性指标进行了明确要求，详见表 M-2 至表 M-5。

表 M-2　纳斯达克全球精选市场上市门槛（财务要求）

财务要求	标准 1 利润	标准 2 基于现金流量的市值	标准 3 市值及营业收入	标准 4 资产及权益
税前利润	前三财年合计 1100 万美元，且前三财年均不得亏损，且近两个财年的税前利润平均 220 万美元	—	—	—
现金流量	—	前三财年总计 2750 万美元，且前三财年必须为正	—	—

续表

财务要求	标准 1 利润	标准 2 基于现金 流量的市值	标准 3 市值及营业 收入	标准 4 资产及权益
市值	—	前 12 个月平均 5.5 亿美元	前 12 个月平均 8.5 亿美元	1.6 亿美元
营业收入	—	前一财年 1.1 亿美元	前一财年 9000 万美元	—
总资产	—	—	—	8000 万美元
净资产	—	—	—	5500 万美元
投标询价	4 美元	4 美元	4 美元	4 美元

注：此表中的数据均为最低门槛，即不低于表格框内数值要求。

表 M-3　纳斯达克全球精选市场上市门槛（流动性要求）

流动性 要求	首次公开募股 和剥离公司	成熟公司：目前存在普通股和等价物交易的公司	直接上市公司	关联公司
批量持股股东数或股东总数或股东总数及前 12 个月的月平均交易量	批量持股股东数 450 个 或股东总数 2200 个	批量持股股东数 450 个 或股东总数 2200 个 或股东总数 550 个且前 12 个月的月平均交易量 110 万	批量持股股东数 450 个 或股东总数 2200 个 或股东总数 550 个且前 12 个月的月平均交易量 110 万	批量持股股东数 450 个 或股东总数 2200 个 或股东总数 550 个且前 12 个月的月平均交易量 110 万
公众持股数	125 万股	125 万股	125 万股	125 万股
公众持股市值或公众持股市值及股东权益	公众持股市值 4500 万美元	公众持股市值 1.1 亿美元 或公众持股市值 1 亿美元 且股东权益 1.1 亿美元	公众持股市值 1.1 亿美元 或公众持股市值 1 亿美元 且股东权益 1.1 亿美元	公众持股市值 4500 万美元
独立第三方估价	—	—	公众持股总市值 2.5 亿美元	—

表 M-4　纳斯达克全球市场上市门槛

上市门槛	财务要求	流动性要求	市值要求	资产总额和权益总额要求
税前利润	前一财年或前三财年中的其中两年总资产100万美元	—	—	—
股东权益	1500万美元	3000万美元	—	—
股本市值	—	—	7500万美元	—
资产总额和权益总额	—	—	—	前一财年或前三财年中的其中两年总资产7500万美元
公众持股数	110万股	110万股	110万股	110万股
公众持股市值	800万美元	1800万美元	2000万美元	2000万美元
投标询价	4美元	4美元	4美元	4美元
批量持股股东数	400个	400个	400个	400个
做市商数	3个	3个	4个	4个
公司经营时间	—	2年	—	—

表 M-5　纳斯达克资本市场上市门槛

上市门槛	流动性要求	市值和股本要求	净利润要求
股东权益	500万美元	400万美元	400万美元
公众持股市值	1500万美元	1500万美元	1500万美元
公司经营时间	2年	—	—
股本市值	—	5000万美元	—
持续经营净利润	—	—	前一财年或前三财年中的其中两年持续经营净利润75万美元
公众持股数	100万股	100万股	100万股

续表

上市门槛	流动性要求	市值和股本要求	净利润要求
批量持股股东数	300 个	300 个	300 个
做市商数	3 个	3 个	3 个
投标询价或收盘价	买入价 4 美元或收盘价 3 美元	买入价 4 美元或收盘价 2 美元	买入价 4 美元或收盘价 3 美元

2. 上市企业所处行业

科创板要求上市企业必须属于新一代信息技术、高端装备、新材料、新能源、节能环保、生物医药行业领域的高新技术产业和战略性新兴产业，并将金融科技、模式创新列为限制领域，将房地产、金融类、投资类列为禁止领域。

纳斯达克未对上市企业行业作出限制，知名连锁咖啡品牌星巴克也于 1992 年登陆纳斯达克。据 Wind 统计显示，近年来，纳斯达克医疗保健和金融行业的企业数量持续增长，已超过信息技术行业的企业数量。

科创板为海外中概股以及国内独角兽企业增加了资本市场的国内方向，未来一些企业可能会借道科创板回归 A 股市场，并通过这一平台获得企业孵化、辅导以及融资的支持。

科创板定位与科创属性

科创板定位于服务"硬科技"企业，重点支持高新技术产业和战略性新兴产业发展。

符合科创板定位是企业登陆科创板的前提，是否符合科创板支持方向、科技创新行业领域要求、科创属性相关指标是判断企业是否符合科创板定位的重要依据。

Q019 科创板的定位是什么?

　　科创板承载着落实创新驱动发展和科技强国战略、发挥资本市场改革试验田作用的两大使命,其定位于服务"硬科技"企业,旨在建成"硬科技"企业上市的专用道、高速路,成为资本市场助力科技自立自强的主战场。

　　关于科创板的定位,根据《实施意见》,科创板明确定位于面向世界科技前沿、面向经济主战场、面向国家重大需求,重点支持新一代信息技术、高端装备、新材料、新能源、节能环保以及生物医药等高新技术产业和战略性新兴产业,主要服务于符合国家战略、突破关键核心技术、市场认可度高的科技创新型企业。

　　《注册办法》进一步强调科创板优先支持科技创新能力突出,主要依靠核心技术开展生产经营,具有稳定的商业模式,社会形象良好,具有较强成长性的企业。另外,由《上市申报及推荐暂行规定》规定的保荐机构在把握科创板定位时的原则可知,科创板在坚持"三个面向"的前提下,会统筹考虑科技创新企业当前现实和科创板建设目标的关系,在优先推荐科创板重点支持的企业的同时兼顾科创板包容的企业。

　　可以看出,科创板致力于未来发展,以期为国家赢得战略主动,体现了国家科技创新的总体战略要求。基于此理念,《上市审核规则》要求发行人申请股票首次发行上市,应当符合科创板定位。

　　判断企业是否符合科创板的定位主要基于两个方面:

　　(1)是否属于科创板支持的行业领域。

　　(2)是否符合科创属性评价指标。

　　为增加判断标准的客观性、透明度和可操作性,审核机构制定并出台了一系列的可对照核查的标准,可概括为行业领域"6+1"和科创属性"4+5"

体系（具体规定详见 Q005），其对如何论证科创定位、核查科创属性给出了比较明确的标准，回应了发行人、保荐机构、投资机构等市场主体十分关注的"硬科技"判断问题。在具体实践中，只要深入到企业技术和经营实质，秉承客观的立场，对大部分企业是否具有"硬科技"的判断就不十分困难。判断过程需要把握住"硬科技"的本意，从增强国家战略科技力量和各领域科技竞争能力这个核心，从是否处于国家优先支持的战略性产业领域、是否具有较高的科技门槛、是否在该领域具有技术先进性、是否具有较好的行业和市场地位等角度进行分析论证。

Q020 什么是科创属性？

科创属性是符合科创板定位的企业的共有特质，是科创板定位具象化、指标化的体现，是科创板审核注册实践经验的总结。

自设立科创板并试点注册制以来，怎么理解和把握科创属性一直是各方关注的焦点，"是否具备科创属性"是科创板拟上市企业必须要回答的问题。为增加科创属性判断标准的客观性、透明度和可操作性，中国证监会在总结首批申报企业审核注册实践的基础上，于 2020 年 3 月出台了《科创属性评价指引（试行）》，首次提出"3+5"科创属性评价指标体系。随着申报及在审企业中"少数企业缺乏核心技术、科技创新能力不足、市场认可度不高等问题"的出现，中国证监会结合科技创新和注册制改革实践，对科创属性评价指标体系进行了完善，聚焦支持"硬科技"的核心目标，突出实质重于形式，实行分类处理和负面清单管理，进一步丰富科创属性评价指标并强化综合研判，2021 年 4 月，科创属性评价指标由"3+5"发展成为"4+5"。2022 年 12 月 30 日，为落实科创板定位，更好地服务于"硬科技"企业在科创板上市，中国证监会结合市场发展状况及审核实践进一步修正了《科创属性评价指引（试行）》。两次修正情况见表 20-1。

表 20-1 《科创属性评价指引（试行）》修正情况

2020 年 3 月 20 日公布	2021 年 4 月 16 日 第一次修正	2022 年 12 月 30 日 第二次修正
一、支持和鼓励科创板定位规定的相关行业领域中，同时符合下列 3 项指标的企业申报科创板上市： （1）最近三年研发投入占营业收入比例 5% 以上，或最近三年研发投入金额累计在 6000 万元以上；	一、支持和鼓励科创板定位规定的相关行业领域中，同时符合下列 4 项指标的企业申报科创板上市： ……	一、支持和鼓励科创板定位规定的相关行业领域中，同时符合下列 4 项指标的企业申报科创板上市： ……

2020 年 3 月 20 日公布	2021 年 4 月 16 日 第一次修正	2022 年 12 月 30 日 第二次修正
（2）形成主营业务收入的发明专利 5 项以上； （3）最近三年营业收入复合增长率达到 20%，或最近一年营业收入金额达到 3 亿元。 采用《上海证券交易所科创板股票发行上市审核规则》第二十二条第（五）款规定的上市标准申报科创板的企业可不适用上述第（3）项指标中关于"营业收入"的规定；软件行业不适用上述第（2）项指标的要求，研发占比应在 10% 以上。 二、支持和鼓励科创板定位规定的相关行业领域中，虽未达到前述指标，但符合下列情形之一的企业申报科创板上市： （1）发行人拥有的核心技术经国家主管部门认定具有国际领先、引领作用或者对于国家战略具有重大意义； （2）发行人作为主要参与单位或者发行人的核心技术人员作为主要参与人员，获得国家科技进步奖、国家自然科学奖、国家技术发明奖，并将相关技术运用于公司主营业务； （3）发行人独立或者牵头承担与主营业务和核心技术相关的"国家重大科技专项"项目； （4）发行人依靠核心技术形成的主要产品（服务），属于国家鼓励、支持和推动的关键设备、关键产品、关键零部件、关键材料等，并实现了进口替代； （5）形成核心技术和主营业务收入的发明专利（含国防专利）合计 50 项以上。	（2）研发人员占当年员工总数的比例不低于 10%； （3）形成主营业务收入的发明专利 5 项以上； （4）最近三年营业收入复合增长率达到 20%，或最近一年营业收入金额达到 3 亿元。 采用《上海证券交易所科创板股票发行上市审核规则》第二十二条第（五）款规定的上市标准申报科创板的企业可不适用上述第（4）项指标中关于"营业收入"的规定；软件行业不适用上述第（3）项指标的要求，研发投入占比应在 10% 以上。 …… （3）发行人独立或者牵头承担与主营业务和核心技术相关的国家重大科技专项项目； …… 三、限制金融科技、模式创新企业在科创板上市。禁止房地产和主要从事金融、投资类业务的企业在科创板上市。	（3）应用于公司主营业务的发明专利 5 项以上； …… 采用《上海证券交易所科创板股票上市规则》第 2.1.2 条第一款第（五）款规定的上市标准申报科创板的企业，或按照《关于开展创新企业境内发行股票或存托凭证试点的若干意见》等相关规则申报科创板的已境外上市红筹企业，可不适用上述第（4）项指标的规定；软件行业不适用上述第（3）项指标的要求，研发投入占比应在 10% 以上。 二、 …… （5）形成核心技术和应用于主营业务的发明专利（含国防专利）合计 50 项以上。 三、 ……

科创属性评价指标体系采用"常规指标 + 例外条款"的结构，包括 4 项常规指标和 5 项例外条款。企业如同时满足 4 项常规指标，可以考虑申报科创板；如不同时满足 4 项常规指标，但是满足 5 项例外条款的任意一项，也可考虑申报科创板。4 项常规指标主要侧重反映企业的研发收入、研发人员数量、成果产出及其对企业经营的实际影响，能够较为全面地衡量企业研发投入产出及科技含量。5 项例外情形主要围绕核心技术进行规定，不仅是对 4 项常规指标的补充，也是对《实施意见》《注册办法》等相关文件指导精神与具体内容的延续。这种指标体系的设计在确保科创属性评价过程具有较高可操作性的同时，又保留了一定的弹性空间；逐步优化的指标体系勾画出了科创属性的内涵和外延，既体现了坚守科创板定位的总体要求，又与我国企业和科技的发展相适应。

Q021 什么行业领域属于"符合科创板定位的其他领域"？

《上市申报及推荐暂行规定》规定，科创板支持的领域包括新一代信息技术、高端装备、新材料、新能源、节能环保、生物医药六大领域以及符合科创板定位的其他领域。该规定中，作为兜底条款的"符合科创板定位的其他领域"虽未明晰具体领域，但也表明了除六大领域外，其他符合科创板定位、科技创新能力突出的企业，也属于科创板支持的范畴。在具体实践中，可以从是否属于国家重大需求、政策支持的行业领域，是否属于高新技术产业、战略性新兴产业分类等角度进行考量或论证。

▶▶ 守初心——国家需求、政策支持

2020年6月，深圳市鼎阳科技股份有限公司（简称鼎阳科技）提交文件申报上市。该企业主要从事测试测量仪器的研发、制造和销售，其在招股说明书"六、发行人符合科创板行业领域以及科创属性要求"部分，从两个方面对其所属行业领域符合科创板领域要求进行了论证：一方面阐述企业主要从事科学仪器类产品的研发、生产及销售，属于国家重点支持和发展的领域，另一方面论述企业具备行业竞争优势，有望为解决国内中高端通用电子测试测量仪器"卡脖子"问题提供支撑，是国家政策支持和鼓励发展的行业；进而认为企业行业属于"符合科创板定位的其他领域"，符合科创板申报及推荐行业。2021年9月，鼎阳科技注册生效。

2020年6月，广东富信科技股份有限公司（简称富信科技）提交文件申报上市。该企业主要从事半导体热电器件的研发、制造和销售，在论证自身行业领域属于"符合科创板定位的其他领域"时，引用了《中国制造2025》、"十三五"规划、《轻工业发展规划（2016—2020年）》，证明其所属的半导体

热电产业，受到多项国家产业政策支持，符合国家战略。2021 年 2 月，富信科技成功登陆科创板。

可见在论证是否"符合科创板定位的其他领域"时，保荐机构、发行人可以查询是否有国家政策文件明确支持发行人的技术产品，以增强论证的客观性和说服力。

》列实证——高新技术产业、战略性新兴产业

2020 年 4 月，上海阿拉丁生化科技股份有限公司（简称阿拉丁）以第一套上市标准提交招股说明书。该企业主要从事科研试剂的研发、生产和销售，在论证企业所属行业领域属于"符合科创板定位的其他领域"时，其引用了相关的国家标准等文件：根据中国证监会《上市公司行业分类指引（2012 年修订）》的规定，企业所属行业为"M 科学研究和技术服务业"下的"M73 研究和试验发展"行业；根据原国家质量监督检验检疫总局 ① 及国家标准化管理委员会联合发布的国家标准《国民经济行业分类》（GB/T 4754—2017），公司所属行业为"M 科学研究和技术服务业"下的"M73 研究和试验发展"行业下的"M7310 自然科学研究和试验发展"行业；根据国家统计局《战略性新兴产业分类（2018）》，公司所属行业为"9 相关服务业"下的"9.1 新技术与创新创业服务"行业下的"9.1.1 研发服务"行业。因此，企业所处行业属于"符合科创板定位的其他领域"。2020 年 9 月，阿拉丁注册生效。

企业可以通过标准性文件的引入，证明行业领域属于战略性新兴产业，符合科创板定位。

》启示

论证企业是否属于"符合科创板定位的其他领域"，可以从以下两个方面入手。

---

① 2018 年 3 月，根据第十三届全国人民代表大会第一次会议批准的国务院机构改革方案，组建国家市场监督管理总局，不再保留国家质量监督检验检疫总局。

1. 是否属于国家重大需要、政策支持的行业领域

科创板的设立初衷之一就是服务于符合国家战略、突破关键核心技术、市场认可度高的科技创新企业，通过资本市场关键制度创新支持创新驱动发展战略和科技强国战略，因此，顺应科创板设立的初衷，可以从国家战略需要的角度论证企业是否符合科创板定位。

2. 是否属于战略性新兴产业分类

科创板的定位是服务于高新技术产业和战略性新兴产业的发展。国家对于战略性新兴产业具有明确的分类标准。企业可以引用《上市公司行业分类指引（2012 年修订）》、国家标准《国民经济行业分类》（GB/T 4754—2017）、《战略性新兴产业分类（2018）》等规定，从战略性新兴产业的角度，对自身所属行业是否符合科创板定位进行论证。

总之，科创板关于行业领域的兜底标准，给了属于六大行业领域之外的其他领域的企业更多可能性，这一标准也进一步体现了科创板的包容性。

Q022 什么项目属于"国家重大科技专项项目"？

大多数通过《科创属性评价指引（试行）》例外条款论证符合科创板定位的发行人，都是采用"国家重大科技专项"项目标准来认定科创属性。那么，究竟什么项目属于国家重大科技专项项目呢？

2021 年 4 月修正前的《科创属性评价指引（试行）》提到"独立或者牵头承担与主营业务和核心技术相关的'国家重大科技专项'项目"，其中"国家重大科技专项"上加了引号。证券监管机构、证券交易所等部门未对"国家重大科技专项"作出明确定义，此处的"国家重大科技专项"似乎直指《国家中长期科学和技术发展规划纲要（2006—2020）》确定的核心电子器件、高端通用芯片及基础软件，极大规模集成电路制造技术及成套工艺，新一代宽带无线移动通信，转基因生物新品种培育，重大新药创制，艾滋病和病毒性肝炎等重大传染病防治，大型飞机，高分辨率对地观测系统，载人航天与探月工程等 16 个重大专项。然而，2021 年 4 月修正后的《科创属性评价指引（试行）》去掉了原有的引号，这也意味着"国家重大科技专项"的外延扩大，国家重大科技专项不是某个特别专项，而是符合这个要求的一类项目，上市成功案例也反映出除"国家科技重大专项"外，国家重点研发计划、"863 计划"、"973 计划"（"863 计划"和"973 计划"后并入国家重点研发计划）均可被认定为国家重大科技专项。

》"863 计划"——国家重大科技专项项目

杭州爱科科技股份有限公司（简称爱科科技）是一家智能切割设备高新技术企业，该发行人因营业收入指标不满足科创属性常规指标要求，在上市进程中被要求披露满足科创属性要求的情况，多次被问询到国家重大科研项目的具体情况，包括具体内容、技术标准、推广要求，以及与发行人核心技术和主要产品的关联性等。

发行人在答复时，明确了自身属于高端装备行业，符合科创板行业领域要求，同时具体阐述了企业承担的国家"863计划"项目属于科创属性评价例外标准中的"独立或者牵头承担与主营业务和核心技术相关的国家重大科技专项项目"的理由。

发行人引用国务院印发的《关于深化中央财政科技计划（专项、基金等）管理改革方案的通知》（国发〔2014〕64号）、《科学技术部对十二届全国人大四次会议第8236号建议的答复》（国科建议资〔2016〕144号）等文件，介绍了"863计划"等整合成为"国家重点研发计划"的背景，并将其所涉及的"863计划"项目的性质、与国家重点研发项目的关系进行了详细披露。在明确"863计划"属于国家重点研发项目的基础上，发行人进一步对国家重点研发项目与国家重点科技专项的相同点进行了阐释："国家科技重大专项"及"国家重点研发计划"的设置初衷均是致力于解决国家重大需求，并实现科技创新能力、技术突破；以此说明自身承担的国家"863计划"项目在属于国家重点研发项目的同时，亦属于国家重大科技专项。

》 启示

《科创属性评价指引（试行）》例外条款中的"国家重大科技专项"没有明确的项目清单，发行人在论述时可从承担项目的类型、性质、战略作用等方面阐述属于国家重大科技专项项目范畴的理由。

当然，如果发行人想以国家重大科技专项来跨越科创属性"门槛"，还需要从项目运行情况、研发成果等方面明确自身的项目角色，是否独立或牵头承担相关项目；说明该项目与发行人的核心技术、主营业务的关系以及对公司未来可持续发展的重要作用。

知多少 "863 计划"、"973 计划"、国家重点研发计划

≫ "863 计划"

"863 计划"，即"国家高技术研究发展计划"。1986 年 3 月 3 日，王大珩、王淦昌、杨嘉墀、陈芳允四位科学家向国家提出要跟踪世界先进水平，发展中国高技术的建议。在充分论证的基础上，党中央、国务院果断决策，于 1986 年 11 月启动实施了"国家高技术研究发展计划"，简称"863 计划"，以标志这个计划是在 1986 年 3 月由邓小平同志亲自批示的。"863 计划"于 1987 年 3 月正式开始组织实施，其凝练了中国发展高科技的战略需求，从世界高技术发展趋势和中国实际出发，坚持"有限目标、突出重点"的方针，选取生物、航天、信息、激光、自动化、能源和新材料等 7 个领域，确立了 15 个主题作为我国高技术研究与开发的重点，1996 年增加海洋技术领域，其成为"863 计划"第 8 个重点领域。

≫ "973 计划"

"973 计划"，即"国家重点基础研究发展计划"，是以国家重大需求为导向，对我国未来发展和科学技术进步具有战略性、前瞻性、全局性和带动性的基础研究发展计划。其旨在解决国家战略需求中的重大科学问题，以及对人类认识世界将会起到重要作用的科学前沿问题。其重点支持农业科学等 9 个面向国家重大战略需求领域的基础研究，同时，围绕纳米研究等 6 个方向实施重大科学研究计划。自 1998 年实施以来，其围绕农业、能源、信息、资源环境、人口与健康、材料、综合交叉与重要科学前沿等领域进行战略部署，2006 年又落实《国家中长期科学和技术发展规划纲要（2006—2020）》的部署，启动了蛋白质研究、量子调控研究、纳米研究、发育与生殖研究 4

个重大科学研究计划，共立项 384 项。

›› 国家重点研发计划

国家重点研发计划，由原来的"973 计划"、"863 计划"、国家科技支撑计划、国际科技合作与交流专项、产业技术研究与开发基金和公益性行业科研专项等整合而成，是针对事关国计民生的重大社会公益性研究，以及事关产业核心竞争力、整体自主创新能力和国家安全的战略性、基础性、前瞻性重大科学问题、重大共性关键技术和产品的研究，为国民经济和社会发展主要领域提供持续性的支撑和引领。国家重点研发计划首批重点研发专项指南于 2016 年 2 月 16 日发布，这标志着整合了多项科技计划的国家重点研发计划从即日起正式启动实施。这也意味着"973 计划""863 计划"等结束了自己的历史使命，成为历史名词。

Q023 重要奖项披露需要注意什么?

学术成果的披露能够帮助公众更好地了解发行人的研究能力和技术水平,如果所获奖项符合《科创属性评价指引(试行)》例外条款中的"发行人作为主要参与单位或者发行人的核心技术人员作为主要参与人员,获得国家科技进步奖、国家自然科学奖、国家技术发明奖,并将相关技术运用于公司主营业务"的要求,那么在不满足四项常规指标的情况下,企业仍然能够做到科创属性达标。在奖项披露的过程中,需要做到客观、准确、清晰,避免误导投资者。

›› 奖项情况需明晰,含糊表述引追问

北京热景生物技术股份有限公司(简称热景生物)主要产品为体外诊断试剂及仪器,该发行人在经历了多轮问询后成功登陆科创板。

发行人在其招股说明书中披露其上转发光技术获得国家技术发明奖二等奖。审核机构核查后发现该奖项的获奖单位为军事医学科学院微生物流行病研究所及第三方,并不包括发行人,因此要求发行人披露相关奖项的具体授予对象,发行人在该项目中承担的具体角色和主要工作内容,将发行人认定为该奖项获得者是否符合实际情况。基于审核机构的问询,发行人陈述了获奖人员情况:国家技术发明奖二等奖的获得者除了军事医学科学院微生物流行病研究所的五人外,作为发行人实际控制人的林长青也是该奖项的授予对象,并详细阐述了发行人在该项目中承担的具体角色和主要工作内容。同时对招股说明书相关表述进行修改,明确为"发行人实际控制人、董事长、总经理、核心技术人员林长青获得 2015 年度国家技术发明奖二等奖"。

随后,在审核中心意见落实函中,上交所进一步问询上述奖项及相关

技术与发行人主营业务的关系、技术产权是否归公司所有。发行人对此进行了陈述：实际控制人林长青获得的国家技术发明奖二等奖的相关技术产权，除两项授权专利技术外，其余均为企业单独所有或与他人共同拥有，相关技术为企业核心技术中的上转发光技术，是主营业务的重要组成部分。这进一步明晰了发行人与相关奖项技术的权属关系，以及该技术与主营业务的重要关联。

》 启示

发行人在披露《科创属性评价指引（试行）》例外条款对应的相关重要奖项时，应当清晰准确地表述所获奖项的情况，如获奖人与发行人的关系、发行人对奖项技术的所有权、奖项技术在公司主营业务中的运用情况等，以使投资者能够准确了解发行人的科研实力以及相关技术对发行人未来持续发展所起的重要作用。

Q024 进口替代需要披露哪些内容?

根据 2022 年 12 月修订的《上市申报及推荐暂行规定》的规定,准备在科创板上市的企业如未达到该规定第 5 条的全部四项指标,可以在符合科创板定位规定的行业领域的前提下,依据"依靠核心技术形成的主要产品(服务),属于国家鼓励、支持和推动的关键设备、关键产品、关键零部件、关键材料等,并实现了进口替代"申报发行上市。另外,也有企业在满足该规定第 5 条全部四项指标的基础上,进一步用"进口替代"为自己能够成功上市增加砝码。

实现进口替代可以从技术和市场两方面进行论证。

在技术方面,主要涉及三方面:

(1)核心技术及其应用情况,如产品属于"关键"产品的相关依据,是否在国家发改委、工信部、科技部等相关部委印发的文件中明确列示,是否属于国家主管部门对外正式发布或出具的文件中予以明确的具体产品或材料,是否具有极其重要作用或地位。

(2)相关技术与产品的对应关系,该产品是否主要产品。

(3)技术先进性,可以从相关产品技术指标对比、进口替代实现过程、产品的下游应用等方面阐释。

在市场方面,发行人应当充分披露:相关产品是否能够打破外国产品的垄断地位、是否具备在相同领域替代原有垄断产品的性能或效用并在国内相同产品中处于领先地位、是否对整体市场竞争格局产生重大影响,进口替代的具体产品占营业收入的比例,实现进口替代的份额等详细依据。

如果无法满足所谓进口替代产品是发行人的主要产品,或者无法证明相关产品的市场占有率等,都无法充分论证是否实现了进口替代,那么相应的"进口替代"的表述应当删除。

)) 进口替代重实证

广东利扬芯片测试股份有限公司（简称利扬芯片）是独立的第三方集成电路测试服务商，主营业务包括集成电路测试方案开发、12英寸及8英寸晶圆测试服务、芯片成品测试服务以及与集成电路测试相关的配套服务。

基于发行人在招股说明书中披露的产品服务实现了进口替代的相关内容，审核机构要求发行人提供相关支撑性政策文件、法律法规依据，并具体说明进口替代主要涉及的核心技术及应用情况，进口替代前后发行人市场份额是否实现了部分外资替代等。发行人在答复时论证了所述行业属于进口替代支持的行业，然后从行业角度分析集成电路测试行业的重要性，列举了发行人及客户实现进口替代的情况以及与同行业可比公司关键业务数据、市场地位的对比情况，但未给出客观、权威的有关进口替代前后相关方面内资外资的份额占比变化情况。

最终，审核机构认为发行人的进口替代理由仅为"客户产品实现进口替代，而公司作为这些客户重要且稳定的测试供应商，公司的测试也随之实现了进口替代"，发行人无法获取各个维度相关材料，即无法说明发行人是否实现了进口替代及实现了什么进口替代，因此要求请发行人删除申报材料所涉发行人实现进口替代的相关表述。发行人据此删除了申报材料所涉及发行人实现进口替代的相关表述。

)) 启示

无论是依靠"进口替代"论证科创属性，还是通过"进口替代"为上市加分，发行人都应当依据相关规定充分披露进口替代的具体情况，尤其是通过支撑性政策法规依据、相关产品技术指标、关键市场数据等给予有力的证明。具体来说，发行人论证实现进口替代的依据包括以下六个方面：一是依靠核心技术形成的主要产品（服务），属于国家鼓励、支持和推动的关键设备、关键产品、关键零部件、关键材料等；二是论述技术先进性，是否达到国际领先水平；三是列举涉及进口替代的产品及其市场份额情况；四是进口替代的表现，如尚无任何相关技术进入国内该市场领域，公司核心技术形成了较高的壁垒，成功避免了对国外产品的进口和依赖；五是形成技术优势，实现进口替代的原因，比如技术及生产工艺、市场服务网络、价格等方面形成了较高的综合壁垒；六是进口替代的进一步论证，如相关政府部门、行业协会、院士和教授出具的说明等。

Q025 在科创板定位及科创属性论证中，各方发挥的作用是什么？

在企业科创板定位、科创属性的论证中，发行人、保荐机构、审核机构各司其职，通过"讲、核、问"验证企业的"硬科技"成色。

>> 发行人要"讲清楚"

发行人在申报中承担第一位的主体责任，需要结合自身实际情况从符合科创板支持方向、符合科技创新行业领域要求、符合科创属性相关指标或情形等方面，客观准确的对自身符合科创板定位的情况进行说明。

>> 保荐机构要"核清楚"

保荐机构应当围绕科创板定位，对发行人自我评估涉及的相关事项进行尽职调查，重点对发行人科创属性认定的依据是否真实、客观、合理，以及申请文件中的相关信息披露进行核查把关，并按照《上市申报及推荐暂行规定》所附示范格式的要求出具专项意见，说明具体的核查内容、核查过程，同时在上市保荐书中说明核查结论及依据。保荐机构核查时，应当结合发行人的技术先进性等情况进行综合判断，不应简单根据相关数量指标得出发行人符合科创板定位的结论；属于符合科创板定位的其他领域的发行人，保荐机构应当充分论证，审慎推荐。

>> 审核机构要"问清楚"

上交所发行上市审核中，按照实质重于形式的原则，着重从是否符合科创板支持方向，是否属于《科创属性评价指引（试行）》和《上市申报及推荐暂行规定》所列的行业领域，是否符合《科创属性评价指引（试行）》和《上市申报及推荐暂行规定》所列相关指标要求；如科创属性未达到相关指标要求，是否符合《上市申报及推荐暂行规定》要求的科技创新能力突出等方面，关注发行人的自我评估是否客观，保荐机构的核查把关是否充分，并作出综合判断。

发行人、保荐机构、审核机构的"讲、核、问"的最终目标就是客观、准确、全面地勾画出一个"真企业"，保障投资者的权益和市场的健康发展。

核心技术人员与研发人员

核心技术人员与研发人员是科创板"科"字的重要体现，是一切科技创新的源头，也是助力科创板企业不断突破关键核心技术的不竭动力。他们承载着企业的核心技术，体现着企业的创新能力，关系着企业经营的持续发展。因此，核心技术人员与研发人员的认定、稳定性、合规性等都成为上市审核问询关注的重点。

核心技术人员

1. 技术负责人
2. 研发负责人
3. 研发部门主要成员
4. 主要知识产权和非专利技术发明人或设计人
5. 主要技术标准的起草者

Q026 什么是核心技术人员？

科创板上市公司核心技术人员是指申请在科创板上市的公司招股说明书中披露认定的核心技术人员。原则上，科创板上市公司核心技术人员通常包括公司技术负责人、研发负责人、研发部门主要成员、主要知识产权和非专利技术的发明人或设计人、主要技术标准的起草者等。

科创属性的根本在于企业自身所拥有的核心技术，而核心技术源于技术人才，技术人才是科技创新的根本性资源，是推动科创型企业发展的原动力。虽然人才对于上市企业的重要性早已不言而喻，但在其他上市板块中，企业合规管理所关注的重点通常集中于"董监高"的管理层。例如，主板和创业板中分别要求最近三年和两年内董事、高级管理人员没有发生重大变化，实际控制人没有发生变更，而对于技术人员的重大变化，则不在其关注的范围内。

相较于其他板块，科创板首次将核心技术人员置于与发行人控股股东、实际控制人、董事、监事、高级管理人员同等重要的位置。将核心技术人员区别于一般管理人员或业务人员，从制度层面对核心技术人员的认定、稳定性、合规性提出了更高的要求。

Q027 科创板涉及核心技术人员的相关规定有哪些?

　　是否拥有关键核心技术是企业能否在科创板上市的关键因素之一,而核心技术人员是关键核心技术研发的人力保障和重要因素。科创板上市规则中对上市企业"核心技术人员"的关注度明显加强:一方面,基于核心技术人员的重要性,科创板在合规化管理以及信息披露等方面将核心技术人员置于"董监高"同等重要的位置;另一方面,由于核心技术人员与企业强化创新研发能力、提升核心技术先进性以及维持研发的可持续性密切相关,因此科创板通过强化核心技术人员相关问询检验科创公司"硬科技成色"。

　　科创板相关规则制度也主要围绕核心技术人员与科创属性、核心技术人员认定、核心技术人员稳定性、股权激励与约束、持续监管、信息披露等多方面设置(见图 27-1)。

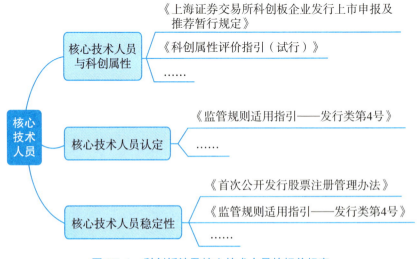

图 27-1　科创板涉及核心技术人员的相关规定

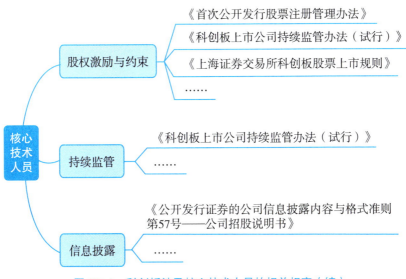

图 27-1　科创板涉及核心技术人员的相关规定（续）

Q028　核心技术人员相关信息披露有哪些要求？

《第 57 号准则》中对于核心技术人员信息披露的相关要求，主要涉及以下三个方面。

》基本信息

核心技术人员的基本信息既能体现企业的研发实力，又隐含风险信息。如核心技术人员在企业的履职可能引发对前雇主知识产权的侵权，可能存在违反与前雇主的竞业禁止约定，而将企业牵涉其中。企业在如实披露核心技术人员的教育背景、研究成果、专业资质、荣誉奖项、社会职务等人员基本信息的基础上，需要注意是否存在相关风险点；若存在，应当指出并公开风险消除或防范措施。

》认定依据和标准

核心技术人员的基本信息是认定核心技术人员的基础条件。在此基础上，企业可结合核心技术人员对企业核心技术、知识产权的贡献角度来披露认定依据和标准。企业应当对其核心技术进行全面梳理，并明确相关人员对核心技术的贡献程度，披露相关人员参与的企业研发项目的数量，分析其参与的研发项目是否直接形成企业的核心技术。披露核心技术人员对企业知识产权的作用和贡献，如企业专利申请发明人与核心技术人员的对应关系。

》稳定性

核心技术人员维持适宜的数量，一方面能体现完善的认定体系，另一方面也能避免对个别人员产生过度依赖，进而减少人员变动导致的不利影响。而任职期限在一定程度上反映核心技术人员对企业的重要性以及稳定性，企业可适时关注。此外，研发活动离不开团队，更离不开稳定经费支持，核心技术人员需要有足够的团队支撑和稳定的研发投入，以保证研发能力的可持续性。研发团队构成、人才梯度结构也能从侧面反映核心技术人员的稳定性。

Q029 谁能被认定为核心技术人员?

核心技术人员有别于普通的技术人员或研究人员。在上市审核机构问询过程中,核心技术人员的认定标准和依据是关注的重点。

现行科创板制度规则中并未对核心技术人员认定作出明确规定,但《上市审核问答》第6问(已于2023年2月17日废止)曾对核心技术人员认定问题作出过回复,即"申请在科创板上市的企业,应当根据企业生产经营需要和相关人员对企业生产经营发挥的实际作用,确定核心技术人员范围,并在招股说明书中披露认定情况和认定依据。原则上,核心技术人员通常包括公司技术负责人、研发负责人、研发部门主要成员、主要知识产权和非专利技术的发明人或设计人、主要技术标准的起草者等"。但该条问答实际上并没有明确核心技术人员的具体内涵或外延,仅是进行了原则性界定,实际上赋予了发行人很大的自由度,如何有理有据地回应核心技术人员认定依据对发行人提出了更高的要求。

通过研究大量上市企业审核问询实例发现,在认定核心技术人员时通常需围绕以下两个维度进行综合考虑:一是专业资质,即从工作岗位、工作职责、工作履历等技术背景上看,是否具备研发能力;二是科研成果,即从实际参与的工作、与核心技术的关系等内在来看,是否真正对发行人的核心技术做出了实质的贡献。

第一,从专业资质方面考量。工作岗位是专业资质的第一项。从工作岗位本身来看,确认相关人员是否发行人的技术负责人、研发负责人或研发部门主要人员。还需要结合相关人员在教育经历、学历、工作背景、研究经验等经历和背景方面的突出因素进行综合评定。而且,在相关人员本人所担任的社会职务中,如果存在与发行人主营业务所在的行业协会或专业委员会等相关的，如本人即为相关组织的委员、理事等，均可以在较大程度上证明其在该领域的专业度，从而为其作为发行人的核心技术人员提供依据。

第二，从科研成果方面考量。需要关注相关人员的具体工作内容，包括相关人员所参与的发行人研发项目的数量，以及其所参与的研发项目是否会直接形成发行人的核心技术。其中，还应对发行人的核心技术进行全面的梳理，并在此过程中说明相关人员对核心技术的贡献程度。如果公司的核心技术集中在专利，则公司可对每名核心技术人员作为发明人申报的专利数量进行统计和披露，包括其作为发明人的专利占公司全部发明和实用新型的百分比等。如果公司的核心技术还涉及产品配方、生产工艺流程等尚未申请专利的技术，则需要对此进行较多的说明，包括相关人员是否质量负责人或相关标准的主要制定人，是否对该等非专利技术的研发方向或整体方案等起到了关键作用等。此外，也需要梳理发行人就其产品或业务所获得的奖项，说明相关人员是否是该等奖项的主要贡献人。

Q030 主要专利发明人应被认定为核心技术人员吗?

核心技术人员通常包括主要知识产权和非专利技术的发明人或设计人。在构成发行人核心技术的专利或非专利技术的形成过程中，核心技术人员的参与程度能够客观反映其对于研发所做的贡献，核心技术人员以发明人身份参与的专利数量越多、占发行人名下全部专利的比重越高、参与的专利重要性越强，则该发明人对于发行人现有研发成果所做贡献以及维持后续创新的可持续性越加重要，将其认定为核心技术人员也越具有合理性。与之相对，若名下专利数量较多或参与了企业重要专利技术研发的发明人未被认定为核心技术人员，则往往会引发上市审核机构质疑。

围绕发行人所披露的发明人与核心技术人员相关信息，尤其当主要专利发明人与核心技术人员的重合度较低时，上市审核机构往往会从正反两个角度对此展开询问，包括：主要专利发明人为何没有被列为核心技术人员？核心技术人员为何没有或较少作为专利发明人？

›› 发明人岗位职责变更导致未作认定

江苏吉贝尔药业股份有限公司（简称吉贝尔）是一家专业从事药品研发、生产、销售的国家高新技术企业。公司致力于治疗抑郁症、肿瘤、胃病等疾病的创新型药物的研发。该发行人采用第一套上市标准上市，其上市申请在 2019 年 6 月 25 日获得受理，2019 年 7 月 17 日进入问询阶段，经过三轮问询及上市审核委员会审议，最终注册生效。

发行人在首轮和第二轮均被问询，其质量保证部副部长陈进曾参与公司主营产品尼群洛尔片的研发工作并作为发明人申请了相关专利且获得授权，并且根据公开资料显示，发行人申请、持有专利中将近一半发明人为陈进，然而发行人未将陈进认定为公司核心技术人员，因此上市审核机构质疑其认定依据是否充分，是否存在规避股份锁定期等义务的情形。

发行人在回复中说明了公司认定核心技术人员的标准："将在公司研发岗位上担任重要职务、在公司核心产品研发中具有重要作用、符合公司未来战略发展方向（尤其是新药研发方向）、具有丰富药品研发从业经验的核心员工认定为核心技术人员，具体包括新药研发的项目领头人、项目负责人和研究所主要成员。"根据上述认定标准，公司认定了 6 名核心技术人员。

发行人又从以下两方面对陈进未被认定为核心技术人员进行了说明：

（1）陈进主要负责药品质量保障、资质及知识产权申请工作；未在公司研究所担任职务，不属于在公司研发岗位上担任重要职务的员工。

（2）陈进曾参与尼群洛尔片的相关研发工作，作为发明人分别于 2008 年 11 月、2013 年 1 月申请了多项专利并获得授权。但是，随着其工作职责的变化，未参与公司目前主要在研品种的研发工作或作为发明人申请相关专利，所以不属于新药研发方向的核心员工。

在第二轮问询过后，上市审核机构未就该问题继续问询。

》 启示

根据《专利法实施细则》第 13 条的规定，专利发明人是指"对发明创造的实质性特点作出创造性贡献的人。在完成发明创造过程中，只负责组织工作的人、为物质技术条件的利用提供方便的人或者从事其他辅助工作的人，不是发明人"。

通常来说，发行人所披露的核心技术及其专利的发明人，应当被认定为核心技术人员。主要发明人未被认定可能会导致上市审核机构对于企业核心技术以及创新研发实力产生如下质疑：

（1）发行人是否按照科创板上市要求披露其核心技术。

（2）发行人所披露核心技术相关专利是否有凑数之嫌。

（3）核心技术人员认定是否存在刻意规避发行条件。如前文提到的，对于核心技术人员的认定，科创板现有规则并没有明确的指引，而是由发行人认定和披露，但上市审核机构仍然会对企业的认定依据进行周密细致的问询。企业在回复时应当注意认定依据的论证以客观事实为基础，保持逻辑自洽及论证的合理性，避免自相矛盾。

Q031 未认定核心技术人员也能上市科创板吗?

拥有核心技术人员是企业申请科创板上市的必备要素,也是上市审核机构关注的主要问题。科创板要求发行人应当"拥有关键核心技术,科技创新能力突出,主要依靠核心技术开展生产经营",而技术创新、企业运营与管理又依赖人员,尤其是核心技术人员,对于核心技术人员的合规要求同样被视为发行人申请上市的法定条件。

此外,《科创属性评价指引(试行)》也将"发行人的核心技术人员作为主要参与人员,获得国家科技进步奖、国家自然科学奖、国家技术发明奖,并将相关技术运用于公司主营业务"明确作为认定是否具备科创属性的判断标准之一。

通常来说,发行人都会被要求在招股说明书中披露所认定的核心技术人员的相关信息以及认定依据。但在众多发行人中,还的确有一家发行人在招股说明书中未认定核心技术人员。这家发行人就是农业领域的巨头先正达集团股份有限公司(简称先正达),那么这究竟是否符合科创板上市要求呢?

》》 未认定核心技术人员不等于没有核心技术人员

先正达是一家农业科技创新企业,主营业务涵盖植物保护、种子、作物营养产品的研发、生产与销售。其上市申请在 2021 年 6 月 30 日获得受理,2021 年 8 月 31 日进入问询阶段。

在首轮和第二轮问询中,上市审核机构指出:根据招股说明书记载,先正达并未认定具体的核心技术人员,并认为自身研发活动依赖完整的研发体系、技术积累和持续资金投入,不存在任何单一研发人员对发行人的研发能力存在重大影响的情况。对此，上市审核机构要求发行人披露其研发体系的组织及管理架构，并说明无法认定核心技术人员的原因及合理性，以及发行人保持持续创新能力的相关机制安排。

发行人回复：其拥有庞大的产品种类、多样化的产品开发管线以及数以千计的不同专业背景的研发人员，研发能力来自投入、知识产权积累以及庞大研发团队，技术人员在各自岗位上为发行人的业务和技术发展做出各自的贡献，不存在任何单一技术人员对发行人存在重大影响的情况。

在第二轮问询过后，上市审核机构未就该问题继续问询。虽然在后续过程中，发行人因其他原因暂缓审议，但就问询过程中所传递的信息来看，发行人未认定核心技术人员的行为并未构成其上市科创板的阻碍。

》》启示

先正达之所以未在招股说明书中披露核心技术人员，并非源于其核心技术人员缺失以及创新能力不足；恰恰相反，正因为其业务领域覆盖全面，创新实力突出，具有数量庞大的产品开发管线以及研发人员，才导致无法在招股说明书中对核心技术人员进行认定和信息披露。由此可见，上市审核机构考察发行人是否认定以及如何认定核心技术人员的背后，体现的仍然是对科创企业"硬科技"属性的判定。

当然，对于大多数的发行人而言，基于企业自身情况，合理地确定核心技术人员并在招股说明书中予以披露是更为常规且稳妥的做法。

Q032 对核心技术人员的学历有何要求？

核心技术人员关系到企业的竞争优势及稳定性，真实、准确、完整的披露核心技术人员的信息有利于投资者作出价值判断和投资决策。《第 57 号准则》要求在发行人基本情况中披露核心技术人员的简要情况，其中包括：学历及专业背景、职称；主要业务经历及实际负责的业务活动、创业或从业经历；曾经担任的重要职务及任期等。可见，科创板企业上市中关于核心技术人员的披露要点包括核心技术人员的学历、研发能力等。

科创板鼓励上市的行业大多属于人才和技术密集型行业，对企业员工学历要求较高，核心技术人员的学历结构关系着企业的研发能力。如果企业核心技术人员学历较低，企业的研发能力和创新能力会被质疑，上市审核机构会重点问询。

▶▶ 核心技术人员学历偏低，发行人是否具备技术竞争实力

广东鸿铭智能股份有限公司（简称鸿铭股份）是一家集研发、生产和销售于一体的智能制造装备生产商，主营产品包括各种智能包装设备和智能包装配套设备，用于各类精品包装盒的生产。公司拟采用第一套上市标准，其上市申请在 2020 年 5 月 7 日获得受理，2020 年 6 月 2 日进入问询阶段，经过四轮问询，最终发行人撤回上市申请，发行上市审核终止。

发行人的 4 名核心技术人员中仅有 1 名为本科学历，其余均为大专学历；公司拥有研发人员 49 人，其中本科及以上学历的人员仅 29 人。上市审核机构首轮要求发行人披露核心技术人员专业背景，二轮问询要求结合发行人人员学历构成、人均薪酬情况，进一步说明发行人所处行业是否具有较高的技

术门槛，是否存在技术更新频繁且行业易于进入等特点，并结合发行人人员学历构成、技术先进性等因素进一步披露发行人的竞争劣势且充分揭示"技术及产品开发风险"。

发行人在进一步披露核心技术人员学历的基础上，解释公司所处的包装专用设备行业主要涉及应用型科学，相关人员不仅需要具备相应的专业技术背景，还需要较长时间的实践经验、技术积累和实操动手能力。虽然公司中专及以下学历的员工占比较高，但公司员工实践经验较为丰富、实操动手能力较强、专业技能较高，在研发、生产实践操作中可实现较高的实操工作效率。

虽然发行人对核心技术人员学历问题进行了解释，但核心技术人员以及公司员工整体学历不高的问题，不免会让上市审核机构以及公众对于发行人上市后可能存在的风险产生顾虑，包括：因技术人才学历不高而导致的未来持续创新能力受限，不能紧跟市场发展需要，以及可能无法将研发成果产业化，影响产品竞争力，从而给公司的经营业绩带来不利影响。

无独有偶，福立旺精密机电（中国）股份有限公司（简称福立旺）也因为其中一名核心技术人员为高中学历，并且研发人员多为专科及以下学历水平，被上市审核机构重点询问，要求发行人核查并发表意见。虽然，福立旺经过两轮问询最终成功上市，但在问询过程中涉及高中学历的核心技术人员是否具备研发能力的质疑也一度引起广泛关注。

›› 启示

对于企业来说，专利技术等知识产权固然是其核心资产，但这些技术的形成与改进在很大程度上都依赖企业的技术人员，尤其是掌握核心技术的人员。从某种意义上来说，他们才是一家企业最大的财富与最主要的生产力来源。核心技术人员的学历和研发能力能够反映发行人的科创实力和自主研发能力。发行人应当充分披露核心技术人员的学历及专业背景，以及能够证明其研发能力的业务经历及科研成果。

Q033 谁能被认定为研发人员？

　　科创板相关制度规定中并未对研发人员的具体内涵或外延以及如何认定研发人员作出明确规定，但研发人员的准确认定不仅关乎研发人员数量占比，还与企业研发投入相关，是企业上市审核问询中被重点关注的问题。相关问询包括：研发人员范围能否准确认定，研发人员的界定标准及认定依据；研发人员和技术人员各自的界定标准，两者的区别及对应工作内容；是否存在研发人员和技术服务人员、生产人员混同情形，研发人员是否存在共通共用的情况；研发负责人不直接参与研发活动的合理性，涉及的具体人员是否核心技术人员；研发人员的学历结构是否与发行人的技术水平相匹配等。因此，如何有理有据地回复上市审核问询过程中关于研发人员认定的问题以及如何披露研发人员相关信息，赋予了发行人很大的自由度。

　　《国家税务总局关于研发费用税前加计扣除归集范围有关问题的公告》规定：直接从事研发活动人员包括研究人员、技术人员、辅助人员。研究人员是指主要从事研究开发项目的专业人员；技术人员是指具有工程技术、自然科学和生命科学中一个或一个以上领域的技术知识和经验，在研究人员指导下参与研发工作的人员；辅助人员是指参与研究开发活动的技工。结合企业的实践，研发人员是指从事研究与试验发展活动的人员，包括直接从事研究与试验发展课题活动的人员，以及为研究与试验发展活动提供直接服务的人员。

　　《高新技术企业认定管理工作指引》规定：企业科技人员是指直接从事研发和相关技术创新活动，以及专门从事上述活动的管理和提供直接技术服务的，累计实际工作时间在 183 天以上的人员，包括在职、兼职和临时聘用人员。

科创板相关制度规定中并未对研发人员进行明确定义，上述两项规定可以作为科创企业认定研发人员以及回复上市审核问询的参考。但需要注意的是，发行人在研发人员方面的充足储备才是顺利过关的根本保证。

》》兼职研发人员是不是生产人员

福建福特科光电股份有限公司（简称福特科）是专业从事精密光学元组件、精密光学镜头研发、生产和销售的高新技术企业。该企业采用第一套上市标准上市，其上市申请在 2021 年 6 月 21 日获得受理，2021 年 7 月 17 日进入问询阶段，经过两轮问询以及上市审核委员会审议，于 2022 年 1 月 7 日提交注册，截至目前未进入后续程序。

首轮问询：根据申请申报材料，发行人的员工岗位分布中，2020 年年末研发与技术人员共 317 人，研发人员包括专职研发人员和兼职研发人员，研发人员为 202 人，占员工总数的 12.89%，其中专职研发人员占员工总数10.21%。

上市审核机构在首轮问询中要求发行人说明：研发人员划分的具体标准、兼职及专职研发人员的具体含义，兼职人员从事研发活动工作占其全部工作的比重；报告期内是否存在专职研发人员从事非研发活动及非研发人员从事研发活动的情形等问题。

发行人回复：在研发中心任职的员工为专职研发人员，兼职研发人员包括 40 名一般兼职研发人员和 2 名管理人员兼职研发活动，一般兼职研发人员为共同参与项目试制和论证的经验丰富、技术熟练的产线工人，管理人员参与研发项目的方式是制订技术方案、主导或参与研发项目。专职研发人员不从事非研发活动，如需要从事非研发活动或员工个人申请调岗至非研发部门，则该员工调出研发部门，转为非研发人员。

根据发行人回复以及披露的内容，上市审核机构在二轮问询中要求发行人进一步说明：

（1）兼职研发人员本身的身份，是不是生产人员。

（2）2020 年专职研发人员数量变化与工作量变化的匹配性，是否存在工作总量未增加而人员配置增加的情况及合理性。

（3）在册专职研发人员数据披露的准确性，研发人员数量占比是否符合

《上市申报及推荐暂行规定》的要求。

发行人回复：一般兼职研发人员是生产人员；2018~2020 年，研发工作量的增加导致了专职研发人员数量的增加，通过补充研发人员数量，减少了研发加班时间。专职研发人员数量变化与研发工作量变化具有匹配性，不存在工作总量未增加而单纯增加人员配置的情形，研发人员数量占比符合不低于 10% 的要求。

注册阶段，发行人再次被问及研发人员认定、研发活动范围等问题，并要求解释专职研发人员中相当数量员工存在的异常情况，包括已从发行人离职、专职研发人员从事非研发活动、不了解所从事研发项目的基本情况等，如研发部门统计员实际从事前台工作、西餐烹饪专业人员从事生产部门领料工作等，测算谨慎情况下专职、兼职研发人员的数量，是否满足研发人员指标条件。

从首轮问询、二轮问询到注册阶段，均对研发人员的认定给予高度关注。首先，福特科的兼职研发人员实际为生产工人，且其参与研发时长较短，主要工作仍为基础生产。其次，经过递进式的问询可发现，在 2020 年年末，专职研发人员中 20 人已离职，专职研发人员的占比从 12.89% 变为 8.93%，并未达到 10% 的科创板硬指标要求。此外，经过现场核查发现，部分专职研发人员并未从事研发活动。

虽然截至目前福特科能否成功上市还未可知，但围绕研发人员认定展开的一系列问询，容易引发公众对其是否满足科创属性要求的疑惑。

》》 启示

企业在认定研发人员时需注意以下五个问题。

第一，研发人员的认定可以按照人员所属的部门、从事的具体工作、具体职责、学历素质等方面进行认定，也可以研发工时为标准进行认定。

第二，研发人员需具备相关的专业背景及行业经验，能够对发行人的研发项目起到支撑作用。

第三，研发人员学历不宜过低。研发人员学历结构关系着企业的研发实力。当研发人员中低学历人员占比较高时，上市审核机构容易对企业的持续研发能力、人才储备情况，员工学历结构与公司的核心技术水平匹配度等方面引起质疑。

第四，研发人员数量应与公司的研发项目进展、研发项目数量相匹配。如果研发人员数量大幅增加，尤其是报告期末年，则可能存在为满足研发人员数量占比指标而不当归集研发人员的情形。一般上市审核机构会要求披露新增研发人员的入职时间、所属部门、主要从事的工作等。

第五，企业中可以存在兼职研发人员。一般情况下，兼职研发人员可包括担任管理层的核心技术人员，拥有某项技能、辅助研究的技术人员，临床调研员，运营人员或与研发挂钩的其他部门人员。

Q034 研发人员的学历低会被关注吗？

上市审核机构因研发人员学历问题对发行人进行问询时，通常会要求发行人对人员结构、人员范围以及认定依据进行详细披露，并在此基础上对认定理由及其合理性进行说明。对此，企业应当认识到，上市审核机构关注学历问题的实质，是对发行人科创属性的质疑，研发人员学历的高低并不等同于研发能力的高低是发行人在回复上市审核问询时需要重点说明的。发行人可以从行业特点与人员需求、整体人员结构和承担职能、研发人员能力与研发体系匹配性等多个角度，有理有据地说明发行人的研发团队足以支撑现有研发体系以及具备持续创新能力。

》 研发人员多为大专及以下学历人员，如何自证科创属性

深圳市海目星激光智能装备股份有限公司（简称海目星）是激光及自动化综合解决方案提供商，聚焦于激光、自动化和智能化综合运用领域，主要从事消费类电子、动力电池、钣金加工等行业的激光及自动化设备的研发、设计、生产及销售。该公司采用第一套上市标准，于 2019 年 12 月 31 日提交上市申请，2020 年 1 月 22 日进入问询阶段，经过三轮问询以及上市审核委员会审议，最终注册生效。

在首轮问询中，上市审核机构指出：根据招股说明书披露，发行人拥有研发人员共 321 人，其中大专及以下学历人员 128 人。对此，上市审核机构要求发行人说明研发人员中大专及以下学历人员承担的主要职能以及占比较高的原因。

发行人从以下三个角度进行回复：

（1）承担职能。大专及以下学历研发人员主要承担的职能包括根据研

发主导人员要求进行研发相关具体的设计落地、实验机型装配、相关实验操作、参数调整、数据分析、撰写报告等工作，他们是发行人研发团队的重要组成部分。研发团队中大专及以下学历人员占比较高，具备合理性。

（2）行业特点。发行人所处的激光及自动化设备行业主要涉及应用型科学，相关研发人员不仅需要具备相应的技术背景，还需要较长时间的实践经验积累和实操动手能力，一线研发实践经验已成为激光及自动化设备研发人员较为重要的竞争优势。对于公司来说，研发团队中专科及以下学历的研发人员实践经验较为丰富、实操动手能力较强，在研发活动实践操作中可实现较高的实操工作效率，如根据研发主导人员要求进行设计具体落地、组装实验机型、实验具体操作等工作。

（3）人员结构。发行人注重研发团队人员的合理构成配比，除主导研发方向、研发项目的高学历研发人员外，研发团队中也同样需要一定数量在研发活动中将相关要求实践落地的人员。

在首轮问询过后，上市审核机构未就该问题继续问询。

》启示

如果发行人的研发团队学历较低，则可能会被上市审核机构重点问询，问询背后体现的是对其研发能力和创新能力的质疑。对此，发行人可结合自身所属行业的特点、具体业务需要、基本学历要求以及研发人员具体职能来进行回复。如果公司研发团队中低学历人员具备丰富的实践经验，理论结合实践能力较强，符合企业的业务特点、研发活动特点及实际研发工作需求，则即使员工学历不高，将其认定为研发人员仍然具备合理性。

Q035 核心技术人员的薪酬多少才合理？

市场经济条件下，健全的薪酬管理制度是企业维持自身竞争力、稳定核心人力资源的重要保障。薪酬高低不仅直接体现了企业对于核心技术人员的重视程度，也在很大程度上反映了该人员对于企业的重要性。通常而言，董事、监事、高级管理人员及核心技术人员基于公司所处地位和职责的重要性，应当获取与之相匹配的薪酬水平。

根据《第57号准则》的规定，发行人应披露董事、监事、高级管理人员及核心技术人员的薪酬组成、确定依据、所履行程序及报告期内薪酬总额占发行人各期利润总额的比重，最近一年从发行人及其关联企业获取收入的情况，以及所享受的其他待遇和退休金计划等。可见，核心技术人员薪酬相关问题也是上市审核问询中关注的重点。

完善的薪酬激励体系是提高核心技术人员积极性的关键。企业应当建立一套完整有效的薪酬激励制度和绩效考核体系，更好地提高核心技术人员的积极性，提高核心技术人员的稳定性。此外，作为薪酬激励体系重要组成部分的股权激励措施也会被重点问询，对于核心技术人员是否参与公司员工持股计划、持股人员比例以及范围等问题也会被要求作出合理解释。

薪酬问题的实质还是对于认定核心技术人员是否具有合理性的质疑。科创板对于如何确定核心技术人员薪酬并不存在具体标准，根据发行人所处不同行业特点、企业规模及发展阶段、所属地区以及人员结构，薪酬水平都会有较大差异，但是发行人应当对核心技术人员的薪酬确定、同行业间薪酬差异的原因及其合理性作出解释。

›› 多劳者得高薪，引进人才得高薪

锦州神工半导体股份有限公司（简称神工股份）是国内领先的集成电路刻蚀用单晶硅材料供应商，主营业务为集成电路刻蚀用单晶硅材料的研发、生产和销售。该企业采用第一套上市标准，其上市申请在 2019 年 4 月 19 日获得受理，2019 年 5 月 6 日进入问询阶段，经过四轮问询以及上市审核委员会审议，最终注册生效。

在首轮问询中，上市审核机构指出：根据招股说明书披露，发行人核心技术人员潘连胜、山田宪治 2018 年税前薪酬分别为 163.32 万元和 133.12 万元，而同为核心技术人员的秦朗税前薪酬仅为 7.49 万元。对此，上市审核机构质疑 7.49 万元的年薪水平是否与核心技术人员的身份相匹配，并要求发行人补充披露核心技术人员薪酬水平与企业研发和技术实力的匹配性以及与同行可比企业的比较情况，发行人的薪酬水平能否维持技术人员的稳定。

对此，发行人从不同角度作出回复：

（1）秦朗税前年薪为 7.49 万元，高于发行人平均工资水平，也高于锦州市城镇就业人员平均工资（5.49 万元），秦朗税前薪酬符合企业的实际情况和企业所在区域的薪酬水平。除了基本薪酬外，秦朗还作为有限合伙人参与员工持股平台。相比大部分员工，发行人为秦朗承担了较高的人力成本，其薪酬水平与核心技术人员身份相匹配。同时，综合考虑股权激励及未来发展机会等因素，秦朗的薪酬水平具备一定竞争力。

（2）潘连胜不仅需要负责企业整体研发路线的设计、统筹协同整体研发工作，同时作为董事长、总经理，承担了诸多管理和决策职能。

（3）山田宪治作为企业外部引进人才，其薪酬水平较高符合企业制定的薪酬体系。秦朗仅为核心技术人员而不承担管理等职能，因此薪酬水平低于企业其他核心技术人员，也低于可比企业担任董事、监事、高级管理人员的主要核心技术人员的薪酬。

在首轮问询过后，上市审核机构未就该问题继续问询。

除了将薪酬与岗位职能挂钩进行解释，不同发行人在回复关于核心技术人员薪酬差异问题时也会从不同角度对其合理性加以解释。

》 研发贡献大者得高薪

罗普特科技集团股份有限公司（简称罗普特）经过三轮问询及上市审核委员会审议，最后注册生效。其间，发行人被问询 6 名核心技术人员中，张龙薪酬明显高于其他核心技术人员的原因。

对此，罗普特主要从核心技术人员对于研发的重要性方面作出回复：

张龙是公司 2018 年重点引进的核心技术人才，是企业的研发中心总监，入职以来主导了企业的产品和技术研究方向，并牵头实施了多项重要研发项目，提高了企业的研发实力，提升了企业整体竞争力，推动企业业务取得了较快的发展，带动了企业核心技术的产业化。发行人基于张龙在产品研发过程中的实际作用及贡献程度给予其高于其他核心技术人员的薪酬具有合理性。

》 入职时间短者，薪酬不高

福建赛特新材股份有限公司（简称赛特新材）经过一轮问询及上市审核委员会审议，最后注册生效。其间，发行人被问及个别核心技术人员的薪酬低于董秘等其他关键管理人员的合理性。

对此，赛特新材主要从核心技术人员入职年限方面作出回复：

核心技术人员薪酬激励方面，结合其对企业的贡献情况与市场行情，企业给予其相匹配的薪资及岗位。部分核心技术人员在企业的工作时间短于其他核心技术人员，故现阶段与其他自设立初期即加入并对企业发展贡献较大的关键管理人员薪酬相比，其薪酬相对较低。企业核心技术人员的薪酬发放情况综合考虑了入司年限、具体职务和职责、对企业贡献度以及其他激励方式等因素，具有合理性。

除了薪酬差异问题，对于薪酬大幅变化以及其他与薪酬相关的事宜也会引起上市审核机构的关注。

》 业绩完成超预期，加大激励，稳定核心团队

成都盟升电子技术股份有限公司（简称盟升电子）经过两轮问询及上市审核委员会审议，最后注册生效。发行人被上市审核机构问询 2017 年董事、

监事和高级管理人员（简称董监高）及核心技术人员薪酬大幅增长的原因。

对此，盟升电子主要结合企业经营情况作出回复：

董监高及核心技术人员在企业日常生产、技术研发、市场开拓、运营管理以及战略规划等方面起到了关键作用，同时亦承担了较高风险。2016 年，发行人未能完全完成当年既定目标；2017 年，发行人在较为不利的市场环境中在市场开拓、技术研发、货款收取等方面均有效完成了公司年度经营目标。基于上述原因，为了保持核心团队的稳定，发行人加大了核心经营团队激励，董监高及核心技术人员的工资与奖金水平有所增加。

›› 个人意愿选择薪酬实现方式

锦州神工半导体股份有限公司（简称神工股份）的核心技术人员山田宪治并未直接或间接持有公司股权，被问询该技术人员未参与员工持股计划的原因。

对此，神工股份回复：

核心技术人员山田宪治为日本国籍，无意以人民币货币形式对中国境内的合伙企业出资。经与山田宪治沟通，山田宪治希望通过薪酬的方式实现劳动报酬，因此，未参与企业员工持股计划。2018 年，山田宪治的税前薪酬为 133.12 万元，处于员工薪酬水平前列。

›› 启示

核心技术人员的薪酬与企业所处行业、所属地区、核心技术人员的背景、入职时间、参与的项目进展等均存在一定的相关性，而薪酬水平变化的趋势通常反映了发行人的经营状况和发展状况。如果核心技术人员的薪酬与企业内部或同行业相比差距较大，或者变化趋势与发行人经营业绩变化趋势明显不一致，则可能会被重点关注。

高薪酬是核心技术人员价值的重要体现，薪酬激励是提高核心技术人员创新性、积极性和稳定性的关键。企业应当建立一套完整有效的薪酬激励制度和绩效考核体系，建立具有市场竞争优势的核心关键人员薪酬制度，更好地提高核心技术人员的积极性以及稳定性。

Q036 核心技术人员的数量及占比低会影响上市吗？

科创板相关规则并未明确规定核心技术人员的具体人数或占比要求。根据实际情况，科创板申报上市企业认定的核心技术人员人数为 5~6 名。在各科创企业的招股说明书所披露的信息中，对于所认定核心技术人员的数量存在较大差异。例如，华润微电子有限公司（简称 CRM）认定 20 名核心技术人员，而蚂蚁科技集团股份有限公司（简称蚂蚁集团）和上海美迪西生物医药股份有限公司（简称美迪西）均仅认定了 1 名核心技术人员。

核心技术人员数量及占比并不会直接导致企业无法上市，但核心人员数量与发行人核心技术和研发能力直接相关，核心技术人员数量过少，会导致上市审核机构对于发行人核心技术水平、持续研发能力是否能得到有效支撑存疑，影响发行人"科创属性"的成色；此外，基于科创板对于核心技术人员的合规要求，人员数量增加则意味着合规难度增加，因此难免会让上市审核机构质疑发行人是否刻意规避发行条件。但与之相对的，认定的核心技术人员数量过多，则可能由于核心技术人员流动导致发行人无法满足最近两年无重大不利变化的发行条件，进而影响上市；此外，认定人员数量过多还会导致信息披露工作量的增加。

综上可见，若认定的核心技术人员数量不合理，无论是过多还是过少都会引起上市审核机构关注，科创公司应当根据所属产业以及自身特点合理确定核心技术人员数量。

》》核心技术人员仅 1 人，上市审核遭多轮问询

美迪西是一家生物医药临床前综合研发服务 CRO（医药研发合同外包服

务机构）。该企业的上市申请在 2019 年 4 月 3 日获得受理，2019 年 4 月 14 日进入问询阶段，2019 年 10 月 12 日注册生效。该公司采用第一套上市标准上市。

美迪西在上市申报过程中仅认定创始人 1 人为核心技术人员，相对于其他医药企业，其核心技术人员明显偏少，上市审核机构对此十分关注，在首轮、三轮、四轮、五轮以及落实函中均对此提出质疑。

此外，上市审核机构问询中还涉及部分技术负责人的变动情况，以及未认定为核心技术人员的原因，并要求发行人说明核心技术人员的认定依据，只认定 1 名核心技术人员的做法是否存在刻意规避发行条件的目的。

美迪西回复认为，其之所以仅认定创始人 1 人为核心技术人员，是因为发行人的研发能力是建立在其研发技术平台上的，创始人为发行人研发技术平台的技术领头人及研发技术平台建设的主要推动者，而其他各业务板块，主要管理人起辅助作用，因此认定创始人为核心技术人员。同行业领先的其他企业，如药明康德、康龙化成也同样仅认定 1 人或 2 人为核心技术人员。同时，发行人认为企业各业务板块主要管理人员离职情况、企业未设定固定的自主研发部门符合实际情况和行业状况，不存在规避《上市审核问答》的情形。

上市审核机构对上述回复并不满意，在第五轮问询中要求继续说明核心技术人员的认定依据，以及补充披露只认定 1 名核心技术人员的做法是否存在规避发行人核心技术人员不得存在重大不利变化要求的情形。最终，美迪西对核心技术人员进行了补充认定，由原来的 1 名改为 6 名，并重新细化了核心技术人员认定的依据。

≫ 启示

核心技术人员是科创板企业具有自主研发能力的基本保障，核心技术人员的稳定性是投资者衡量企业经营风险的重要影响因素。科创板相关管理制度将核心技术人员地位提升至与公司董监高一样的层级。

可见，核心技术人员的稳定对于企业能否满足上市条件意义重大。如果核心技术人员认定不完整，认定人数过少，则会被审核机构质疑是否故意缩小核心技术人员范围，以规避发行条件以及股份减持等方面的规定。在此情况下，审核机构还会要求发行人进一步披露核心技术人员认定依据，并说明核心技术人员认定的合理性和完整性。减少核心技术人员数量以规避不稳定风险的做法并不可取，发行人应当根据企业生产经营需要和相关人员对企业生产经营发挥的实际作用，确定核心技术人员范围，并充分披露认定依据，使得核心技术人员的认定合理、完整。

Q037 研发人员的数量及占比低会影响上市吗?

2021 年 4 月,中国证监会就《科创属性评价指引(试行)》作出修正,完善科创板制度的首要标准,将科创属性评价指标由原来的"3+5"变为"4+5",新增研发人员占比超过 10% 这一常规指标。此外,《第 57 号准则》也要求发行人应披露研发人员占员工总数的比例。

科创属性新增常规指标对研发人员数量的要求与《高新技术企业认定管理办法》相同,均需满足企业从事研发和相关技术创新活动的科技人员占企业当年职工总数的比例不低于 10%。该新增指标充分体现人才在创新活动中的核心作用,丰富科创属性的判断维度。科创板通常会问询研发人员数量和占比能否支撑发行人在研产品管线的研发。在 2021 年修正版《科创属性评价指引(试行)》生效后,个别在审企业存在无法满足新增指标要求的情况。例如,苏州快可光伏电子股份有限公司(简称快可电子)研发人员仅占公司总数的 7.36%,因不符合新标准,从而无奈撤回科创板上市申请。

》 研发人员占比低能否支撑创新性研发

前沿生物药业(南京)股份有限公司(简称前沿生物)是一家创新型生物医药企业,以第五套标准冲击科创板,于 2019 年 8 月 13 日申请科创板上市获受理,三轮问询后于 2020 年 6 月 5 日暂缓审议,一个多月后恢复并通过上市审核委员会审议,2020 年 9 月注册生效。

根据招股说明书披露,发行人员工结构中生产型员工占比过半,而研发人员占比为 17%,被审核机构问询研发人员数量和占比能否支撑发行人在研产品管线的研发,发行人的在研产品是否具有创新性。

前沿生物回复：其新药研发过程高度分工，在新药发现、药学研究、临床前研究、临床试验、药品生产和新药审核等方面均有相应的人才储备。新药研发过程由少数有丰富新药开发经验、专业互补人员主导。同时，由 CRO（医药研发合同外包服务机构）协助提供部分研发服务。已建立了一支配置完整、专业互补、经验丰富的核心技术及研发团队。企业拥有多位具有海外背景的专家。目前，新药研发项目进展顺利。

▶▶ 启示

科创板通常会问询研发人员数量和占比能否支撑发行人在研产品管线的研发，发行人的在研产品是否具有创新性。通常情况下，研发人员的数量随着企业的发展壮大逐渐增加，企业会被问询报告期研发人员数量大幅增加的原因。

但是有时，研发人员的数量也会减少，企业会被问询报告期内研发人员数量减少的原因，与业务情况是否匹配，离职的研发人员职级，是否涉及重要研发人员的离职，是否涉及核心技术泄密风险，离职员工的去向及竞业禁止协议的执行情况，离职的具体原因，离职后是否任职于与发行人业务相关的企业，是否存在利益冲突。

首先，企业必须要满足从事研发和相关技术创新活动的科技人员占企业当年职工总数的比例不低于 10% 的硬性指标。

其次，当问询涉及由于研发人员认定所导致的数量问题时，与企业在回复研发人员认定相关问询时的侧重点类似，一般需要结合公司的组织架构、具体的研发工作流程以及相关人员的教育背景、从业经验等进行详细说明。

最后，在研发人员管理方面，要建立完善的管理机制，采取适当的激励机制，避免大规模的研发人员流失；同时要建立常态化的研发人员储备机制，避免为应对上市而突击增加研发人员数量。

Q038 核心技术人员离职有何影响?

核心技术人员稳定是发行人业务完整的体现,是发行人具有直接面向市场独立经营的能力的要求。但是,随着企业的发展和行业间的竞争,尤其是在技术发展更新较快的行业,研发人员与核心技术人员离职成为普遍现象。

《注册办法》将核心技术人员的稳定性作为发行的实质性条件进行明确规定,要求发行人主营业务、控制权、管理团队和核心技术人员稳定,最近两年内主营业务和董事、高级管理人员及核心技术人员均没有发生重大不利变化。

对发行人的核心技术人员是否发生重大不利变化的认定,科创板要求发行人在信息披露时,应当本着实质重于形式的原则,综合两方面因素分析:一是最近两年内的变动人数及比例,在计算人数比例时,以上述人员合计总数作为基数;二是上述人员离职或无法正常参与发行人的生产经营是否对发行人生产经营产生重大不利影响。如果最近两年内发行人核心技术人员变动人数比例较大或核心技术人员发生变化,进而对发行人的生产经营产生重大不利影响的,应视为发生重大不利变化。

《上市规则》规定:上市公司发生核心技术人员离职重大风险事项的,应当及时披露其对公司核心竞争力和持续经营能力的具体影响。

可见,由于核心技术人员离职导致发行人可能出现重大不利变化是上市审核机构重点关注的问题。如果有核心技术人员离职,通常会被问询核心技术人员的技术背景、任职期间的主要职责、任职期间从事的研发工作、专利获取情况等,离职原因及离职后情况,是否对其存在依赖、其离职是否对公司技术研发、生产经营产生不利影响。

》正常离职不影响研发体系持续性

成都苑东生物制药股份有限公司（简称苑东生物）是一家以化学原料药和化学药制剂的研发、生产与销售为主营业务的生物医药企业。苑东生物经历两次科创板申报。其首次申报于 2019 年 8 月 29 日终止，苑东生物也成为科创板生物医药行业首家上市审核终止的企业。第二次上市申请于 2020 年 4 月 22 日获得受理，经过一轮问询以及上市审核委员会审议，最后注册生效。

在第二次上市历程中，发行人的核心技术人员、总经理蓝海离职引起了上市审核机构的注意。针对蓝海离职，上市审核机构要求发行人补充披露核心技术人员离任的具体原因、核心技术人员的变动对生产经营的影响，并要求发行人说明发行人最近两年内董事、高级管理人员及核心技术人员是否发生重大不利变化，发行人技术研发是否对离职的核心技术人员存在依赖。在注册环节，发行人再次被问询蓝海离职的原因，是否签署竞业禁止协议、技术保密协议，是否与发行人存在纠纷，目前从业情况是否与发行人的业务形成竞争，是否会导致发行人存在重大不利变化的情况。

针对上述问询，发行人主要从在岗位职责、离职原因及影响、发行人应对措施等方面进行回复。首先，蓝海在企业任职期间主要负责研发管理等工作，未参与具体研发工作，且未作为发明人进行专利申请。其次，发行人披露蓝海因个人职业规划从公司离职，蓝海离职前与企业签署相关协议，目前所从事业务与发行人不存在竞争情形。最后，发行人及时补充核心技术人员以增强研发能力，保障企业核心竞争力，并且，发行人核心技术相关专利以及核心技术人员来源于企业长期积累，由企业内部整体合作实现。

》 启示

对于任何一家科技型企业来说，核心竞争力是科技人才。而核心技术人员能够支撑企业的核心技术以及科技创新的持续性，核心技术人员的稳定性对于企业尤其重要。核心技术人员的离职关系到企业的核心技术人员是否发生重大不利变化，企业在回复核心技术人员离职相关问询时，可围绕以下五点进行回复。

第一，详细阐述相关核心技术人员任职期间所从事的工作，如不直接参与企业的在研项目，不会对企业现有研发项目进展产生影响。

第二，企业具有完整的研发体系，有多层次的研发人员，具有较强的协作研发能力，核心技术的形成不依赖某一具体人员，相关人员的离职不会影响发行人的生产经营和持续经营能力。

第三，企业具有合适的替代人员，发行人可详细披露离职人员的接替人员的教育背景、研发经历以及在发行人的任职情况等信息，以说明替代人员足以完成后续研发工作。

第四，充分披露发行人与核心技术人员签署的知识产权权属协议、竞业禁止协议、保密协议等，以说明发行人不存在职务发明的纠纷及潜在风险，核心技术人员离职不会影响发行人专利权的稳定性，也不存在违反保密协议的情况等。

第五，充分披露离职去向及离职原因。核心技术人员在离职后未从事与发行人存在竞争的业务，或在竞争单位任职的情形。在发行人所披露的核心技术人员的离职原因中，个人职业发展和个人家庭原因是较为常见的情形。

Q039 如何回复核心技术人员依赖相关问询？

科创板的定位是"硬科技"，其重点支持的六大行业均属于高新技术产业和战略性新兴产业。企业的核心技术往往被少数研发人员尤其是核心技术人员所掌握，其对核心技术人员依赖性更高。但企业应避免对个别核心技术人员的过度依赖，因为若存在对核心技术人员的重大依赖，则该技术人员的离职可能对公司的生产经营和产品研发及创新产生重大不利影响。根据《第57号准则》的规定，核心技术人员依赖属于发行人应当披露的风险因素之一。因此，科创板上市企业存在核心技术人员为兼职人员、核心技术人员人数相对较少、企业连续多年未引入或重新认定新的核心技术人员、核心技术人员离职等情形时均会被上市审核机构问询是否存在对核心技术人员的依赖。

›› 回复要点

针对是否存在对核心技术人员依赖的回复，企业可从以下两个方面进行回复。

第一，承认对核心技术人员存在依赖，并着重陈述公司研发人员结构稳定、配置合理，并已建立较为完善的知识产权管理体系和技术保密机制，签署了知识产权归属协议，发行人拥有核心技术人员任职期间产生的各项专利，可以有效保护核心技术成果，虽然对核心技术人员存在依赖，但并不存在重大依赖；或核心技术人员为企业的实际控制人，在实际控制人未发生变更的情况下，其作为核心技术人员亦不会发生变更。

第二，认为发行人不存在对个别核心技术人员的重大依赖。例如，发行人核心技术的形成主要依托其整体研发技术平台，系研发团队整体努力的智慧结晶，不存在对个别或所有核心技术人员的技术依赖，并可结合自身所属的行业介绍其研发平台；或发行人具有较为完善的内部培养机制，形成了多层级的研发人员梯队，根据技术创新的内容、对技术成果的贡献，给予核心技术人员不同程度的物质奖励和精神奖励，通过相关制度建设，保证了技术研发的持续性和稳定性，降低了对特定人员的依赖；或核心技术人员只起到组织管理作用，只提供行业发展、技术研究方向等方面的指导意见和建议，不参与具体的研发活动，不会对其构成技术依赖。

以下结合具体案例来看如何回复上市审核机构的相关问询。

» 成熟完善的研发和生产体系不依赖特定人员

安徽华恒生物科技股份有限公司（简称华恒生物）是一家以合成生物技术为核心，主要从事氨基酸及其衍生物产品研发、生产、销售的高新技术企业，主要产品包括丙氨酸系列产品。该企业采用第一套上市标准上市，其上市申请在 2020 年 6 月 10 日获得受理，2020 年 7 月 8 日进入问询阶段，2020 年 11 月 17 日上市审核委员会审议通过，2021 年 1 月 28 日提交注册，2021 年 3 月 23 日注册生效。

发行人的核心技术人员张学礼现任中国科学院天津工业生物技术研究所研究员、中国科学院系统微生物工程重点实验室主任。在首轮问询中上市审核机构要求发行人说明张学礼本人及其发明专利在发行人研发、生产经营过程中所起的作用，说明发行人的研发和生产是否对张学礼存在重大依赖，并视实际情况提示发行人研发活动对兼职人员 / 外部人士存在依赖的风险。

发行人从工作职责、知识产权归属、研发和生产体系等角度进行了回复：

张学礼系企业首席科学家，主要负责在行业发展方向、研发体系建设、技术研究方向等重大方面提供指导，对研发中涉及的技术难点环节提供咨询，未实际参与研发项目方案设计、试验数据统计分析、文献调研等具体研发活动，亦没有参与如车间生产指标调控、安排生产计划等具体生产经营类工作。张学礼名下未拥有授权专利，在企业拥有的发明专利中，有 5 项由张学礼署名发明人。张学礼将发酵法生产 L- 丙氨酸的技术转让于发行人，但该技术涉及的 L- 丙氨酸的初代菌株已不在生产线上使用，企业研发部门在初代菌株的基础上进行持续驯化，已先后获得多个性能更加优良的迭代菌株，并将相关 L- 丙氨酸发酵菌株构建技术申请了专利保护，形成了自有知识产权的核心技术。目前研发、生产经营过程依靠企业具有自主知识产权的核心技术开展。企业具有成熟稳定的研发团队，构建了成熟的研发和生产体系，研发和生产对首席科学家张学礼不存在重大依赖。

》启示

当企业的关键核心技术掌控于少数核心技术人员手中时，对于这部分核心技术人员的重大依赖就可能成为企业持续发展的最大隐患。因为核心技术人员一旦流失，造成的不仅是人才资源的损失，更可能伴随着核心技术泄密或知识产权流失等情况，将对企业发展造成严重影响，导致企业就此陷入经营危机。对于企业而言，应当通过规范化的人员管理制度和知识产权管理制度，组建成熟的研发团队，建立完善的研发生产体系，避免过度依赖部分关键人员，并通过签署知识产权权属以及竞业禁止协议等方式规避人员流失后可能带来的风险。

Q040 如何理解"核心技术人员均没有发生重大不利变化"？

对发行人的董事、高级管理人员及核心技术人员是否发生重大不利变化的认定，应当本着实质重于形式的原则，综合两方面因素分析：一是最近两年内的变动人数及比例，在计算人数比例时，以上述人员合计总数作为基数；二是上述人员离职或无法正常参与发行人的生产经营是否对发行人生产经营产生重大不利影响。

变动后新增的上述人员来自原股东委派或发行人内部培养产生的，原则上不构成重大不利变化，发行人管理层因退休、调任等原因发生岗位变化的，原则上不构成重大不利变化，但发行人应当披露相关人员变动对企业生产经营的影响。

如果最近两年内发行人上述人员变动人数比例较大，或上述人员中的核心人员发生变化，进而对发行人的生产经营产生重大不利影响的，应视为发生重大不利变化。

表40-1是上市审核过程中相关问询及回复的实例。

表40-1　三家企业上市审核过程中相关问询及回复

发行人	问询情况	发行人回复
天合光能股份有限公司	上市审核机构要求说明最近两年内发行人董事、高级管理人员的变动比例是否较大、其核心人员是否发生变化、对发行人生产经营是否产生重大不利影响	结合具体人员情况，对最近两年内的每次变动进行分析，通过计算报告期内各次变动的人数占人员总数比例，说明变动比例较小（25%），不会对发行人生产经营产生重大不利影响

续表

发行人	问询情况	发行人回复
聚辰半导体股份有限公司	上市审核机构要求结合最近两年内的变动人数及比例，说明发行人董事、高级管理人员变动是否对发行人生产经营产生重大不利影响	发行人仅披露上市申报以及报告期前两年年初这两个时间节点的核心技术人员信息，通过计算上述两个时间节点的变动人数占比，说明未发生重大变化
上海昊海生物科技股份有限公司	上市审核机构要求说明最近两年发行人新增4名核心技术人员对企业生产经营的影响	结合具体人员情况，对最近两年内的每次变动进行分析，说明新增核心技术人员为适应发行人业务长期发展需要，且变动占总人数比例较低

　　根据科创板相关规定，判断核心技术人员是否发生重大变化，若没有量化的指标，须结合发行人实际情况加以分析。在确定核心技术人员的人选以及判断是否存在需要披露的重大变化时，建议企业从严核查，对核心技术人员的历次变动情况及时备案留档。

Q041 核心技术人员涉诉是否会对发行人产生影响？

　　科创属性的根本在于企业是否拥有核心技术，而核心技术与研发人员特别是核心技术人员密不可分。核心技术人员违法违规会影响技术团队的稳定性，可能会导致发行人核心技术人员产生重大不利变化从而不符合《注册办法》的规定，也可能会对发行人的核心技术、研发、生产经营、财务状况等造成重大影响从而不符合《注册办法》的规定，甚至对发行上市造成实质性障碍。对于核心技术人员涉诉的发行人，上市审核机构不会采用"一刀切"的处理方式，直接暂缓或终止其上市，而会结合诉讼对于发行人产生的不利影响，结合是否会影响发行人核心竞争力、持续经营能力以及长期稳定发展，综合考虑后作出判断。

　　核心技术人员涉诉是上市审核机构重点关注的问题，其中，因竞争对手间的人才流动导致商业秘密侵权是最典型的涉诉情形。商业秘密侵权案件，特别是技术秘密侵权案件，是企业经常遇到的知识产权诉讼类型。侵犯商业秘密会涉及企业的核心技术、生产经营等，对于核心技术人员涉诉，上市审核机构重点关注以下三点：

　　（1）相关诉讼的事实状况、争议焦点、案件进展。

　　（2）相关诉讼是否涉及发行人的主营业务，相关涉诉人员在企业中的角色，发行人是否过度依赖相关涉诉人员。

　　（3）相关诉讼若败诉导致相关人员离职，是否会引发核心技术人员产生不利变化，如败诉是否会产生重大不利影响。

›› 核心技术人员是把"双刃剑"

　　深圳汉弘数字印刷集团股份有限公司（简称汉弘集团）是一家以数字喷

墨打印技术为核心，集研发、生产、销售、售后服务于一体的工业数字印刷综合解决方案提供商。

汉弘集团是科创板开市以来第五家被暂缓审议的企业，也是科创板首家在暂缓审议后终止上市的企业。该企业采用第一套上市标准上市，其上市申请在 2020 年 4 月 16 日获得受理，2021 年 5 月 7 日进入问询阶段，2022 年 8 月 28 日上市审核委员会暂缓审议，11 月 13 日终止。

根据招股说明书披露的信息，发行人的两名核心技术人员曾在深圳市润天智数字设备股份有限公司（简称润天智）任职，二人从润天智离职后入职发行人子公司深圳市汉拓数码有限公司（简称汉拓数码）并参与数码打印设备的相关研发工作，入职两个月就研发出同类产品。润天智于 2019 年 1 月起诉二人违反与其签署的保密协议约定，请求人民法院以侵犯商业秘密罪判处被告三年以上有期徒刑，并处罚金 50 万元。

在多轮问询中，上市审核机构要求发行人说明诉讼进展，结合上述人员的任职情况，负责的主要业务及其成果、发挥的作用、参与研发的具体贡献等，说明是否对发行人核心技术、技术研发及生产经营带来重大不利影响；如涉案核心技术人员败诉导致其离职，是否构成发行人核心技术人员的重大不利变化。

虽然发行人再三强调自身研发体系健全，不存在对涉诉人员重大依赖，即使败诉也不会对企业生产经营产生重大不利影响，但最终汉弘集团上市之路还是止步于上市审核委员会审议阶段。

▶▶ 启示

虽然核心技术人员存在侵犯商业秘密纠纷并不必然阻碍企业上市的步伐，但为克服诉讼的不利影响，最终实现"带诉过会"，发行人、保荐机构及发行人律师可从以下六个方面进行说明或回复。

1. 详细如实披露相关诉讼的基本情况、最新进展情况

科创板拟上市企业充分披露其所面临的风险以及核心技术人员的情况是硬性要求，其中《第 57 号准则》要求发行人应披露重大技术、诉讼风险等法

律风险对发行人的合法合规性以及持续经营的影响；第84条要求发行人应披露核心技术人员作为一方当事人可能对发行人产生影响的刑事诉讼、重大诉讼或仲裁事项，主要包括：

（1）案件受理情况和基本案情。

（2）诉讼或仲裁请求。

（3）判决、裁决结果及执行情况。

（4）诉讼、仲裁案件对发行人的影响。

也就是说，核心技术人员一旦涉及诉讼仲裁以及行政处罚等情况，发行人应按照上述规定进行详细披露以履行信息披露义务。

2. 分析侵权事实是否成立

向上市审核机构传达企业核心技术人员不存在违反保密协议的信息，不存在侵犯商业秘密的情形。对此，一方面，可论证相关技术是否属于商业秘密，是否满足商业秘密的"三性"条件，如不属于商业秘密，涉诉核心技术人员则不存在侵犯商业秘密的情形；另一方面，可论证相关产品及核心技术主要通过自行研发等合法手段获取相关商业秘密。此外，也可聘请专业机构或权威机构进行鉴定来论证不构成侵权。

3. 论述对涉诉核心技术人员是否存在依赖

通过详细阐述涉诉相关人员在企业的任职情况、在相关知识产权中发挥的作用、企业目前的研发体系构建情况等内容，以说明企业并不高度依赖涉诉相关人员。

4. 披露涉诉人员主导研发的相关产品是否构成主要产品

可根据目前企业的核心技术与主营业务与上述产品之间的关联度，如相关产品在企业营业收入中的占比、利润占比等说明并非主营产品，不会对企业的生产经营产生重大不利影响。

5. 作出侵权成立假设

即使败诉，企业研发团队的变动也不会影响企业的研发能力；对可能的损害赔偿金额作出预判，若相关产品的销售数额及其在营业收入中的占比较小，那么即使败诉，也不足以对发行人的营业收入和持续经营能力产生重大影响。

6. 提起反制诉讼

企业在上市过程中遭遇的知识产权诉讼，大多是竞争对手发起的用于阻碍企业上市的，企业可向上市审核机构说明上述诉讼为恶意诉讼或属于不正当竞争手段，并已提出相关反制诉讼。

在经济高速发展的当下，科技创新型企业人才的高流动性，不断促进着企业核心技术的发展与营业利润的增长。但与此同时，也可能给流入企业带来各种潜在的知识产权风险。对核心技术人员高度依赖的科创企业，尤其应当关注人的管理和人可能带来的风险。上市审核机构重点关注核心技术人员相关的未决涉诉是否会对发行人的持续经营产生实质性问题，上述涉诉并不必然会成为阻碍发行人上市的"绊脚石"。

Q042 职务发明为何会被关注？

人员流动对科创板拟上市企业产生的影响不仅包括核心技术人员、研发人员离职所导致的企业生产经营出现重大不利变化，还包括上述人员入职带来的职务发明相关风险及纠纷。因此，在人员合规化管理中还需关注职务发明相关事项。

《专利法》第 6 条第 1 款规定："执行本单位的任务或者主要是利用本单位的物质技术条件所完成的发明创造为职务发明创造。职务发明创造申请专利的权利属于该单位，申请被批准后，该单位为专利权人。该单位可以依法处置其职务发明创造申请专利的权利和专利权，促进相关发明创造的实施和运用。"

《专利法实施细则》第 12 条第 1 款规定："专利法第六条所称执行本单位的任务所完成的职务发明创造，是指：（一）在本职工作中作出的发明创造；（二）履行本单位交付的本职工作之外的任务所作出的发明创造；（三）退休、调离原单位后或者劳动、人事关系终止后 1 年内作出的，与其在原单位承担的本职工作或者原单位分配的任务有关的发明创造。"

上海拓璞数控科技股份有限公司（简称拓璞数控）的董事长曾系上海交通大学（简称上海交大）副教授，其他多名高级管理人员也曾任或现任上海交大老师。因此，上市审核机构要求发行人说明相关专利发明或著作权是否属于相关人员在上海交大的职务发明创造或职务作品。

湖南松井新材料股份有限公司（简称松井新材）招股说明书披露，担任公司研发中心技术总监的核心技术人员 Fu Raosheng 为最近加入公司，其入职前曾在贝格工业涂料（广州）有限公司（简称贝格涂料）担任全球研发总监。Fu Raosheng 在松井新材任职期间，共申请发明专利 15 项。就此，上市审核机构要求松井新材说明 Fu Raosheng 离职后任松井新材研发中心技术总监是否违反竞业禁止协议，其所申请发明专利是否涉及在贝格涂料任职期间的职务发明，是否存在纠纷或潜在纠纷。

相关人员是否涉及违反保密协议、竞业禁止等合同约定，相关知识产权是否来源于前任职单位，是否属于职务发明，这些问题实际都是围绕相应知识产权的权属是否清晰、有无纠纷或潜在纠纷而提出的。涉及职务发明的问题一旦处理不慎，容易造成企业相关知识产权存在权属纠纷，该纠纷很可能引发重大诉讼，进而对企业发行上市、持续经营产生不利影响。

在企业科创板上市进程中，职务发明纠纷及由此引发的知识产权权属问题会被重点关注。对此，企业可依靠建立完善、明确的职务发明制度，其能帮助企业妥善规范职务发明问题，减少与相关人员的纠纷，防控知识产权权属风险。

Q043 如何防范因职务发明问题引发的纠纷?

为了防范因职务发明问题引发的纠纷,企业需对即将入职的核心技术人员或重点研发岗位人员做相应的背景调查,了解其在前任职机构的工作内容,查明其是否与前雇主签订保密合同、竞业禁止协议。企业应要求相关人员在入职后的研发中与前任职机构的技术进行隔离,还需尽量避免相关人员在入职后一年之内提出专利申请。企业需要保留新技术的研发记录,以便在出现权属纠纷时,作为证据使用。在面临职务发明相关诉讼时,企业可从两项技术是否属于相同的技术领域、解决相同的技术问题以及技术手段是否具有关联性等角度评估败诉的风险,根据风险等级及早做好预案。

» 利用非自有研发设施引质疑

长春百克生物科技股份公司(简称百克生物)是一家主要致力于传染病防治的生物医药企业,其由长春高新技术产业(集团)股份有限公司(简称长春高新)分拆上市。2020 年 8 月,百克生物以第一套标准提交上市申请被受理,两轮问询后于 2021 年 5 月注册生效。

根据发行人申报材料披露,孔维博士是 2002 年长春高新为开展艾滋病疫苗研发项目从美国约翰霍斯·普金斯大学引进的高级技术人才,长春高新提供相应研发设施及行政人员等相关辅助人员,就此孔维正式开展水痘减毒活疫苗和甲肝灭活疫苗等生物疫苗的产业化研究工作。孔维博士目前担任百克生物董事、总经理及核心技术人员。

在首轮问询中,上市审核机构就发行人核心技术来源情况,要求说明孔维利用长春高新提供的研发设施及条件开展疫苗研究是否构成职务发明,并要求结合《专利法》等相关法律规范的规定，说明相关认定是否准确，以及说明将该疫苗（技术）作为个人研究成果后续投入发行人使用，是否合法合规。

对此，发行人陈述，根据长春高新出具的确认函，长春高新为孔维安排人员、场地及研发所需的基础设备设施用于水痘减毒活疫苗和甲肝灭活疫苗的研究，系基于长春高新与孔维的合作约定，长春高新与孔维从未形成劳动关系。因此，孔维根据其掌握的非专利技术，利用长春高新提供的场地及设备设施进行水痘减毒活疫苗和甲肝灭活疫苗研究所形成的成果不属于职务发明。

同时，发行人结合《专利法》等相关法律规范的规定，详细论述了"是否属于职务发明的认定"的客观准确性。鉴于孔维与长春高新从未形成劳动关系，孔维与长春高新合作进行水痘减毒活疫苗和甲肝灭活疫苗的研究时，已就研究成果的归属进行了明确约定。同时，长春高新已出具确认函，确认孔维根据其掌握的非专利技术利用长春高新提供的场地及设备设施进行水痘减毒活疫苗和甲肝灭活疫苗研究所形成的成果不属于职务发明，长春高新也从未拥有水痘减毒活疫苗和甲肝灭活疫苗非专利技术的所有权或知识产权。因此，认定孔维利用长春高新提供的研发设施及条件开展疫苗的研究不构成职务发明，符合《专利法》的相关规定，孔维将该等疫苗（技术）作为个人研究成果并投入发行人使用合法合规。

》 核心技术人员任职经历引质疑

益方生物科技（上海）股份有限公司（简称益方生物）是一家药物研发企业，聚焦于肿瘤、代谢疾病等重大疾病领域。2021 年 4 月益方生物以第五套上市标准提出科创板上市申请被受理，经过三轮问询于 2021 年 12 月被暂缓审议，2022 年 1 月二次上会审议通过，于同年 4 月注册生效。

根据招股说明书，发行人核心技术人员曾任职于先灵葆雅公司、默沙东公司、新基医药公司等同行业公司。此外，发行人部分技术人员在前任职单位签署过保密协议。

在上市审核过程中，上市审核机构就核心技术的知识产权来源请发行人说明：发行人及其控股子公司各自所有或使用的专利、非专利技术、商业性权利的形成或取得的详细过程及有关专利的发明人，与相关人员的任职经历是否相关，是否涉及职务发明。

第一，发行人阐述自己建立起涵盖整个新药研发全流程的研发体系，依托自主研发体系和经验丰富的研发团队，能够提升企业在研产品的成功率并且缩短药品研发周期。发行人在研发活动开展过程中形成的专利、非专利技术及商业性权利等研发成果权属清晰，形成或取得相关专利、非专利技术及商业性权利的过程合法合规。

第二，针对核心技术人员之前的任职经历，发行人请相关人员进行了详细确认。经确认，相关人员在益方生物专利形成期间的相关工作与前任职单位的工作内容没有相关性，发行人专利技术的研发工作不属于相关人员前任职单位交付的本职工作之外的任务，专利的研发过程亦未使用过其前任职单位的资金、设备、原材料、不对外公开的技术资料等物质条件，且专利的技术内容与其前任职单位的任何研发项目在技术内容上不具有相同或相似之处。

第三，发行人利用公开查询平台（国家知识产权局、欧洲专利局等）对上述人员于前任雇主处任职期间作为发明人所申请的境内外专利进行查询，未检索到相关人员作为发明人且前任雇主作为申请人的专利中存在与益方生物产品管线相关的专利，也未检索到相关人员作为申请人或发明人的与发行人产品管线相关的专利。

第四，发行人通过网络公开信息检索，上述核心技术人员与前任雇主不存在诉讼、仲裁等争议纠纷或潜在纠纷。上述核心技术人员加入发行人的时间较早，均已从前任雇主离职较长时间，前任雇主未曾对上述核心技术人员关于其职务发明提起诉讼、仲裁等情形，亦说明了上述核心技术人员在益方生物任职期间形成的专利、非专利技术、商业性权利不存在与前任雇主相关的职务发明。

通过上述陈述，益方生物详细说明了其专利、非专利技术及商业性权利的形成过程不存在涉及核心技术人员前任职单位的职务发明的情形。

>> 启示

对职务发明作出准确客观的认定是企业的"必修课"，完善的人员管理是预防职务发明纠纷的重要措施。科创板拟上市企业应重视职务发明相关问题，在技术研发和专利申请过程中采取必要的措施防患于未然，避免职务发明纠纷对企业科创板上市造成阻碍。

Q044 高校或科研机构任职人员作为核心技术人员应遵守哪些法律法规？

　　为更好地推动科技创新，国家大力支持和鼓励高校及科研机构的科研人员创新创业。在此背景下，高校及科研机构的科研人员到企业兼职或担任企业的核心技术人员已成为推动科技成果转化的重要方式。兼职人员的投资、兼职的合法合规性及与此相关的发行人的技术来源、持续研发及经营能力等日益成为上市审核机构的重点关注事项。

　　科研人员兼职适格性的相关规定可分为领导干部兼职和一般科研人员兼职两种情况进行分类汇总，具体如下。

》领导干部涉及的部分限制性或禁止性法律法规及规范性文件（见表44-1）

表44-1　领导干部涉及的部分限制性或禁止性法律法规及规范性文件

法律法规及规范性文件名称	具体条款内容
《教育部关于积极发展、规范管理高校科技产业的指导意见》（教技发〔2005〕2号）	23.高校设立高校资产公司后，校级领导除在高校资产公司兼职外，一律不得在高校控、参股企业中兼职，校级领导在高校资产公司兼职不得领取薪酬；除作为技术完成人，今后高校领导干部不得通过奖励性渠道持有高校企业的股份。

续表

法律法规及规范性文件名称	具体条款内容
《中共中央纪委、教育部、监察部关于加强高等学校反腐倡廉建设的意见》（教监〔2008〕15号）	二、完善制度深化改革，加强管理和监督 …… （九）加强对领导干部的管理和监督。学校党政领导班子成员应集中精力做好本职工作，除因工作需要、经批准在学校设立的高校资产管理公司兼职外，一律不得在校内外其他经济实体中兼职。确需在高校资产管理公司兼职的，须经党委（常委）会集体研究决定，并报学校上级主管部门批准和上级纪检监察部门备案，兼职不得领取报酬。学校党政领导班子成员不得在院系等所属单位违规领取奖金、津贴等；除作为技术完成人，不得通过奖励性渠道持有高校企业的股份。要加强对领导干部遵守党的政治纪律、贯彻落实科学发展观、执行民主集中制、遵守廉洁自律规定和执行党风廉政建设责任制等情况的监督。
《中共教育部党组关于进一步加强直属高校党员领导干部兼职管理的通知》（教党〔2011〕22号）	三、直属高校校级党员领导干部原则上不得在经济实体中兼职，确因工作需要在本校设立的资产管理公司兼职的，须经学校党委（常委）会研究决定，并按干部管理权限报教育部审批和驻教育部纪检组监察局备案。 四、直属高校校级党员领导干部在社会团体等单位中兼职的，需经学校党委（常委）会研究同意后，按照干部管理权限报教育部审批。 …… 六、直属高校处级（中层）党员领导干部原则上不得在经济实体和社会团体等单位中兼职，确因工作需要兼职的，须经学校党委审批。 七、经批准在经济实体、社会团体等单位中兼职的直属高校党员领导干部，不得在兼职单位领取任何报酬。
《中共中央组织部印发〈关于进一步规范党政领导干部在企业兼职（任职）问题的意见〉的通知》（中组发〔2013〕18号）	一、现职和不担任现职但未办理退（离）休手续的党政领导干部不得在企业兼职（任职）。 二、对辞去公职或者退（离）休的党政领导干部到企业兼职（任职）必须从严掌握、从严把关，确因工作需要到企业兼职（任职）的，应当按照干部管理权限严格审批。 辞去公职或者退（离）休后三年内，不得到本人原任职务管辖的地区和业务范围内的企业兼职（任职），也不得从事与原任职务

续表

法律法规及规范性文件名称	具体条款内容
《中共中央组织部印发〈关于进一步规范党政领导干部在企业兼职（任职）问题的意见〉的通知》（中组发〔2013〕18号）	管辖业务相关的营利性活动。 辞去公职或者退（离）休后三年内，拟到本人原任职务管辖的地区和业务范围外的企业兼职（任职）的，必须由本人事先向其原所在单位党委（党组）报告，由拟兼职（任职）企业出具兼职（任职）理由说明材料，所在单位党委（党组）按规定审核并按照干部管理权限征得相应的组织（人事）部门同意后，方可兼职（任职）。 辞去公职或者退（离）休后三年后到企业兼职（任职）的，应由本人向其原所在单位党委（党组）报告，由拟兼职（任职）企业出具兼职（任职）理由说明材料，所在单位党委（党组）按规定审批并按照干部管理权限向相应的组织（人事）部门备案。
《教育部关于进一步规范和加强直属高等学校所属企业国有资产管理的若干意见》（教财〔2015〕6号）	13.高校领导干部不得在所属企业兼职（任职）。现职和不担任现职但未办理退（离）休手续的党政领导干部不得在所属企业兼职（任职）。对辞去公职或者退（离）休党政领导干部到企业兼职（任职）的，要按照中组部有关规范党政领导干部在企业兼职（任职）的规定执行。

≫ 一般人员主要适用的法律法规及规范性文件（见表44-2）

表44-2　一般人员主要适用的法律法规及规范性文件

法律法规及规范性文件名称	具体条款内容
《中共中央组织部、人事部、科学技术部关于印发〈关于深化科研事业单位人事制度改革的实施意见〉的通知》（人发〔2000〕30号）	14.鼓励科研人员创办高新技术企业或在完成本职工作的前提下兼职从事研究开发和成果转化活动。也可以根据长期交流与合作的需要，选派科研人员在一定时间内到其他科研机构或企业工作。科研机构按照国家有关规定通过合同或协议，建立规范的管理制度，明确单位与个人相互之间的权利、义务。

续表

法律法规及规范性文件名称	具体条款内容
《教育部关于印发〈教育部关于贯彻落实《中共中央、国务院关于加强技术创新，发展高科技,实现产业化的决定》的若干意见〉的通知》（教技〔2000〕2号）	十一、高等学校要进一步向国内外开放技术、人才、信息、科研仪器设备等有形和无形资源，将学校资源与社会资源有机结合。通过建章立制予以规范和保障，支持科技人员兼职从事成果转化活动，允许科技人员离岗创办高新技术企业、中介机构，并可在规定时间内（原则上为2年）回原高校竞争上岗。
《中共中央办公厅、国务院办公厅关于实行以增加知识价值为导向分配政策的若干意见》	六、允许科研人员和教师依法依规适度兼职兼薪 （一）允许科研人员从事兼职工作获得合法收入。科研人员在履行好岗位职责、完成本职工作的前提下，经所在单位同意，可以到企业和其他科研机构、高校、社会组织等兼职并取得合法报酬。鼓励科研人员公益性兼职，积极参与决策咨询、扶贫济困、科学普及、法律援助和学术组织等活动。科研机构、高校应当规定或与科研人员约定兼职的权利和义务，实行科研人员兼职公示制度，兼职行为不得泄露本单位技术秘密，损害或侵占本单位合法权益，违反承担的社会责任。兼职取得的报酬原则上归个人，建立兼职获得股权及红利等收入的报告制度。担任领导职务的科研人员兼职及取酬，按中央有关规定执行。经所在单位批准，科研人员可以离岗从事科技成果转化等创新创业活动。兼职或离岗创业收入不受本单位绩效工资总量限制，个人须如实将兼职收入报单位备案，按有关规定缴纳个人所得税。
《国务院关于印发实施〈中华人民共和国促进科技成果转化法〉若干规定的通知》（国发〔2016〕16号）	二、激励科技人员创新创业（七）国家设立的研究开发机构、高等院校科技人员在履行岗位职责、完成本职工作的前提下，经征得单位同意，可以兼职到企业等从事科技成果转化活动，或者离岗创业，在原则上不超过3年时间内保留人事关系，从事科技成果转化活动。研究开发机构、高等院校应当建立制度规定或者与科技人员约定兼职、离岗从事科技成果转化活动期间和期满后的权利和义务。

续表

法律法规及规范性文件名称	具体条款内容
《人力资源社会保障部关于支持和鼓励事业单位专业技术人员创新创业的指导意见》（人社部规〔2017〕4号）	二、支持和鼓励事业单位专业技术人员兼职创新或者在职创办企业。 支持和鼓励事业单位专业技术人员到与本单位业务领域相近企业、科研机构、高校、社会组织等兼职…… 事业单位专业技术人员兼职或者在职创办企业，应该同时保证履行本单位岗位职责、完成本职工作。专业技术人员应当提出书面申请，并经单位同意；单位应当将专业技术人员兼职和在职创办企业情况在单位内部进行公示。事业单位应当与专业技术人员约定兼职期限、保密、知识产权保护等事项。

通过上述法规制度可见，对于高校和科研机构的不同人员类型具有不同的政策导向。针对高校或科研机构的一般科研人员，在政策层面主要秉持鼓励态度，但原则上仍然需要通过所在高校或科研机构的批准。而对于担任领导干部的人员，除非经批准，担任高校处级（中层）领导干部的教职工原则上不得在企业兼职取酬；高校党政领导班子（校级）成员除特殊情况且经过审批同意外，一律不得在校内外其他机构中兼职取酬。

Q045 如何回复高校或科研机构兼职人员作为核心技术人员相关问询?

　　企业在科创板上市,发行条件之一为具有直接面向市场独立持续经营能力,发行人的相关人员应具有独立性,且管理团队及核心技术人员应该保持稳定,最近两年内未发生重大不利变化。高校或科研机构的科研人员在企业兼职尤其是作为核心技术人员使得相关人员具有双重身份,可能会影响发行人的人员独立性以及科技创新能力。

　　因此,上市审核机构会对此重点关注,包括:该兼职是否符合相关法律法规以及院校内部规定,兼职行为是否已履行相应的审批手续,兼职人员在高校及科研机构任职的具体情况,以及该兼职是否影响发行人的人员独立性及稳定性,发行人是否对该等人员形成依赖,兼职人员离职对发行人生产经营是否存在重大不利影响以及相应的防范措施,兼职人员所产生的科研成果是否存在知识产权归属纠纷等。

　　以下结合具体案例来看如何回复上市审核机构的相关问询。

▶▶ 人员兼职应当合法合规,避免潜在纠纷

　　合肥工大高科信息科技股份有限公司(简称工大高科)是一家从事工业铁路信号控制与智能调度产品研发、生产、销售及技术服务的创新型企业,核心产品按应用场景分为地面工业铁路信号控制与智能调度、矿井井下窄轨信号控制与智能调度两大系列,主要应用于矿山、冶金、石化、港口、电力以及其他专用线与专用铁路领域。

　　该企业采用第一套上市标准上市,其上市申请在 2020 年 9 月 4 日获得

受理，2020 年 9 月 30 日进入问询阶段，2021 年 2 月 8 日上市审核委员会审议会议通过，2021 年 4 月 8 日提交注册，2021 年 5 月 25 日注册生效。

根据招股说明书披露，工大高科董事长、总经理以及两名副总经理至今仍在合肥工业大学任教，上述四人均为企业的核心技术人员，其中总经理、两名副总经理向合肥工业大学的辞职申请已经获得学校批准并正在办理相关手续。

上市审核机构要求发行人说明：辞职人员手续办理的最近进展；前述兼职情况是否违反合肥工业大学及国家其他法律法规的规定，是否存在规避国家相关政策的情形；发行人拥有的知识产权是否存在职务发明的情形，是否存在利用合肥工业大学的工作条件进行研究开发的情形，与合肥工业大学之间是否存在任何知识产权方面的纠纷；说明并披露兼职事项对公司技术创新、生产经营、业务发展过程中所起的实际作用及未来影响，并有针对性地揭示公司可能存在的具体风险。

发行人回复如下：

总经理、两名副总经理三人已提出辞职申请，正在办理相关手续并陆续移交在校工作。

上述人员不是合肥工业大学领导干部，其兼职已取得合肥工业大学的确认，不存在违反合肥工业大学及国家其他法律法规的规定，不存在规避国家相关政策的情形。

工大高科设立时，合肥工业大学投入的技术成果系职务发明，该项知识产权已评估作价投入公司，公司依法享有该项知识产权。上述人员在企业兼职期间所承担的研发任务，使用的是企业提供的资金、物质技术条件，未利用合肥工业大学资金、设备、技术资料等条件或资源，且合肥工业大学出具《情况说明》对此进行确认。发行人与合肥工业大学之间就知识产权的成果归属约定明确清晰，不存在相关知识产权权属纠纷或诉讼。

发行人具有独立自主的研发团队，具有独立的技术创新能力，研发投入和技术创新独立于合肥工业大学。发行人的资产具有独立性，生产经营独立于合肥工业大学，具有独立的业务体系和直接面向市场独立经营的能力。上述人员在合肥工业大学兼职期间，未影响其在发行人的工作和研发任务。

⟩⟩ 启示

企业在回复高校或科研机构兼职人员相关问询时，可围绕以下六个要点进行回复。

1. 兼职资格合法合规

对于非领导职务人员，在不影响教学、本职工作的前提下，国家整体上是支持鼓励高校或科研机构中的科研人员到企业中兼职的。而对于具有领导职务的人员，其在外兼职范围受限，对于党政 / 党员领导干部在外兼职需要考虑该等人员所属单位性质、担任领导职务及级别等要素。因此，发行人要充分披露相关的法律法规以及相关人员所属高校或科研机构的内部规范性文件，用于说明兼职符合相关规定。明确兼职人员在高校或科研机构的职务及履历，来确认是否领导职务人员，如存在党政领导干部兼职的，需要符合相关规定的例外情形，取得相关部门审批通过并取得相关证明文件。如兼职人员违反相关规定，则需要充分论证相关行为是否构成重大违法违规情形，是否取得高校或科研机构的确认文件，是否构成上市发行的实质障碍。

2. 经过单位确认

发行人应提供兼职人员所在高校或科研机构相关部门所出具的说明或确认函，以确认兼职人员符合在外兼职的身份要求，符合高校或科研机构的内部兼职规定，并且已经履行相关的审批、备案程序，其中尤其要关注审批单位是否具备权限。

3. 人员独立性

如果高校或科研机构为发行人的实际控制人或者股东，则核心技术人员在高校或科研机构任职不符合法律法规关于人员独立性的要求，整改方式一般常采用兼职人员在高校或科研机构停薪留职或者辞职。如果高校或科研机构并非发行人的实际控制人或者股东，则不会存在人员独立性的问题。

4. 研发团队的稳定性

由于兼职人员的人事关系仍在高校或科研机构，所以其在企业的任职具有不稳定性。在受到上市审核机构关于研发团队稳定性的质疑时，发行人可明确说明兼职的期限以及到期后的安排，如继续向高校申请办理兼职或者作出从高校或科研机构离职加入发行人的承诺，此外发行人可通过员工股权激励、员工持股计划等方式实现兼职人员持股，进一步提升研发团队的稳定性。

5. 对兼职人员的依赖性

发行人可说明公司已搭建成熟的研发团队以及研发体系，已掌握核心技术，形成自主知识产权，兼职人员在企业的工作具有可替代性，因此企业对个别上述兼职人员不存在依赖，即使相关兼职人员未来停止兼职对发行人的生产经营、研发等也不会构成重大不利影响。

6. 知识产权归属

发行人需充分披露兼职人员是否参与发行人的技术研发或相关知识产权的形成过程；如参与相关工作，需遵守高校或科研机构、兼职人员以及发行人之间的兼职协议中关于知识产权权属的约定；无约定的，可结合发行人的技术及知识产权与兼职人员在高校或科研机构从事的科研活动的差异，以及未利用高校或科研机构的有关资源来论述不属于高校或科研机构的职务发明；如果由于兼职使得相关科研技术或知识产权的权属存在瑕疵，则发行人应通过转让或者授权使用的方式解决权属问题，并由兼职单位出具书面说明确认相关知识产权权属，且说明发行人与兼职单位之间不存在知识产权权属纠纷或者诉讼。

Q046 科创企业如何做好人员管理？

对于科创企业而言，人员管理是第一要务，尤其是核心技术人员和研发人员的管理，要区别于普通企业员工，因为他们承载了企业核心技术的发展，关系企业未来的经营。因此，有必要建立一套专门的管理体系。

人员的管理贯穿入职到离职的全过程，甚至涉及离职后的过程（见图46-1）。

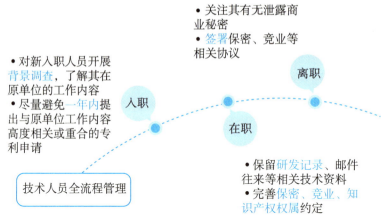

图 46-1　技术人员全流程管理

对于新入职人员，要开展背景调查，了解其在原单位的工作内容，对于其竞业、保密以及与前雇主之间是否存在知识产权纠纷等事项，进行梳理和确认。此外，企业应尽量避免在1年内提出与新入职员工原单位的工作内容高度相关或者重合的专利申请，以避免潜在纠纷。

对于在职人员，一方面，要注意保留研发记录、邮件往来等相关技术资料，对其工作期间所形成的技术成果进行一个可溯源、可追踪的管理，做好与原单位的技术隔离，以防止出现职务权属纠纷。另一方面，企业还需完善保密、竞业、知识产权权属约定等相关条款，将管理不仅落在纸面上，更落在行动中。

对于离职人员，需要签署保密、竞业等相关协议，关注其离职后的行为，是否存在泄露商业秘密等对企业经营带来不利影响的行为。

核心技术

核心技术是支持企业生产经营的基础，企业将核心技术进行成果转化，形成基于核心技术的产品或服务。同时，核心技术的先进性有助于企业构建稳定的商业模式，提高市场认可度。

Q047 科创板对核心技术与主营业务有何规定？

科创板聚焦"硬科技"，重点关注企业核心技术及主营业务状况。科创板对核心技术与主营业务的相关规定主要涉及四个方面（见图 47–1）。

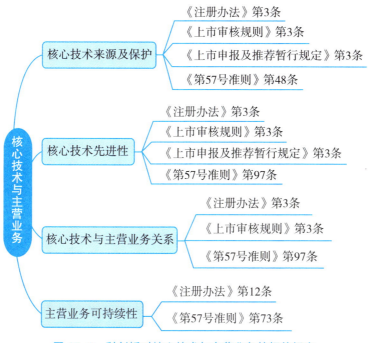

图 47–1 科创板对核心技术与主营业务的相关规定

》核心技术来源及保护

《注册办法》第 3 条、《上市审核规则》第 3 条、《上市申报及推荐暂行规定》第 3 条以及《第 57 号准则》第 48 条对发行人的核心技术权属及来源作了相应规定，要求发行人拥有关键核心技术、披露核心来源及是否取得专利或其他技术保护措施。

›› 核心技术先进性

《注册办法》第 3 条、《上市审核规则》第 3 条、《上市申报及推荐暂行规定》第三条以及《第 57 号准则》第 97 条对发行人核心技术先进性提出了要求，包括科技创新能力突出、科技成果转化能力突出，并要求结合行业技术水平和对行业的贡献，披露发行人的技术先进性及具体表征，披露核心技术的科研实力和成果情况以及发行人新技术新产品商业化情况。

›› 核心技术与主营业务关系

《注册办法》第 3 条、《上市审核规则》第 3 条要求发行人主要依靠核心技术开展生产经营。《第 57 号准则》第 97 条要求披露发行人的核心技术在主营业务及产品或服务中的应用和贡献情况。2019 年 3 月 3 日发布的《上海证券交易所科创板股票发行上市审核问答》（已废止）第 10 问曾解释了主要依靠核心技术开展生产经营是指企业的主要经营成果来源于依托核心技术的产品或服务，并明确了发行人在招股说明书中需披露：①报告期内通过核心技术开发产品（服务）的情况，报告期内核心技术产品（服务）的生产和销售数量，核心技术产品（服务）在细分行业的市场占有率；②报告期内营业收入中，发行人依靠核心技术开展生产经营所产生收入的构成、占比、变动情况及原因等。

›› 主营业务可持续性

《注册办法》第 12 条、《第 57 号准则》第 73 条要求发行人不存在对持续经营有重大不利影响的事项。2019 年 3 月 24 日发布的《上海证券交易所科创板股票发行上市审核问答（二）》（已废止）第 13 问曾对"影响发行人持续经营能力的重要情形"进行了解释，具体情形包括：对发行人业务经营或收入实现有重大影响的商标、专利、专有技术以及特许经营权等重要资产或技术存在重大纠纷或诉讼，已经或者未来将对发行人财务状况或经营成果产生重大影响等。

Q048 什么是核心技术，从哪些方面披露核心技术?

《上市审核规则》中指出，优先支持符合国家战略，拥有关键核心技术，科技创新能力突出，主要依靠核心技术开展生产经营，具有稳定的商业模式，市场认可度高，社会形象良好，具有较强成长性的企业。

》核心技术

核心技术是支持企业生产经营的基础，企业将核心技术进行成果转化，形成基于核心技术的产品或服务。同时，核心技术的先进性有助于企业构建稳定的商业模式，提高市场认可度。

企业在冲击科创板时阐述的核心技术应当与上述要求很好地契合，不但从核心技术的权属及来源进行说明，还应详尽阐述核心技术在企业生产经营中的具体应用情况及核心技术的先进性体现。

》补充披露核心技术应用详情

北京石头世纪科技股份有限公司（简称石头科技）在招股说明书中披露，发行人主要产品为智能扫地机器人，核心技术及其表征包括激光雷达与定位算法、运动控制模块。

首轮问询中，上市审核机构要求发行人补充披露公司技术来源，主要核心技术各自应用的主要产品及产业化时间，核心技术产品的生产、销售及市场占有率，以及发行人依靠核心技术开展生产经营所产生收入的构成、占比、变动情况及原因等。

》补充披露核心技术先进性

天津久日新材料股份有限公司（简称久日新材）主要从事系列光引发剂的研发、生产和销售。招股说明书中披露久日新材核心技术包括一锅法合成TPO（2，4，6—三甲基苯甲酰基—二苯基氧化膦，光引发剂的一种）工艺等14项，技术来源主要为自主研发。

首轮问询中，上市审核机构要求发行人补充披露维持核心技术先进性所采取的措施；行业内主流技术与公司核心技术的应用情况、市场容量差异，其他主流技术的竞争优势；补充披露公司核心技术中非专利技术的具体情况，核心技术是否存在技术壁垒，是否已经属于通用技术，是否存在快速迭代风险，结合公司与主要竞争对手经营成果差异分析并披露公司核心技术的先进性。

》启示

除了明确核心技术权属及来源，科创板拟上市企业对于核心技术的披露还应涉及以下两个层面。

1. 技术应用层面

发行人的核心技术应得到具体应用，形成主营业务及产品或服务，与形成发行人主要收益的主要产品形成对应关系，即发行人的核心技术须切实应用，转化为技术成果。

2. 技术先进性层面

发行人的核心技术应区分于所处行业的通用技术，能够体现与同行业可比公司相比，发行人在技术实力及核心竞争力方面具有的优势，以及在行业内的先进水平。

因此，发行人在表述其拥有核心技术的所有权、使用权以及对技术改进权利的同时，更应展示其核心技术与主营业务及产品或服务的匹配性，以及具有的行业竞争优势。科创板的核心技术应是能为企业带来持续收益的先进技术。

Q049 认定核心技术需要考量哪些因素?

科创板拟上市企业必须"拥有关键核心技术"并能够"主要依靠核心技术开展生产经营"。那么,如何认定核心技术,核心技术认定的考量因素有哪些?从大量上市案例以及上市审核机构在审核过程中的相关问询能总结一二,考量因素如图 49-1 所示。

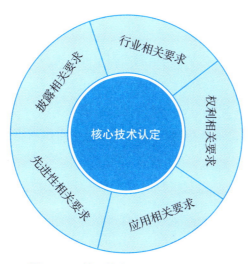

图 49-1　核心技术认定需考量的因素

》行业相关要求

科创板拟上市企业所掌握的核心技术应当与其所处行业领域相适应,企业所属行业应为符合科创板定位的"新一代信息技术、高端装备、新材料、新能源、节能环保、生物医药"等行业领域,而企业核心技术应当属于其符合科创板定位的行业赛道。

>> 权利相关要求

企业可通过自主研发、合作研发 / 委托开发、权利转让或授权许可等方式获得核心技术的所有权、使用权以及对相应技术改进的权利，该权利应权属清晰且稳定。

>> 应用相关要求

企业拥有的核心技术应当与主营业务相对应，具体应用于企业的产品或服务，并为或将为企业带来收益。

>> 先进性相关要求

企业掌握的核心技术应当区别于行业通用技术，具有显著技术优势，能为企业构建核心竞争力提供有力支撑。

>> 披露相关要求

企业对核心技术相关内容的披露应当全面、充分及客观。全面意味着企业围绕行业相关要求、权利相关要求、应用相关要求、先进性相关要求多维度披露，面面俱到；充分是指企业在阐述核心技术时，需结合业务数据、关键指标等详细披露，清晰明确；客观则指企业陈述内容应当是以事实为基础，反映真实情况，不夸大、不粉饰。

Q050 核心技术和主营业务是什么关系?

　　企业所掌握的核心技术与其主营业务之间的相关性一直是科创板上市审核关注的重点。企业的核心技术应当与主营业务相对应,并主要依靠核心技术开展生产经营。

≫ 带来"真金白银"的核心技术

　　上海泰坦科技股份有限公司(简称泰坦科技)是一家以生产销售各类科研试剂、仪器及耗材为主营业务的公司。2019 年 4 月 11 日,泰坦科技首次提交科创板上市申请并被受理,之后经历四轮审核问询,未通过上市审核委员会审议会议审核。2020 年 4 月 13 日泰坦科技再次申请科创板上市,一轮问询后成功通过上市审核委员会审议会议审核,并于当年 9 月 15 日注册生效。

　　发行人首次申请的招股说明书中,将核心技术总结为生产类核心技术、技术集成服务类核心技术。技术集成服务类核心技术包括用户数据采集及分析技术、化合物信息处理技术、智能仓储物流技术。然而,发行人报告期主营业务收入中超过 93% 来自科研试剂和科研仪器及耗材的产品销售,且该部分收入中超过 50% 以上为直接采购第三方品牌产品后直接对外销售。因此,上市审核机构认为发行人未充分说明技术集成服务类核心技术在经营成果中的体现。

　　二次申请中,发行人将核心技术定义为以产品研发为主的产品类核心技术和以信息系统为核心的平台类技术。实际上以信息系统为核心的平台类技术与首次申请中技术集成服务类核心技术基本相同。发行人称其模式创新性主要体现在通过探索平台向客户进行销售，体现便捷性；自建物流仓储，及时响应客户需求以及 OEM（Original Entrusted Manufacture）模式生产（该模式是一种代工生产方式），降低投资风险。

上市审核机构认为，发行人与一般互联网企业和物流企业相比，在网络建设与平台开发，相关平台提供产品种类、数量，平台的浏览量情况以及仓储物流配送方式方面，均不具有明显竞争优势。对此，发行人从收益角度进行回复，提出公司平台类技术虽未与主营业务收入相对应，但提升了经营管理效率和客户用户体验，推动了公司业务发展，报告期内公司主营业务收入年复合增长率高达 31.28%。

从后续成功上市的结果来看，上市审核机构认可了泰坦科技的相关答复理由，未再对此"紧抓不放"。

›› 启示

从上述案例可知，企业披露"核心技术"的重点之一在于阐述核心技术在主营业务及产品或服务中的具体应用、核心技术与主要产品的对应关系，发行人需着重展示核心技术在经营成果中的体现。

"依靠核心技术开展生产经营"要求企业的主营业务紧紧围绕核心技术展开，新技术能够推动企业扩展业务规模，开拓新的市场，而主营业务可持续经营也要求企业投入充足的研发精力以维持核心技术的稳定性和先进性。因此，科创板拟上市企业的核心技术应当是其主营业务的"聚宝盆"，能够给企业带来真金白银；而主营业务则是企业核心技术的"修炼成果"，推动企业健康蓬勃发展。

Q051 核心技术的来源有哪些?

企业核心技术的来源根据取得方式可以分为原始取得和继受取得。原始取得是指企业通过自主研发、合作研发或委托开发等方式第一手获得核心技术；继受取得则是指通过企业并购重组取得、转让取得或通过授权许可获得（见图 51-1）。

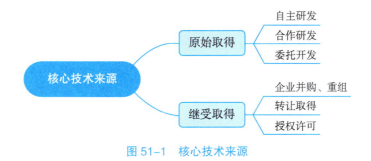

图 51-1 核心技术来源

企业可结合自身的研发实力、资金储备、发展阶段等实际情况，选择适合的核心技术培育途径。

》 原始取得

企业自主研发培育的核心技术完全由其自身掌握，且企业可全面控制技术的开发、使用，逐渐成为技术垄断者和市场主导者，进而获得高回报。自主研发对企业的技术研发能力、资金保障提出了较高的要求。自主研发一般周期长、投入高且结果不确定，其高风险性也不言而喻。因此，自主研发通常是技术研发能力强、资金实力雄厚的企业的首选。

相对于自主研发，合作研发/委托开发能够整合、利用外部优势资源，外部资源的投入能够分担企业技术开发的成本和风险。合作研发能够为企业提供人才支持及学习平台，促进自身研发实力提升，但技术成果通常需要依据提前约定在合作单位之间共享。由于合作研发过程中企业与其他单位的依赖关系，也可能引发企业已有技术的泄密风险。委托开发虽能让企业独享技术成果，且无须企业耗费过多精力，但其不利于提升企业自身研发实力。

》 继受取得

不论技术项目是采用自主研发还是合作研发 / 委托开发，均存在研发结果不确定性风险。而继受取得则可由企业通过支付相应的费用从外部直接获取成熟的技术或某项技术的使用权。继受取得让企业具有选择权的同时规避了研发风险。

然而，完全依靠继受取得获取核心技术的企业与科创板要求的"硬科技"企业背道而驰，这类企业在面对上市问询时通常也难以自证研发实力。此外，企业在继受取得核心技术时需要"擦亮眼睛"，避免获取已淘汰或即将被淘汰的技术，还需关注如转让价格、转让手续、许可类型、许可期限等具体事项，避免技术使用受限或引起纠纷 / 潜在纠纷。

Q052 自主研发的核心技术会被关注哪些问题？

　　自主研发是企业获得核心技术的重要途径，也是其具备科技创新能力的有效体现。然而在上市过程中，自主研发的核心技术并非必然"一路畅通"，让公司高枕无忧。

　　由于自主研发的核心技术来源于企业内部，因此上市审核机构通常会问及技术的形成过程、保护形式，以及核心技术在主营业务及产品中的应用情况等。

　　企业的核心技术人员、研发人员是自主研发核心技术的主要参与者，因此上市审核机构的问询重点还落脚于"人"。例如，上市审核机构会关注企业核心技术人员对核心技术研发的贡献情况，保护核心技术的专利发明人与企业核心技术人员是否对应等。此外，拟上市企业中经常存在核心技术人员从原单位离职后创业或是高校在职人员兼职创业的情况。因此，针对自主研发的核心技术，上市审核机构还会关注核心技术相关研发人员的合规性，如是否存在职务发明，技术成果与原单位是否存在权属争议等。

》自研核心技术详披露

　　广东希荻微电子股份有限公司（简称希荻微）的招股说明书披露，希荻微拥有来源均为自主研发的 18 项核心技术，具有相应知识产权保护。

　　首轮问询中，审核机构要求发行人披露：核心技术对应的专利名称，发行人成立以来各类产品、技术的对应关系与发展演进过程；并进一步说明各项核心技术的形成时间和形成过程，对应的各项专利的发明人，以及发行人各项发明专利的发明人是否任职于发行人。

发行人在答复中以表格列示了 18 项核心技术的主要来源、所处阶段、对应专利、专利状态等事项，梳理了核心技术对应产品分类及技术在产品中的应用情况，并陈述通过持续的研发投入，不断推进各项核心技术的升级与演进，从而带动了各类产品的性能提升与新功能集成，促进了产品的演进与迭代，详细披露了公司各类产品的演进过程。此外就核心技术形成时间、形成过程、对应专利、发明人情况进行列表说明，并结合相关专利的申请时间、发明人及其在职时间等陈述相应人员作为发明人申请的专利内容与原任职单位无关，发行人的技术来源和技术演变不涉及原任职单位的技术成果、职务发明。

后续问询中，上市审核机构并未就希获微自主研发核心技术的具体形成过程、保护及应用、相关人员情况进一步问询。

›› 启示

结合上述案例，对于自主研发的核心技术，科创板拟上市企业需要提前梳理核心技术的相关情况，如明晰核心技术的形成过程、知识产权的保护措施、核心技术与主要产品的对应关系及应用情况。此外，由于自主研发的核心技术主要依靠企业研发人员获得，因此企业还应梳理培育核心技术的相关人员情况，如人员对技术研发的贡献、与专利发明人的对应关系，需结合相关人员的流动及合规性情况，说明核心技术权属是否清晰、稳定，以妥善回应上市审核机构相关问询。

Q053 涉及非独立研发行为时如何证明自身研发实力？

›› 证明自身研发实力

当企业涉及非独立研发行为时，企业自身的研发实力如何势必会成为上市审核机构问询的重点，面对问询，企业可以从六个方面证明自身研发实力（见图53-1）。

涉及非独立研发行为时如何证明自身研发实力
- 说明自身研发体系情况
- 说明非独立研发与独立研发知识产权成果的比例
- 说明合作研发/委托开发中各方的角色、地位
- 论证非独立研发相关技术成果与核心技术的关系
- 论证非独立研发相关技术成果与其他技术或产品的关系
- 论证非独立研发相关技术产品销售收入低

图 53-1　证明自身研发实力的方法

1. 说明自身研发体系情况

企业可通过对自身研发体系的说明，证明其具备完善的研发体系和独立的研发能力，如果企业的相关研发机构获得了国家级、省部级等相关认证或奖励，或者企业主导参与了国家级或省部级的重大科研项目，这些都可以作为直接的证据来证实企业自身的研发实力。

2. 说明非独立研发与独立研发知识产权成果的比例

当企业涉及非独立研发和独立研发知识产权成果时，非独立研发知识产权成果在整体知识产权成果中的占比能够直接反映企业的研发实力。因此，企业可以通过对非独立研发知识产权数量与独立研发知识产权数量的直观展示来说明自身的研发实力。

3. 说明合作研发 / 委托开发中各方的角色、地位

在合作研发 / 委托开发中，合作 / 委托双方各自所扮演的角色、所发挥的作用在一定程度上能够体现各方的研发水平。因此，企业在进行信息披露或者问询答复时可以对合作研发 / 委托开发中各方所扮演的角色、地位，以及各方对技术成果的贡献度进行详细说明，必要时可以展示合作研发 / 委托开发协议中的相关条款，以证明自身在合作研发 / 委托开发中对研发和知识产权均占据主导，从而证明自身的研发实力。

4. 论证非独立研发相关技术成果与核心技术的关系

核心技术是企业"硬科技"实力的重要体现，如果核心技术相关的知识产权有赖于非独立研发成果，那么企业的"硬科技"成色势必会大打折扣。因此，当涉及非独立研发行为时，企业可以对非独立研发相关的技术成果与核心技术的关系进行说明，阐述其并不涉及企业的核心技术和主营产品，企业赖以体现"硬科技"含金量的核心技术不存在非独立研发成果依赖，非独立研发技术也不会对企业的研发实力造成制约。

5. 论证非独立研发相关技术成果与其他技术或产品的关系

除论证非独立研发相关技术成果与核心技术和主营业务的关系外，对非独立研发相关技术成果与其他技术或产品的关系进行说明也至关重要。如果非独立研发相关技术成果与其他技术或产品具有较为密切的关系，那么当非独立研发相关技术存在知识产权风险时，其他技术或产品也必然会受到"牵连"，导致其他技术或产品的研发、制造、销售及其他业务的开展受到非独立研发相关技术成果的制约。因此，通过对非独立研发相关技术成果与其他技术或产品的关系进行说明，能够从侧面证明企业的研发实力。

6. 论证非独立研发相关技术产品销售收入低

如果企业的销售收入对非独立研发相关技术产品的依赖程度较高，那么其自主创新能力和研发实力势必会"引人怀疑"。因此，为证明自身的研发实力，企业可以提供财务数据对非独立研发相关技术产品的销售收入占主营业务收入的情况进行说明，说明非独立研发相关技术产品的销售收入较低，并非企业的主营业务收入，不构成对企业生产经营的重大影响。

›› 以合作研发的角色、地位证明自身研发实力

苏州新锐合金工具股份有限公司（简称新锐股份）是一家专注于硬质合金制品与矿用凿岩工具及矿山服务，集研发、制造、销售、服务为一体的制造服务商。其在上市进程中被上市审核机构问及合作研发相关问题："招股说明书披露，公司拥有发明专利38项，实用新型专利108项。其中14项发明专利，3项实用新型专利为继受取得。发行人与南京航空航天大学、三峡大学、长江大学等进行合作研发。请发行人说明……（3）发行人技术研发是否存在对外依赖。"

新锐股份答复如下：

发行人自成立以来专注于硬质合金及工具的研究和开发，构建了以技术研发中心为自主研发平台，以各事业部下属研发部为产品及工艺创新平台的完善的研发体系。

报告期内，发行人与客户石化机械的合作研发活动中，石化机械的主要作用为提出研发需求和研发样品的测试、评价，发行人则进行具体研发活动并形成研发成果，发行人在与石化机械的合作研发活动中占据主导地位。

报告期内，发行人虽然与南京航空航天大学、三峡大学和长江大学等多家院校存在合作研发的情况，但发行人在合作研发过程中能够主导研发方向，主要原因包括：（1）发行人提供主要研发资金；（2）研发方向选择、研发方案设计和工艺改进研究等主要为满足发行人的生产经营所需，并主要由发行人进行具体研发活动；（3）合作方主要提供理论技术支持或研发样品测试、评价等工作。因此，发行人能够在研发活动中占据主导地位。

发行人27项核心技术中仅有3项核心技术涉及合作研发，且发行人目

前拥有的 162 项专利中，仅有 7 项专利源自合作研发或自合作研发单位受让取得。

综上所述，发行人的研发项目和核心技术主要基于发行人研发团队的自主研发，在少数合作研发项目中亦能够占据主导地位，不存在技术研发对外依赖的情形。

》 受让专利技术的定位证明独立研发能力

昆山东威科技股份有限公司（简称东威科技）致力于给印制电路板制造商提供电镀设备。在东威科技的科创板上市进程中，上市审核机构关注到其存在专利转让的情况，问询如下：

"发行人拥有专利 87 项，其中发明专利 27 项，同时有 14 项专利为受让取得。请发行人说明：（1）受让专利的背景、取得时间、转让方名称、转让方技术来源、取得价格、该等专利与发行人产品的对应关系，是否涉及发行人核心产品，说明发行人是否具备独立研发能力。"

面对问询，东威科技就 14 项受让专利的整体情况进行了说明，表明在 14 项受让专利中，有 9 项为发行人及其子公司自主研发成果的内部转让。

对于外部受让的其他 5 项专利，首先，东威科技就受让专利与发行人核心产品的对应关系进行了说明，主要说明了发行人受让取得的 5 项专利系作为公司滚镀类设备研发的技术储备和补充，发行人现有掌握的滚镀类设备相关技术，以及最终实现研发成果转化和量产均系依托于公司自身的研发。同时还说明了报告期内发行人滚镀类设备的销售收入占主营业务收入的占比较低，不构成对发行人业务经营或收入实现的重大影响。其次，东威科技就发行人具备独立研发能力进行了说明，说明发行人已经建立了完整的研发体系，成立了专业的研发中心，拥有独立的研发团队，具备独立自主实施研发活动的条件，发行人曾被主管部门评定为"江苏省民营科技企业""苏州市东威节能型环保电镀设备工程技术研究中心""昆山市科技研发机构""昆山市企业技术中心"。

≫ 启示

企业在上市科创板的进程中，当涉及非独立研发行为时，通常会引发上市审核机构关于自身研发实力的相关问询。

面对合作研发行为如何自证研发实力的问询，企业可以通过对合作双方研发角色定位的阐述来证实自身研发实力，新锐股份就采取了这种方式，也获得了上市审核机构的认可。此外，建议企业在合作研发 / 委托开发合同中对合作 / 委托双方的角色、地位进行明确的规定，并保留相关的研发记录资料，以便在需要时将这些文件作为证据使用，进一步提升说服力，未雨绸缪。

面对受让专利如何自证研发实力的问询，企业在进行答复时，一方面，可论证受让专利与主营产品、核心技术的关系，说明受让专利仅是为了对自身的研发技术体系进行储备和补充，并不涉及核心产品与技术；另一方面，可对自身的研发体系情况进行说明，通过相关资质认证进一步证实自身的研发实力，阐述自身具备独立研发能力，不存在外部依赖。

Q054 合作研发或委托开发的核心技术会被关注哪些问题？

对于合作研发或委托开发取得的核心技术，上市审核机构会关注技术开发的具体方式以及对技术成果归属的约定，如相应技术的成果及知识产权归属、使用及收益具体分配情况等。由于多单位协作可能涉及企业自身技术、秘密泄露问题，所以上市审核机构有时也会要求企业披露保密措施相关情况。此外，上市审核机构还会关注发行人是否存在与相关单位的知识产权纠纷或潜在纠纷的情况，以及企业如何证明自身研发实力。

▷▷ 权利义务需明晰，技术依赖讲得清

江苏浩欧博生物医药股份有限公司（简称浩欧博）是一家从事体外诊断试剂的研发、生产和销售的企业。2019 年 4 月，浩欧博首次提交科创板上市申请，经过四轮问询后主动撤回上市申请。2020 年 5 月再战科创板申请被受理，经两轮问询后 2020 年 9 月通过上市审核委员会审议会议，并于当年 12 月成功登陆科创板。

据发行人招股说明书披露，发行人与多家企业合作，成功开发了数款先进的专用仪器，但尚未自主生产检测仪器，而是通过与仪器厂家合作研发并对其采购以满足需求。同时，发行人与多个医院合作研发项目，其中多个项目约定知识产权共享的情况。此外，发行人作为参与单位参加了"863 计划"下的课题研究。

首次上市审核过程中，上市审核机构针对上述合作情况展开多轮问询，要求发行人结合合作研发的合同条款，补充披露合作模式，具体包括其承担的权利义务、合作研发的技术归属等；补充说明各合作研发背景、研发成果

等，充分说明对发行人业务的影响；以及补充披露其参与的"863 计划"的具体情况和研发成果，其他参与方情况，技术成果归属、使用约定等，以及相关技术是否发行人独有、是否存在权属纠纷或潜在纠纷。

对此，发行人细数了与合作研发对象的合作情况，合作研发背景、成果及使用权利等情况，列表展示相关合作协议，指出合作研发可进一步提高发行人产品的技术水平，实现产学一体化良性发展，不会对发行人的主营业务或核心技术构成重大不利影响。此外，发行人详细介绍其参与"863 计划"课题研究的具体情况，并披露北京航空航天大学为该课题的承担单位，发行人为课题的参加单位，双方合作过程中，为完成该合作项目而以各自的人员、设备独立开发获得的知识产权以及其他非专利技术归开发方独立所有。发行人在前述研究成果及其他自有技术基础上进一步研发获得的技术为发行人独有，不存在权属纠纷或潜在纠纷。

2019 年 12 月，浩欧博提交了主动撤回申请，首次上市以失败告终。2020 年 5 月，浩欧博再战科创板，提出第二次上市申请。

在第二次上市申请中，上市审核机构依然要求发行人补充披露其与国内多个高校正在进行的合作研发项目的合作协议主要内容，权利义务划分约定，研发成果、技术成果权利归属和收益分成的约定等，并要求说明合作研发项目对发行人生产经营的影响，发行人的核心技术和生产经营对合作研发项目是否存在依赖。

对此，发行人详细说明了各项目合作单位、合作内容、权利义务、合作期限、研究成果归属及收益分成相关事项，并介绍了合作研发项目的进展情况。此外，发行人陈述其核心技术系经过多年持续的自主研发、积累迭代形成，拥有独立的知识产权，且已履行完毕的合作研发项目成果权属清晰，而目前在研的合作研发项目不属于核心技术的研发，合作研发项目对发行人生产经营主要起辅助作用，因此发行人的核心技术及生产经营对于合作研发项目不存在依赖。

浩欧博再次冲击科创板成功。

》 启示

合作研发、委托开发是企业与高校、科研机构或其他企业之间开展项目合作的常见情形之一。由于涉及多方协作,因此采用上述方式培育的核心技术可能导致知识产权权属纠纷,或者因过度依赖外部机构而无法自证科创实力,企业需做好提前防范及部署。

1. 提前约定免争议

一方面,企业可尽量选择不存在竞争关系的单位进行合作,避免后续发生争议或者潜在纠纷。另一方面,在合作研发或委托开发前,企业应当做好合同制定及合规工作,对研发计划及进度、风险责任分担、技术成果权属及开发收益分配等作出约定,明确权利义务划分。还应充分考虑当事各方的需求和利益,争取获得共赢。此外,技术情报、资料等关键信息或秘密文件容易在合作研发或委托开发中泄露,因此提前详细约定保密协议,规定双方责任,并制定违约条款,可防范技术秘密泄密风险。

2. 技术独立少依赖

若企业存在合作研发或委托开发培育的核心技术,该核心技术来源通常会成为上市审核机构关注的重点之一。对此,首先,企业可从技术开发过程中自身承担的工作、独立开展的情况等角度陈述其发挥的作用,侧面论证其研发能力。其次,获得核心技术仅是开始,企业若对核心技术进行成果转化或进一步改进获得衍生技术,也能展示其独立研发能力。再次,若来自合作研发或委托开发的核心技术并未直接应用到企业现有产品或服务中,或相关核心技术对应产品或服务的销售收入占比较低,也能减少上市审核机构对企业技术依赖性的质疑。最后,企业若拥有多项核心技术,自主研发获得的核心技术占有相当比例,则这也是企业技术独立性的有效证明。

Q055 继受取得的核心技术会被关注哪些问题？

继受取得包括转让取得、授权许可等方式。

对于转让取得的核心技术，上市审核机构会问及技术转让的背景及具体内容、转让价格、二次开发权利、二次开发衍生出的成果归属约定以及转让技术是否存在纠纷或潜在纠纷等情况。

对于授权许可技术内容为专利技术的，上市审核机构会关注许可的类型、期限及地域等；授权许可内容为非专利技术的，上市审核机构会关注发行人在对技术交付方式、技术标准、预期效果等方面的约定。

对于外部获得的核心技术，上市审核机构关注的重点还在于企业自主研发能力如何，企业是否具备独立、持续经营的能力。

» 在研项目多引进，研发能力如何证

泰州亿腾景昂药业股份有限公司（简称亿腾景昂）成立于 2010 年，是一家专注于肿瘤创新药的探索、开发及商业化的医药公司。

2020 年 6 月，亿腾景昂申报科创板上市时尚无上市销售的产品，并未实现盈利，因此采用第五套上市标准。发行人的招股说明书显示，其拥有 12 个在研项目，涵盖乳腺癌、胃癌等多个适应症。其中，EOC103 联合依西美坦用于治疗乳腺癌的研究项目已进入 III 期临床试验并完成全部患者入组；EOC315 联合一线化疗药物用于治疗胃癌的研究项目已进入 II 期临床试验，已完成全部患者入组并预计于 2020 年下半年揭盲。然而，EOC103 是发行人从美国合作方 Syndax 处引进，EOC315 则收购自 ACT 公司。即发行人适用第五套上市标准的两个在研项目均来自外购。同时，招股说明书还显示，在发

行人的 16 项专利中，授权引进专利占 10 项，且引进专利中对应于 EOC103 项目的两项专利中的一项于 2020 年 8 月到期（提交上市申请后 2 个月），处于临床 II 期的 EOC315 项目的专利也将于 2020 年 9 月底到期（提交上市申请后 3 个月）。

亿腾景昂上市申请过程中就有第三方机构对其研发能力提出质疑，而其更是在问询前主动撤回上市申请。核心技术多为引进，且相关专利陆续到期可能是其知难而退的部分原因。

》 非传统继受取得，顺利登陆科创板

北京理工导航控制科技股份有限公司（简称理工导航）主要从事惯性导航系统及其核心部件的研发、生产和销售，并基于自有技术为客户提供导航、制导与控制系统相关技术服务。其于 2020 年 12 月提交上市申请，经两轮问询后，于 2022 年 1 月注册生效。

招股说明书披露，截至 2020 年 6 月 30 日，发行人拥有 6 项国防发明专利和 21 项软件著作权，形成 16 项核心技术，然而其持有的 6 项国防发明专利均系受让获得。单看这点，理工导航的自身研发实力着实惹人怀疑。

事实上，上述 6 项发明专利以及 4 个惯导装置产品专有技术是北京理工大学为实现技术成果转化而对发行人进行的无形资产出资，发行人的多名控股股东是北京理工大学的惯性导航与控制团队的教师。在面对上市审核机构提出的"理工导航技术研发是否对北京理工大学存在重大依赖"质疑时，发行人也从报告期内不存在与北京理工大学的合作研发，5 名核心技术人员中仅 1 名目前在北京理工大学任职且其参与的研发项目与发行人主营业务及核心技术存在显著区别，以及不存在利用北京理工大学研究经费及相关人员进行与发行人相关技术研发的情形等方面进行了有利陈述。

由上可知，虽然理工导航所有专利均为受让获得，但实质上还是依靠自身团队获得，对外部机构并不存在技术依赖。

》 启示

除去"非传统继受取得"情况，企业的核心技术若均为继受取得，定

会让人怀疑其技术研发完全依赖外部机构，进而对企业自身核心技术人员认定、企业可持续经营能力等产生连锁怀疑。

"别人的孩子再好也是别人家的"，企业还是应当尽可能做好核心技术的自主培育，毕竟自主研发才能更好地体现自身实力，更加确保核心技术掌握在自己手里。当然，企业在拥有自主研发核心技术的基础上，考虑"多条腿走路"而适当引入"别人家的孩子"也能起到锦上添花的效果，但需要注意自主研发与继受取得之间的适宜比例，应是自主为主，继受为辅较宜。而有能力的企业，通过收购合并等方式把"别人家的"变成"自己家的"，在引入核心技术的同时收获研发平台及人才资源，也能从源头解决研发依赖的问题。

Q056 商业秘密和科创板相关吗？

企业知识产权工作情况是科创板上市审核机构关注的重点，商业秘密作为知识产权的类型之一，同样也受到审核机构的关注。

知识产权包含专利权、商标权、著作权、版权、集成电路布图设计权、商业秘密权等。对于不便于公开的核心技术，企业可以采用商业秘密的形式予以保护。《上市审核规则》相关规定指出，发行上市申请文件和审核问询答复中，拟披露的信息属于国家秘密、商业秘密的，披露后可能导致违反国家有关保密的法律法规或者严重损害公司利益的，可以豁免披露。

▶▶ 专利保护和技术秘密保护相结合

浙江海德曼智能装备股份有限公司（简称浙海德曼）是一家从事数控车床研发、设计、生产和销售的企业。公司产品主要应用于汽车制造、工程机械、通用设备、军事工业等行业领域。2019 年 12 月浙海德曼以第一套标准提交上市申请获受理，两轮问询后，于 2020 年 8 月成功登陆科创板。

据招股说明书披露，发行人围绕核心技术不断进行创新研究，拥有 8 项发明专利、45 项实用新型专利和 1 项外观设计专利。在首轮问询中，其被问询"发行人近年来没有发明专利的原因，是否技术研发及投入不足"。

对此，发行人答复：发行人所处行业技术成熟度较高，技术研发周期长，技术迭代速度较慢，产品的进步及技术的投入更多体现在生产工艺的提高、加工经验的积累、具体结构设计的进步等，均为不适宜申请专利的技术诀窍。发行人所处行业技术保密要求较高，而提升机床精度、稳定性等的部分技术为产品设计工艺，申请专利并因此对外公示将影响企业未来生产经营。因此，发行人将核心技术的部分内容作为商业秘密进行保护，暂时未就该等技术申请专利。

在注册环节，发行人被要求说明：关于不申请专利而作为商业秘密的做法与同行公司是否一致，是否机械制造行业的惯例做法，该做法保护核心技术是否可行，是否比申请专利保护更加安全、有效。

对此，发行人陈述：一方面，发行人核心技术及核心竞争力主要体现在核心部件自主化加工能力以及相应产品部件的精度性能指标上，其表现形式多以技术诀窍、生产经验、管理模式、工艺参数等为主，主要采用非专利技术等方式对其所掌握的技术、诀窍和经验进行保护；另一方面，对适合公开保护的技术亦采用了发明和实用新型专利等形式予以保护，通过对国盛智科和科德数控的分析，上述两同行公司对核心技术亦采用了专利、非专利技术等多种相结合的方式予以保护。

在注册环节发行人又被问询：发行人在没有专利技术支撑的情况下如何体现自主创新及核心竞争力？对此，其回复称：发行人自主创新及核心竞争力体现在以突出的核心部件加工能力为基础，产品实际体现的各种技术参数与精度为表现，结合专利权、软件著作权及非专利技术多维度保护策略，通过自主创新形成现有的核心技术体系。

从招股说明书和问询过程可知，浙海德曼的核心技术包括高刚性和高精度主轴技术、伺服刀塔技术等，上述核心技术均采用申请专利和技术秘密相结合的方式保护。对于采用技术秘密保护的核心技术，由于核心技术相关参数以及技术诀窍等未公开，所以其泄露可能对相关产品的销售造成一定不利影响。针对上述风险，浙海德曼采取了如下措施予以防范：

（1）制定严格的保密制度。

（2）建构了董事长总负责、总经理牵头、全体研发人员参与的多维度保密制度体系。

（3）规范内部管理制度。

（4）制订股权激励方案。

（5）实行单一生产工序制度。

此外，浙海德曼通过与同行公司对比，说明采用专利和非专利技术相结合的形式对核心技术进行保护，符合行业惯例。

⟫ 启示

1. 商业秘密保护需重视

《反不正当竞争法》第 9 条第 4 款规定："本法所称的商业秘密，是指不为公众所知悉、具有商业价值并经权利人采取相应保密措施的技术信息、经营信息等商业信息。"虽然科创属性"4+5"指标中并未涉及商业秘密，但并不意味着商业秘密可以被忽视。对于科创企业来说，核心技术人员所掌握的技术秘密很可能是关系企业生死的"密钥"，因此，商业秘密保护是企业必须面对且必须严肃面对的重大事项。

2. 保护方式细斟酌

专利以公开发明技术的内容来换取保护，因此专利文件的撰写需满足清楚、完整以使所属技术领域的技术人员能够实现的要求，某些关键参数、指标须在专利文件中明确记载。因此，专利方式可能不利于保护某些企业经长期研发和创新逐渐掌握的"工艺窍门"。而商业秘密不公开技术本身，通过采取一定的保密措施来获得对该技术的独占权，可使企业长期对相关技术拥有专有权。例如，可口可乐公司对其产品配方采用商业秘密的方式进行保护，该商业秘密历经一百多年，一直无人能解；而对可口可乐瓶身设计则采取专利方式进行保护。事实上，专利和商业秘密"各有千秋"，企业可根据核心技术是否易于被模仿以及该核心技术的特点进行综合研判，选择合适的保护方式。

Q057 商标纠纷会影响企业上市科创板吗？

商标作为知识产权的类型之一，亦是影响企业科创板上市的要素之一。科创板相关规定对拟上市企业是否拥有商标以及商标数量并未作具体要求，而是关注企业商标权利是否完整、权属是否清晰，以及是否存在纠纷诉讼。

科创板关于商标的相关规定包括：

《注册办法》规定：不存在涉及主要资产、核心技术、商标等的重大权属纠纷，重大偿债风险，重大担保、诉讼、仲裁等或有事项，经营环境已经或者将要发生重大变化等对持续经营有重大不利影响的事项。

《第 58 号准则》中要求发行人提交的上市申请文件包括：发行人拥有或使用的对其生产经营有重大影响的商标、专利、计算机软件著作权等知识产权以及土地使用权、房屋所有权等产权证书清单（列明证书所有者或使用者名称、证书号码、权利期限、取得方式、是否存在何种他项权利等内容）。

›› 及时续展，维持商标权有效

深圳市亚辉龙生物科技股份有限公司（简称亚辉龙）是一家体外诊断产品提供商，主营业务为以化学发光免疫分析法为主的体外诊断仪器及配套试剂的研发、生产和销售，以及部分非自产医疗器械产品的代理销售业务。亚辉龙于 2021 年 3 月在科创板注册生效。

针对发行人在招股说明书中披露的多个商标即将到期的情况，上市审核机构请其补充披露商标续期事项的办理进展及相关事项，是否存在无法获批的风险，以及无法获批对发行人生产经营的影响。

发行人答复：发行人有 16 项商标将在 2020 年到期，5 项商标将在 2021 年 2 月到期。目前已完成上述全部 21 项商标的续展手续，并展示了相关商标续展后的有效期情况。

▶▶ 转让管理，确保商标权属清晰

虹软科技股份有限公司（简称虹软科技）致力于视觉人工智能技术的研发和应用。该公司经历了四轮问询后成功登陆科创板。

在首轮问询中，上市审核机构问及：发行人名下有多项取得的商标。发行人及其子公司部分知识产权正在办理证载权利人变更登记。请发行人披露：受让取得的商标取得时间、出让方基本情况，与发行人是否存在关联关系，相关转让是否存在纠纷或潜在纠纷；更名手续的办理进展情况、预计办理期限，是否存在法律障碍或存在不能如期办理完毕的风险。

发行人答复：受让取得的专利、商标及软件著作权主要来自子公司 ArcSoft US 及发行人原子公司虹润（杭州）科技有限公司（简称虹润科技）。2017 年 6 月，虹润科技与发行人前身虹软（杭州）多媒体信息技术有限公司（简称虹软有限）签署了《知识产权转让协议》，约定由虹润科技向虹软有限转让其所持有的知识产权。2017 年 12 月，虹润科技被剥离。具体情况包括：3 项商标系受让自 ArcSoft US，2018 年 8 月 1 日，ArcSoft US 与虹软有限签署注册商标转让协议，约定 ArcSoft US 将前述 3 项商标的所有权利无偿且无地域限制地转让给虹软有限；20 项商标系受让自虹润科技，2017 年 6 月 22 日，虹润科技与虹软有限签署知识产权转让协议，约定将虹润科技所有的相关专利、商标、软件著作权全部无偿且无地域限制地转让给虹软有限。上述商标的变更登记均已办理完毕，并于 2019 年 2 月 18 日完成商标权利人的更名手续（权利人变更为发行人）。

▶▶ 商标纠纷，或影响科创板上市进程

深圳市紫光照明技术股份有限公司（简称紫光照明）主营业务为工业照明设备和智能照明系统的研发、生产和销售，以及提供工业照明领域的合同能源管理服务等。紫光照明 2020 年 6 月 30 日提交科创板上市申请获受理，

2021 年 12 月 31 日提交了撤回申请，2022 年 1 月 11 日终止注册。

在紫光照明上市进程中，紫光集团有限公司（简称紫光集团）于 2020 年 9 月 14 日向北京知识产权法院提交《民事起诉状》，认为紫光照明存在商标侵权及不正当竞争行为，提出了请求法院判令紫光照明停止侵害紫光集团"紫光""清华紫光"等注册商标专用权行为，停止使用含有"紫光"字样的企业名称，以及判令紫光照明赔偿紫光集团经济损失人民币 500 万元等诉讼主张。

2021 年 1 月 29 日，发行人在回复审核意见落实函中，首次披露了与紫光集团的商标纠纷案件，说明了上述纠纷的进展情况（截至该回复出具日，案件尚未进入实体审理阶段），详细陈述了若被认定为商标侵权，其已做好了重新申请商标以及企业名称变更的准备，上述事项不存在实质性障碍，并具体分析了相应变更后不会对企业持续经营能力造成重大不利影响。

虽然无法判断上述商标纠纷与紫光照明主动撤回上市申请之间是否存在必然联系，但从相关问询可知，商标纠纷是否会影响企业持续经营能力同样是科创板上市审核关注要点。

》启示

1. 知识产权难舍商标

知识产权是人们对于自己的智力活动创造的成果和经营管理活动中的标记、信誉依法享有的权利。商标代表着企业经营管理活动中的标记、商誉，其是知识产权的重要组成部分。

商标能够区分商品和服务的不同来源，因此知名度高的商标能够反映商标权利人良好的商誉。科创板对商标的相关要求包括商标权利有效独立、权属清晰、无侵权风险等。

2. 关注商标权有效及权属清晰

商标权有效是企业享有商标专用权的前提，是商标发挥识别商品来源、监督商品质量、指导商品选购以及宣传广告作用的保障。企业应当及时关注商标专用权期限情况，定期续展，确保商标维持有效；同时需要关注商标是否因使用不当或未使用而被撤销，以及有无被提起无效宣告请求。

商标权属清晰是指当企业与其他企业之间存在商标许可/转让等情形时，需要详细披露商标许可/转让的类型、期限、费用等，以及是否存在诉讼、仲裁、质押等风险。企业可在商标转让/许可之前做好尽职调查，明确转让/许可的相关事项，明确双方的责任义务，保障商标权属清晰。

3. 商标纠纷早预防

对于企业而言，遭遇商标纠纷可能面临巨额赔偿，同时无法继续使用既有商标。而商标代表企业的品牌形象，同时依赖企业长期维护及宣传才能形成较高的知名度和良好的口碑，原有商标无法继续使用导致的商标变更或多或少将影响企业的生产经营。

事实上，商标纠纷可通过早期预防来控制。企业在进行商标申请前，若聘请专业机构对可能存在的侵权风险进行评估，则可提前预判潜在风险。此外，由于驰名商标的跨类保护，企业应当避免在企业名称或商标中使用他人的驰名商标，以防商标纠纷。

知多少　商标续展、转让、撤销和无效宣告

》 商标续展

商标续展是指注册商标所有人在商标注册有效期届满 10 年的一段时间内，依法办理一定的手续，延长其注册商标有效期的制度。商标续展注册申请人应在商标有效期满前 6 个月内申请办理商标续展手续，或者在商标有效期满后 6 个月内即宽展期内申请续展注册，在此期间需缴纳商标续展的延迟费用。宽展期内未提出申请的，注销其注册的商标。

商标续展的类别应按照商标国际分类的类别来进行填写，如果原核定的商品现属国际分类的其他类别，但均需要办理商标续展注册的，应按类别分别填写续展申请书。

》 商标转让

商标转让是注册商标专用权的一种重要取得方式。广义上的商标转让是指通过协议转让、接受赠送、继承、继受等方式从原商标注册人处取得其注册商标所有权的行为。转让注册商标，要在转让后 6 个月以内由转让人和受让人共同向商标主管机关申请转让注册或评估作价。

商标转让的原因一般有两种：一种是商标已经不再符合企业发展需求，将该商标转出会减少管理成本且创造收益；另一种是企业出于经营策略的考虑，商标常作为无形资产与企业被一并转让。

》 商标撤销和无效宣告

商标权利的有效性包括权利期限、商标撤销、无效宣告等情况。

商标专用权期限为 10 年，商标权人需要定期进行商标续展，确保商标维持有效。

　　商标撤销的事由有三种：一是上报注册人在使用注册商标的过程中，自行改变注册商标、注册人名义、地址或者其他注册事项，经地方市场监管部门责令期限改正拒不改正的；二是注册商标成为其核定使用的商品的通用名称的；三是注册商标没有正当理由连续 3 年不使用。

　　无效宣告是任何人基于绝对理由或者在先权利人或利害关系人基于相对理由，请求国家知识产权局对争议商标的注册作出宣告无效的裁定。

Q058 如何披露核心技术先进性？

无论是从市场角度还是投资者角度，拥有先进的核心技术，尤其是拥有国际领先技术的企业往往更受青睐。在科创属性方面，企业所掌握的核心技术的先进性一直是上市审核机构关注的重点。因此，如何论证发行人自身核心技术的先进性显得尤为重要。俗话说"酒香也怕巷子深"，如果拥有先进的核心技术却未能全方位地展示，无异于"锦衣夜行"。那么，发行人该如何论证自身核心技术的先进性，让人信服呢？

在实际操作层面，发行人在招股说明书中应尽量以事实为依据，言之有物，杜绝长篇累牍地堆砌现有技术，同时避免毫无依据地自吹自擂。以下几个维度能很好地体现发行人核心技术先进性：

（1）核心技术采用何种保护措施，如是否取得相关专利，取得的专利类型是否发明专利，抑或是否采用了技术秘密等其他技术保护措施。

（2）核心技术的科研实力和成果情况，包括获得了哪些重要奖项，承担了哪些重大科研项目，以及是否在核心学术期刊发表论文等。

（3）核心技术是否形成技术壁垒，他人是否易于破解或模仿。

（4）核心技术是否存在被快速迭代的风险。

（5）核心技术形成的产品有无实现进口替代。

（6）核心技术能否对标同行业国际先进水平，或虽未达到先进水平，但因国外垄断，填补了国内相关技术、产品空白等。

》反复追问核心技术先进性

北京海天瑞声科技股份有限公司（简称海天瑞声）主要为人工智能产业链中企业及科研机构提供数据资源产品和服务。2019年4月，海天瑞声采用第一套上市标准首次尝试登陆科创板，经四轮问询后于 2019 年 7 月主动撤回。2020 年 6 月，海天瑞声再次赶考，两轮问询后于 2020 年 11 月顺利通过上市审核委员会审议会议，2021 年 2 月提交注册，当年 7 月成功注册生效。

在首次申请上市的招股说明书中，发行人披露自主开发了一体化人工智能数据处理技术支撑平台，在基础研究、平台工具、数据资源开发三个维度积累核心技术，核心技术先进性体现在技术更新紧随行业发展、数据处理与人工智能有效整合、计算语言学研究融入语音数据资源库研发等多个方面。但基于其披露的核心技术保护措施显示，三个维度的核心技术均未获得专利保护。

首次申请的四轮问询中，上市审核机构针对发行人的核心技术先进性进行了反复询问，针对其未取得任何专利的情况，质疑其如何构建壁垒，体现竞争优势。虽然发行人陈述其在技术、平台、工具、产品积累、客户需求理解等方面均构建了技术壁垒和专业门槛，并搭建了有效的技术创新机制；提出其不单纯依赖申请专利形式对核心技术进行保护，并例证该形式符合行业惯例，且已提交 8 项发明专利申请；此外还从专业经验及核心技术积累、资源积累和覆盖能力、人才优势和客户优势等方面说明了同行对比优势，但最终，海天瑞声首次 IPO 还是以失败告终。

在第二次申请的首次问询中，上市审核机构依然关注发行人的核心技术先进性问题，要求其补充披露多个事项。对此，发行人补充披露了核心技术与相关服务 / 产品之间的关系、核心技术与通用技术的差异情况，详细阐述了核心技术的具体应用，并结合与主要竞争对手在经营情况、技术指标、产品侧重点、研发投入等多方面的比较，详述了技术竞争优势和劣势，提出其已将核心技术运用于生产相关的各个环节，构成了业务持续经营的技术基础。最后，还从算法与数据处理技术并用、工具和平台共建、在语音语言学基础研究方面有深厚积累三个方面展示了核心技术先进性。

本轮答复后，上市审核机构并未就核心技术先进性对海天瑞声继续问询。

》 启示

能够成功登陆科创板，拥有关键核心技术是必要条件。在拥有核心技术的前提下，如何全面精准地论证核心技术的先进性是一项不小的挑战。核心技术先进性不是企业的自说自话，企业可以考虑从以下多个维度来论证核心技术的先进性。

1. 梳理相关技术发展演进情况

梳理相关技术发展演进情况，尤其是相关技术在国内外的演进历史及现状，论证相关技术并非通用技术。分析国内和国际当前技术等级划分，进一步披露发行人核心技术水平在国内、国际的领先程度。

2. 结合自身技术的先进性

结合自身相对技术优势，多方面说明自身技术的先进性，如从申请的相关专利、获得的重要奖项（如国家科技进步奖）、来自专家的技术成果鉴定意见、承担的重大科研项目、发表的核心学术期刊论文、构建的技术壁垒以及实现进口替代等多方面加以论证。

3. 展示应用核心技术获得的产品的市场表现

核心技术最终还是要转化成产品才能实现技术变现，产品能否得到市场认可是考察技术先进性的一个重要窗口。毕竟在资本市场，投资者看重的还是发行人的变现能力。

Q059 核心技术是通用技术还是特有技术?

根据科创板的设立初衷及其定位,科创板优先支持符合国家战略,拥有关键核心技术,科技创新能力突出,主要依靠核心技术开展生产经营的企业。其中"拥有关键核心技术"以及"主要依靠核心技术开展生产经营"是科创板的精髓。因此,科创企业拥有的核心技术应是具有先进性的特有技术而非应用广泛、体现基础性的通用技术。

然而,在上市审核过程中,很多发行人未能充分体现自身的核心技术与行业通用技术的区别,或错误地将行业通用技术认定为核心技术,进而导致上市审核机构对发行人的核心技术先进性产生怀疑。

)) 核心技术属于通用技术还是特有技术

苏州纳芯微电子股份有限公司(简称纳芯微)是一家致力于模拟集成电路研发和销售的集成电路设计企业,产品主要应用于信息通信、工业控制、汽车电子和消费电子等领域。2021年5月,纳芯微以第一套上市标准提出上市申请获受理,6月接受问询,经两轮问询后于11月通过上市审核委员会审议会议,并于当月提交注册,2022年3月注册生效。

根据发行人的招股说明书披露,其共拥有11项核心技术,通过选取不同型号的芯片与国际竞品进行比较,发行人认为其部分核心技术的指标达到或优于国际竞品。

在首轮问询中,上市审核机构请发行人说明:核心技术属于通用技术还是特有技术,是否存在较高的替代性;选取的技术指标是否属于衡量产品性能的典型参数,是否行业通用评价标准,是否存在仅选择有利于发行人参数的情况。

对于问询，发行人从技术先进性、核心技术知识产权状况等角度作出了详细论述，其所认定的核心技术不属于行业通用技术，具有技术先进性，并详细阐述其核心技术具有研发壁垒，不存在被快速迭代的风险。同时，其不断追求技术创新、重视知识产权保护，应用于主要产品的核心技术大部分具有自主专利，且均处于专利保护期限内。另外还强调，目前已经积累了较多优质国内及国际客户，在为优质客户研发的过程中，可同步获知行业新产品、新技术等前沿信息，从而保持技术先进性。

》 启示

如果核心技术被认为是源自行业基础技术，而这些技术又在构成上比较基础，存在较大的替代可能，则必然会被上市审核机构重点关注。上市审核机构反复问及"核心技术是通用技术还是特有技术"，实际关注的是相应核心技术的创新高度，以及探寻发行人能否依靠该核心技术开展可持续的生产经营。

对于企业来说，需要做好自身科技含量、技术储备相关问询的答复，重点可从核心技术属于通用技术还是特有技术、是否存在较高的替代性等方面结合同行对比情况逐一解释；也可以结合相应产品的收入、销量等补充说明，阐述相应产品是否为公司主要产品，能否代表公司主流技术水平。总体而言，发行人回复上述问询的核心在于，反映企业自身的技术特有化方向和技术特有化水平，在此基础上结合整个行业的技术壁垒分析实际的迭代风险，进而证明自有核心技术的技术高度。

Q060 什么技术能被认为形成技术壁垒？

技术壁垒包含了两个层面的含义：一是技术先进性；二是该先进技术不容易被他人知晓或运用。因此，在上市审核机构就技术壁垒的相关问询中，发行人可以从上述两个方面进行答复，具有技术先进性且难以为人所知的技术即可认为形成了技术壁垒。另外，发行人在披露或答复时应当采用投资者可以理解的通俗表述，结合具体技术和技术保护的措施等进行，避免泛泛而谈。技术壁垒是科创企业技术先进性的有效体现，可进一步反映企业的行业竞争优势。

▷▷ 技术先进，保护严密

江苏吉贝尔药业股份有限公司（简称吉贝尔）主要从事药品研发、生产、销售，利可君片是其主要产品之一，公司现有产品生产线涵盖利可君原料药等。发行人于 2019 年 6 月 25 日采用第一套标准提出上市申请获受理，经过三轮问询及上市审核委员会审议后，于 2020 年 4 月 7 日注册生效。

第一轮问询中，审核机构提出：利可君原料药生产的主要技术壁垒是什么，发行人是否存在相关专利或其他技术保护措施，并要求分析相关技术是否存在被仿制成功的风险，是否对公司生产经营可能产生的影响，以及国外是否有具有利可君原料药生产资质的企业。

对此发行人回复称：发行人是利可君原料药的独家生产企业，利可君国家药品标准的起草单位，国家药品标准品的唯一提供企业。发行人通过对利可君生产工艺的优化，形成稳定可控的合成工艺，产品质量得到有效保障。相关技术的主要技术壁垒包括：形成了现行的利可君国家药品标准；形成了稳定可控的合成工艺；形成了多层次技术壁垒和保护，发行人将工艺优化、质量提升和方法学研究等综合申报国家发明专利并获得授权，对产品形成了多层次技术壁垒和保护，获得了江苏省专利奖"优秀奖"。同时，根据原国家食品药品监管总局《关于发布化学药品注册分类改革工作方案的公告》（2016年第51号）、《关于发布化学药品新注册分类申报资料要求（试行）的通告》（2016第80号）以及仿制药相关指导原则要求，在杂质、晶型以及稳定性等方面都有严格要求，因此利可君被仿制的难度较大。

第二轮问询中，上市审核机构并未对技术壁垒进行直接问询，但是发行人在回答诸如"是否存在可替代产品、相关产品是否存在被淘汰和替代的风险"等问题时，均提及了"技术壁垒"。

第三轮问询中，上市审核机构要求：使用易于投资者理解的语言充分披露发行人对于利可君原料药的多层次技术壁垒和保护的具体内容。对此，发行人就多层次的技术壁垒和保护从四个方面进行了论述：

（1）形成专有技术秘密。

（2）确定先进的检测方法。

（3）提出现行国家标准，并获相关专利授权。

（4）难以突破的利可君仿制壁垒。

由此指出其目前仍然是唯一拥有利可君原料药生产资质的企业，既是利可君原料药的独家生产企业，也是唯一有能力实际生产和销售利可君片的企业。

因此，利可君的生产工艺和检测技术具有先进性，处于行业领先水平。

≫ 工艺配方双壁垒

上海奥浦迈生物科技股份有限公司（简称奥浦迈）是一家专门从事细胞培养产品与服务的企业。在首轮问询中，其被问及：技术壁垒的具体体现，是否存在技术迭代风险。

对此，发行人答复称，培养基是各类生物药，包括单抗、双抗、融合蛋白等生产过程中必不可少的核心原料，其产品质量将直接影响生物药的生产效率，具有较高的技术壁垒。发行人陈述其细胞培养基的技术壁垒具体体现在两个方面：①培养基配方的技术壁垒；②培养基生产工艺的技术壁垒。良好的培养基生产工艺能够依据复杂的配方最终生产出适合细胞生长的培养基产品，生产过程需要大量的经验积累和成熟的工艺路线，具有较高的技术壁垒。

›› 完整技术链条构壁垒

武汉新华扬生物股份有限公司（简称新华扬）应用现代生物技术进行研发、生产和销售酶制剂、微生态制剂等产品。其在首轮问询中被问及发行人核心技术是否具备较高的技术壁垒。

对此，发行人回复：生物技术除本身具有较高的技术门槛外，从前端的技术研发到中后端的产业化应用研究，均影响生物科技企业的整体竞争优势。以发行人所处行业为例，完整的技术链条需要打通工业菌种技术、生物制造技术、产品应用技术等三个技术领域。是否具备完整的技术链条是发行人所处行业技术壁垒的主要体现。发行人核心技术涵盖"工业菌种技术—生物制造技术—产品应用技术"的完整技术链条，具备较高的壁垒。

›› 启示

在上市审核机构问询中，企业关于技术壁垒的阐述，有些是针对上市审核机构提出的问询答复的，有些则是其在答复技术先进性、是否容易被替代等问题时结合技术壁垒进行的说明。虽然在最新修正的《科创属性评价指引（试行）》并未提及"技术壁垒"这一表述，但技术壁垒依然是考量科创企业技术先进性以及是否具有相对竞争优势的重要因素。

拥有较高技术壁垒的企业通常是掌握较为尖端技术的企业，这些尖端技术是其他企业无法掌握或短期内无法掌握的。正因如此，拥有高技术壁垒的企业才能独享尖端技术带来的巨大收益。技术壁垒可以依赖专利等知识产权手段加以保护。尽可能增厚技术壁垒，延长技术壁垒存续时间，是科创企业延续其技术先进性的重要手段。

Q061 在技术迭代快速的领域，如何论证核心技术的优势？

保荐机构应当准确把握科技创新企业的运行特点，充分评估企业科技创新能力，重点关注以下事项：是否掌握具有自主知识产权的核心技术，核心技术是否权属清晰、是否国内或国际领先、是否成熟或者存在快速迭代的风险。可见，技术快速迭代的风险是科创板上市审核关注的重点问题之一。

对于技术迭代较快的领域，企业需要明确成立以来各类产品与核心技术的对应关系与发展演进过程，梳理各类产品之间的技术联系，以及分析国内外主要竞争对手的技术路线、技术水平及相较于企业自有技术的优劣势。企业可以结合行业实际，披露行业和自身的技术迭代情况，也可以介绍自身核心技术的先进性以及拥有的相关知识产权情况，以此论证拥有的核心技术不容易被快速迭代。此外，企业通过阐述对核心技术持续研发的能力也能表明其对核心技术优势的保持。

》渐进式改进，无重大迭代需求

广东希荻微电子股份有限公司（简称希荻微）是半导体和集成电路设计企业，主营业务包括电源管理芯片及信号链芯片在内的模拟集成电路产品的研发、设计和销售。公司产品主要应用于手机、笔记本电脑、可穿戴设备等领域。发行人采用第二套上市标准，于 2021 年 5 月 24 日被受理上市申请，经两轮问询后于 2021 年 10 月 20 日成功过会，当月 29 日提交注册，12 月 14 日注册生效。

首轮问询中，发行人被问及"超级快充芯片 2019 年一经销售就形成大额收入的原因，结合产品的迭代周期、市场空间等进一步说明 2020 年收入下滑的原因、是否存在继续下滑的风险"。

发行人答复：发行人结合公司产品迭代情况、市场迭代周期、市场发展空间等情况，于 2019 年推出第一代超级快充芯片，2020 年下半年推出第二代超级快充芯片，相较原产品型号在充电功率等方面明显提升。公司基于产品结构调整和升级需求，后续拟逐步减少原产品型号的出货，同时基于客户对价格调整的需求，公司对原产品型号的定价进行了下调，使得 2020 年度超级快充芯片平均销售单价相较上年度减少 14.24%，导致公司超级快充芯片收入相较上年度下滑 12.09%。从市场迭代周期来看，超级快充芯片市场目前仍处于蓬勃发展阶段。从市场空间来看，电荷泵快充方案有效解决了传统快充技术的诸多痛点，未来潜在市场空间较大。目前不存在收入继续下滑的重大不利因素。

在审核中心意见落实函中，发行人被要求"进一步说明 5G 更新迭代对公司未来收入的影响以及公司在 5G 领域的技术储备情况"。

发行人披露：5G 技术对公司产品有渐进的技术改进需求，无重大技术迭代需求；公司目前产品已能够同时满足 4G 手机和 5G 手机的需求；5G 更新迭代整体利好电源管理芯片行业的发展及公司主营业务的增长；公司主要产品应用于 4G、5G 手机的收入持续增长，且具备充足的在手订单支持，尽管 5G 应用并未直接推动公司主要产品的重大革命性技术迭代，但对 DC/DC 芯片、超级快充芯片等产品的渐进性技术调整与拓展提出了一定的要求。

›› 启示

目前，我国已进入创新驱动、转型升级的关键时期，供给端推行创新驱动，需求端则实现转型升级。产品的创新、技术的快速迭代推动科技行业快速增长、实现突破。科创企业间的竞争优势在很大程度上依赖企业所有的核心技术的先进性。

在技术迭代快速的领域，企业需依靠自身长期的研发积累，持续推动技术升级，实现现有产品自我更新。借助更加先进的工艺与更加优化的设计，进一步巩固和增强企业现有产品的竞争优势。

企业在严格把控产品质量、积极维护市场形象的同时，还需准确判断市场需求变化，契合市场需求进行技术迭代升级和创新，根据市场最新需求开发具备行业前沿地位的新产品，以保障可持续经营与盈利。

此外，为了持续保持技术领先性和市场主导地位，企业需要根据业务发展及研发规划提前储备必要的资金及人员，持续性地研发投入，才能保障企业创新活力，实现自我革新。

Q062 核心技术先进性如何助力市场占有率?

2018 年,习近平总书记在两院院士大会上深刻指出:"要发挥市场对技术研发方向、路线选择、要素价格、各类创新要素配置的导向作用,让市场真正在创新资源配置中起决定性作用。"这句话指明了科技创新发展的起点是市场,要根据市场的需求和导向来进行技术研发和创新。科创板相关规定也要求企业依靠核心技术开展生产经营。

对于科创企业来说,市场是检验企业核心技术先进性的重要"考场",先进的核心技术是提高市场占有率的"加速器"。

》》市场决定技术,技术决定市场

江苏菲沃泰纳米科技股份有限公司(简称菲沃泰)属于科创板定位的新材料技术领域,主要从事纳米薄膜的研发和制备。发行人于 2021 年 9 月 30 日采用第一套标准申请上市,经过两轮问询以及上市审核委员会审议,于 6 月 21 日注册生效。

发行人在招股说明书中披露:发行人掌握了 PECVD 镀膜设备、材料配方及制备工艺的多项核心技术,公司研发的纳米薄膜制备技术突破了国外技术垄断,目前国内没有通过制备纳米薄膜对电子消费品进行综合防护或生产该类纳米薄膜沉积设备的上市公司。

在首轮问询中,上市审核机构要求发行人说明纳米薄膜制备技术突破国外技术垄断的具体依据,目前相关纳米薄膜国产化程度,其相较于同类业务厂商的竞争优势并测算公司在细分行业领域的市场占有率。

对此，发行人通过列举相关产品的公开信息指出，全球电子消费纳米防护领域以国外厂商为主，但发行人于 2016 年 12 月成功生产出国内首台 FT-35X 行星转架纳米镀膜等离子化学气相沉积装备，该设备于 2018 年通过江苏省新产品新技术鉴定，被认定为江苏省首台（套）重大装备产品。2017~2021 年，发行人进入华为、小米、苹果等全球龙头科技企业的供应链，逐步实现了国产替代，打破了国外厂商的垄断。发行人列举了目前本公司已取代国外厂商的部分市场份额的情况，提出上述主要客户中尚未出现占据较大市场份额的其他国内厂商，其已取代境外厂商的部分市场份额，在部分客户中已成为独家供应商。

在二轮问询中，发行人继续被问询到关于技术和市场的情况，具体包括：目前市场上电子消费品防护采用结构防护、三防漆、派瑞林镀膜、PECVD 镀膜四类技术路线各自所占比重情况，PECVD 镀膜技术在成本上与其他三类技术路线的对比情况，以及目前所处的发展阶段以及替代其他技术路线的具体情况。

对此，发行人从技术的先进性以及市场占有率等方面进行了详细阐述。

由上述案例可知，根据市场对于场景日益复杂的电子消费品的防护需求，能够精准控制膜层厚度、性能更优、绕镀性能更好、适用性更广泛的镀膜技术的研发创新方向是由市场决定的。而发行人掌握了 PECVD 镀膜设备、材料配方及制备工艺方面的多项核心技术，形成了自主知识产权的多项技术，市场份额逐步提高，打破了国外技术垄断，实现了国产替代。因此，技术也决定了市场。

》启示

如新材料领域，其产品的研发具有投入大、周期长、产业风险大的特点，且具有很高的技术壁垒。同时，技术壁垒带来的高毛利使企业利润水平十分可观，一旦进入下游供应链体系，将在较长的一段时间内维持相对稳定的销量增长。新材料企业的核心技术具有较高的专利壁垒和工艺壁垒，掌握了核心技术，在竞争中就具有较强的优势，在市场上的占有率也会逐步提高。

其他领域也是类似的情况，企业要始终把市场作为创新的出发点和目的地。无论采用自上而下的创新驱动模式，还是采用自下而上的市场需求导向模式，都需要企业将科技创新和市场紧密相连。对于科创企业更是如此，科创板要求企业依靠核心技术开展主营业务，这就需要企业不断升级、转型，坚持技术引领、技术创新，以应对技术全球化带来的机遇和挑战。

Q063 是否有必要建立核心技术的知识产权管理体系？

核心技术的知识产权管理是围绕企业知识产权的创造、运用、保护、管理、服务等实施的一系列决策和活动。科技创新是企业知识产权管理的出发点和根本目的，而知识产权管理体系建设及有效运行则是保障自主创新的基础与动力。因此，科创企业需要完善相应的管理体系并建立健全相应的制度安排。

》不同的知产类型，完善的知识产权制度

江西金达莱环保股份有限公司（简称金达莱）是基于 FMBR 技术（兼氧膜生物反应器技术）和 JDL 技术（重金属废水处理技术）的污水处理公司，其首次冲击科创板失利，第二次成功登陆，于 2020 年 10 月 14 日注册生效。金达莱采用第一套标准发行上市。

在首次申报的首轮问询中，发行人被问及"公司核心技术的技术起源和研发过程，核心技术对应专利中的原始取得""相关商标权、专利权、软件著作权等知识产权管理的内部控制制度是否建立健全并有效运行"。第二轮问询中，上市审核机构进一步对发行人的专利授权情况进行问询。经历了三轮问询后，发行人主动撤回材料，半年后重新申报。再次申报过程中，上市审核机构同样对发行人核心技术的知识产权保护进行了问询。发行人再次申请历经两轮问询后成功过会，最终注册生效。

梳理其问询答复内容，发行人对其知识产权相关内容作出了如下披露。

1. 核心技术细披露

发行人针对两项核心技术 FMBR 技术（兼氧膜生物反应器技术）和 JDL

技术（重金属废水技术）进行了技术拆解和细分，形成了包含多个核心专利、辅助性专利、防御性专利的专利网络。同时，发行人比较了上述技术与现有技术的不同点，说明其拥有独创性的污水处理工艺，与现有技术工艺之间构成明显差异，并非简单的衍生关系。发行人还列举了在不同国家的专利情况，并详细介绍了其知识产权保护形式包括专利权、商标权、商业秘密、著作权，以及国家法律规定保护的其他知识产权。

2. 内部控制制度详披露

发行人拥有注册商标 42 项、专利 89 项、软件著作权 3 项，其中较多专利为受让取得。北控中科成环保集团有限公司（简称中科成环保）许可发行人使用 1 项专有技术；清华大学许可发行人子公司独占使用 3 项专利技术。针对上述情况，上市审核机构问询其知识产权管理的内部控制制度是否建立健全并有效运行。由于存在知识产权的转让、许可等，所以知识产权保护的权属是否清晰、稳定，企业是否建立了完善的内部控制制度是上市审核机构关心的问题。发行人针对专利来源、权属是否清晰、是否存在利益输送等方面进行披露，并且从知识产权类型、知识产权责任人以及相关制度安排等方面揭示发行人已经建立健全知识产权的内部控制制度。

》 启示

科创企业对于每一项知识产权，应当结合相应的法律法规，参照相关管理规范，同时结合企业自身特点制定切实有效的规章管理制度和操作指南，将实践中涉及的知识产权问题制度化、规范化。企业在知识产权管理中应当明确知识产权的保护范围、责任人以及具体实施运行方式；此外，还需要将知识产权管理与企业技术研发、财务状况、市场竞争等相融合，服务于企业整体发展。

简言之，制定适应企业发展的知识产权战略和知识产权管理制度，配以专业的知识产权管理机构，践行高效的知识产权管理措施，是科创企业实现有效知识产权管理的关键。

Q064 如何做好技术全链条管理?

技术特别是核心技术是企业生存发展的关键要素,做好技术的管理有助于企业保护创新成果,增加创新能量,为企业科创板上市护航赋能。技术贯穿于企业创新成果输出的各个环节,对于技术的管理也应当深入创新成果输出全链条的每个阶段。为了做好技术管理,企业应在四个阶段做好工作。

》技术全链条管理的四个阶段

1. 立项阶段

通过开展专利导航和预警分析确定产品开发的方向、警示风险,避免与他人的技术路线重叠。

2. 研发阶段

建立规范的评审机制对技术成果进行评估,选择合适的创新成果保护方式,围绕创新成果建立完善的、多维度的知识产权保护布局。这一阶段的保密问题需要重点关注,避免核心技术的泄露,尤其是人员流失导致的泄密风险;另外,还需注意知识产权保护的及时性和有效性,研究成果的申请时机、知识产权数量和类型等都是需要考虑的。

3. 采购、生产阶段

全面评估供应商所提供商品的知识产权情况,明晰供方对其供应产品是否拥有完整、独立的知识产权权属,必要时应要求供方提供权属证明;通过书面合同约束供应商的行为,采购合同和生产合同中应明确指示产权权属、许可使用范围、侵权责任承担等,排查并规避潜在的风险。生产环节需关注产线工人的保密问题，该环节存在对产品、工艺的改进，因此也会涉及产品的创新保护问题。

4. 市场阶段

这一阶段要特别关注侵权风险，需要通过技术自由实施（Freedom To Operate，FTO）等对侵权风险做好提前排查工作；根据产品的销售情况选择性地开展专利运营，并通过市场为企业的知识产权布局提供借鉴。

在企业科创板上市进程中，技术特别是核心技术是上市审核机构关注和问询的重点，做好技术的管理将有助于企业更好地保护创新成果，并能够使企业的上市之路更加顺畅。

主营业务

如果说核心技术是企业的"心脏"，那么主营业务就是企业的"生命线"。核心技术的清晰权属、自主来源及先进性代表企业"心脏"的活力，而主营业务的可持续发展则关系着企业"生命线"的绵延不息。依靠核心技术开展生产经营的要求恰似心脏与生命的血脉相依。

Q065 什么才是符合科创板定位的主营业务?

按照常规定义,主营业务是指企业为完成其经营目标而从事的日常活动中的主要活动,可根据企业营业执照上规定的主要业务范围确定。如此看来,主营业务应当容易认定,也不会存在明显争议。

符合科创板定位的主营业务通常是指,主营业务属于新一代信息技术、高端装备、新材料、新能源、节能环保、生物医药六大领域以及符合科创板定位的其他行业领域。当企业在论述主营业务是否符合科创板定位时,如果出现不客观、不充分、前后不一致等问题,往往会引起审核机构的关注。

》行业归属前后披露不一致

长沙兴嘉生物工程股份有限公司(简称兴嘉生物)于 2020 年 5 月 29 日被受理上市申请,次月接受问询,二轮问询后未通过上市委会议,于 2020 年 11 月 26 日终止审核。其间,发行人在自身所属行业领域认定方面经历了从"生物医药"到"符合科创板定位的其他领域"的变化。

发行人在招股说明书申报稿中披露,其致力于矿物微量元素研发、生产、推广与销售,其核心技术与产品主要应用于动物营养领域和植物营养领域,矿物微量元素广泛应用于动物营养领域,并逐步在植物营养、食品、医药等领域中推广。

问询过程中,上市审核机构要求发行人明确说明"矿物微量元素"等产品是否为饲料或饲料添加剂、肥料,"用于动物营养领域和植物营养领域"的含义是否表示产品用途为饲料添加剂和肥料,引用的行业法规及税收优惠主要涉及饲料添加剂和肥料是否表明发行人的行业为饲料和添加剂行业。并要求发行人在撰写主营业务相关内容时使用浅显易懂的语言简明扼要地披露,突出业务实质和产品用途。

上会时，上市审核机构要求其进一步说明属于科创板"生物医药"行业的具体理由及依据。

对此，发行人表示，其生产销售的矿物微量元素产品作为饲料添加剂添加在动物饲料中，用于提高动物饲料的营养成分和促进动物生长、提高动物免疫力，防治动物疫病，符合《国民经济行业分类》（GB/T 4754—2017）中对食品及饲料添加剂制造的说明。根据《实施意见》中"准确把握科创板定位"，以及《上市申报及推荐暂行规定》中"符合科创板定位的其他领域"的有关规定，发行人所属行业不属于新一代信息技术、高端装备、新材料、新能源、节能环保以及生物医药的战略性新兴产业，而是属于国家重点支持的高新技术产业，属于《上市申报及推荐暂行规定》的"符合科创板定位的其他领域"的高新技术产业，具体分析了其属于高新技术领域中的"农业生物技术"，产品属于新型饲料添加剂。

即使发行人表示复核后其不属于生物医药行业定位，并详细阐述了其属于"符合科创板定位的其他领域"的高新技术产业的理由，然而，根据上交所《关于终止长沙兴嘉生物工程股份有限公司首次公开发行股票并在科创板上市审核的决定》，该发行人行业归属信息披露前后不一致的问题依然成了其被终止审核的原因之一。

>> 主营业务披露需直白易懂且充分

博拉网络股份有限公司（简称博拉网络），曾在新三板挂牌，后续为冲刺创业板而终止新三板挂牌，但并未成功上市创业板。2019 年 4 月，博拉网络尝试登陆科创板，三轮问询后未通过上市委会议，2019 年 11 月被终止审核。

发行人在申报创业板的招股说明书中，披露其主营业务为"数字商业平台服务"，并对主营业务做进一步细分的、更具体的描述，将公司主营业务划分为"数字营销及运营、技术开发服务两大板块"。而在申报科创板的招股说明书中披露其主营业务为"大数据应用服务和技术开发服务"，并具体披露其是行业知名的企业大数据服务提供商。

首轮问询中，上市审核机构便要求博拉网络说明多次修改主营业务的原因及合理性。第二、三轮问询中，上市审核机构针对博拉网络将自身定位于"大数据服务提供商"展开问询，提出博拉网络主要营收集中在营销应用领域，且市场主要竞争对手也是利用大数据技术从事数字营销和媒体投放的上市公司，要求其对业务实质不为数字营销、广告投放进行进一步说明。上会时，上市委再次要求博拉网络以浅显直白、简单易懂的语言说明其业务模式和业务实质。

发行人对此表示，对主营业务的修改是应创业板首发的反馈意见要求而进行的进一步细分的、具体的描述，后续根据行业发展趋势、结合公司的技术特点，对公司的主营业务进行了更为精确的定位。报告期间，主营业务不存在重大变化。而且，其与同行业可比公司的数字营销业务存在发展路径、业务结构、应用范围、行业认定等不同。同时，博拉网络详细解释了其"大数据服务"的概念，表示其数字营销、数字媒体投放业务是大数据应用的落地场景，其符合"大数据企业"属性的认定。

然而博拉网络的上述答复并不能够打消审核机构的疑虑，上交所《关于终止博拉网络股份有限公司首次公开发行股票并在科创板上市审核的决定》指出，发行人未充分披露大数据在其提供的大数据营销及运营、数字媒体投放、电商及其他三类服务中的应用过程及具体表征，未能清晰、准确地披露其为企业提供大数据服务全过程的相关内容，发行人定位为企业大数据服务提供商的依据披露不充分，发行人披露的业务模式未充分体现其大数据服务提供商的定位。发行人业务模式和业务实质披露不充分成了其被终止审核的原因之一。

》启示

科创板的注册制以信息披露为核心，目的在于通过真实、准确、完整、及时、公平的信息披露，将企业真实情况呈现于市场及公众面前，这一要求同样适用于发行人描述其主营业务和论述其主营业务是否契合科创板定位的过程中。发行人需要站在公众的视角，尽可能地用浅显直白、简单易懂、简明扼要的语言来描述其主营业务，在说明主营业务是否符合科创板定位时需要慎重客观、理由充分，尽量避免出现认定前后不一致的情形。

Q066 如何理解"应用于公司主营业务的发明专利"？

"应用于公司主营业务的发明专利5项以上"是科创属性评价指标之一。由该表述可知，科创属性评价中对于发明专利数量的要求，是以"应用于公司主营业务"的发明专利为前提的。"应用于公司主营业务"是指专利所保护的核心技术被运用于企业的主要产品或服务以获得收益，其需要综合企业发明专利与主营业务的对应情况、专利保护的核心技术在主营产品／服务中的贡献比例以及相应产品／服务收入在企业总营收中的占比等因素综合考量，而上述因素也均是上市审核机构关注的重点。

≫ 发明专利与公司主营业务不匹配

浙江光华科技股份有限公司（简称光华科技）主要从事聚酯树脂研发、生产及销售，直接客户为粉末涂料厂商。2020年5月26日，发行人提交的上市申请被受理，同年6月接受问询，三轮问询后发行人主动撤回了上市申请。

招股说明书中披露发行人拥有发明专利6项，其中5项发明专利已应用于公司主营业务。上市审核机构对此展开问询，要求发行人说明应用于公司主营业务的发明专利具体情况，属于何种领域，分析5项发明专利对应的产品及收入；并结合发行人披露核心技术，要求其说明发明专利与其核心技术之间的关系。

对此，发行人回复，其5项专利中3项应用领域为设备，分别为加料机构、破碎机、搅拌装置，在公司主营产品聚酯树脂生产流程中分别应用于破碎及废水处理环节，属于应用于公司主营业务的发明专利；剩余2项涉及产品配方及工艺，这2项专利进行产品生产或形成了新的产品牌号，实现了收入，也属于应用于公司主营业务的发明专利。发行人还指出，企业的核心技术体现在配方设计、工艺设计及生产控制上，不适宜采用专利形式保护，企业发展前期主要选择非专利技术形式保护核心技术，随着企业发展，未来发明专利与核心技术联系将日益紧密。

招股说明书显示，发行人的主营业务收入通过两大类聚酯树脂实现，然而其披露的已应用于公司主营业务的 5 项发明专利中，有 3 项专利为设备专利，且相应设备主要用于破碎、搅拌等辅助生产工艺。其中，1 项涉及产品的发明专利为发行人上市前继受取得，而使用该专利的产品收入占 2020 年 1~6 月营业收入比重仅为 0.01%。此外，基于发行人披露的发明专利与核心技术的对应关系，其承认了 3 项设备专利与核心技术不存在直接对应关系，而继受取得的 1 项产品发明专利也不属于核心技术，则仅 1 项发明专利与核心技术相对应。三轮问询后发行人主动撤回了上市申请。

》启示

"应用于公司主营业务"看似简单地对发明专利作了 9 个字的定语限定，实际需要从多个角度考量。从光华科技的问询过程来看，上市审核机构除了关注发明专利与主营业务的对应情况，还会关注发明专利与核心技术的对应情况，以及发明专利在主营业务中的运用情况、收入占比等。

因此，"应用于公司主营业务的发明专利"应当满足发明专利技术涉及的领域或发明专利技术产品应用的场景与企业主营业务相对应；企业需要明确发明专利与核心技术、产品的对应关系及贡献情况；企业可以从专利技术对应营收占主营业务收入比例的情况来论证专利技术对主营业务的重要性。如果专利技术产品营收占比较低，可能会被质疑其不是应用于公司主营业务的发明专利，也可能被质疑专利技术存在较高的迭代风险。

拟上市企业披露"应用于公司主营业务的发明专利"的最终目的，应当是展现企业的知识产权对其主营业务有保护，同时体现主营业务的先进性及可持续性。对此，企业需要围绕主营业务进行专利布局，如尽早对已有专利进行梳理，对现有技术进行专利挖掘和申请，重视布局产品生产或销售必需的基础专利。并且，在大部分领域，产品专利相对于方法专利更容易进行侵权判定分析及侵权证据收集，因此针对主营产品布局产品专利可以作为优选的方案。

Q067 发明专利仅 5 项，能否冲击科创板？

《科创属性评价指引（试行）》中明确，申报科创板上市条件 4 项常规指标包括"应用于公司主营业务的发明专利 5 项以上"。根据《第 57 号准则》相关要求，发行人应披露核心技术是否取得专利或其他技术保护措施、在主营业务及产品或服务中的应用和贡献情况。可见，对于拟上市科创板的企业来说，应用于公司主营业务的发明专利达到相应数量是判断企业是否具备科创属性的"硬指标"之一。当然，在满足发明专利数量要求的基础上，上市审核机构还会重点关注知识产权与主营业务的内在联系。而对于仅拥有 5 项发明专利的"压线"企业而言，能否冲击科创板成功，关键还得看其专利与主营业务的内在联系。

≫ 仅握 5 项发明专利，两轮问询成功过会

上海奥浦迈生物科技股份有限公司（简称奥浦迈）专门从事细胞培养产品与服务，公司细胞培养产品和服务具体分为培养基销售和 CDMO（主要为制药企业及生物技术公司提供临床新药工艺开发和制备以及已上市药物规模化生产服务的机构）服务两类，主要面向生物制品企业和科研院所，属于生物医药领域之生物制品和相关服务行业。2021 年 11 月 23 日奥浦迈采用第一套上市标准提交上市申请，两轮问询后成功过会，于 2022 年 7 月 5 日注册生效。

发行人在招股说明书的申报稿中披露，公司及其子公司共获得 69 项专利，其中 62 项为实用新型专利、2 项为外观专利，剩余 5 项为发明专利。可见，就数量要求而言，奥浦迈刚刚卡线。首轮问询中上市审核机构就此要求

发行人披露 5 项发明专利的具体来源、发明人情况以及发明专利与发行人主营业务的对应关系。在发行人以列表展示发明专利均系发行人原始申请取得且发明人均为在职员工，并与主营业务具有对应关系的情况下，二轮问询并未就此追问。然而在上会阶段发行人被要求进一步落实说明全部 5 项发明在报告期内用于主营业务的情况，注册阶段进一步要求其补充发明专利与所形成营业收入的具体对应关系。

发行人的回答可谓"可圈可点"。首先，其从专利的技术领域阐述专利与公司主营业务的对应关系。其次，结合所属行业特点提出其知识产权主要通过专利和技术秘密的方式进行保护，对于特定性具体的内容（如培养基产品的配方）本身属于技术秘密，一般不会申请专利。同时，发行人指出 5 项专利属于基础性专利，广泛应用于公司主营业务中，且报告期内相应专利对应的主营业务收入占比均超过 90%。此外，发行人补充说明了相应专利对应主营业务在 2019~2021 年的具体收入金额。最后，发行人再结合同行业可比公司的发明专利数量，进一步陈述同行业可比公司往往都通过技术秘密的方式进行知识产权保护，发行人发明专利数量与同行业可比公司相比不存在明显差异。

可见，虽然奥浦迈仅有 5 项专利，但相应专利技术与主营业务之间的关联性较好，且已经获得了极高的主营业务收入占比。同时，发行人结合行业特点进行了知识产权保护形式选择的解释，并类比同行业公司说明专利数量不多是所处行业的普遍特点。此外，发行人在补充说明中就发明具体形成过程、研发投入、研发团队构成以及相应人员背景等方面展示了该公司的研发实力。发行人在回复中很好地从多角度阐述其符合"应用于公司主营业务的发明专利在 5 项以上"的科创属性评价标准，同时也从侧面印证了其研发实力。

》启示

上市审核机构关注知识产权与企业主营业务的内在联系，本质上是通过考察企业知识产权与主营业务的结合情况来判断企业是否依靠核心知识产权保护的核心技术开展生产经营。而知识产权只有在与主营业务实现深度融合时，其作用和价值才能真正发挥，进而促进和保障主营业务的发展。

科创板虽然在营收、利润等财务指标方面设置相对宽松的上市条件，但在知识产权方面明显提出了更高的要求。知识产权问题是企业上市问询中被关注的重点。因此，企业有必要提早规划及部署知识产权工作，如尽早组建知识产权管理团队，构建知识产权管理机构，适当加大对知识产权工作的投入，并扎实积累与主营业务密切相关的各类知识产权。

科创企业创立初期往往将精力集中于技术研发，较少在研发初期就将知识产权管理工作融入其中。而围绕研发项目实施知识产权全流程管理，可以将研发项目与知识产权管理有机结合，将知识产权工作有效地纳入研发活动、流程中，从准备阶段、研发阶段、研发成果转化与市场阶段全流程介入，有效地实现知识产权工作与科研项目计划流程和技术流程的融合，这不但能够保障科研项目自主创新成果得到及时保护，还能为企业构建合理知识产权布局提供坚实基础。

Q068 发明专利超过 50 项，怎么还不够格？

科创属性评价指标"4+5"体系中规定"应用于公司主营业务的发明专利 5 项以上""形成核心技术和应用于主营业务的发明专利（含国防专利）合计 50 项以上"，可见，发明专利数量是企业上市科创板必须达到的"硬指标"。

但是，如果拟上市企业只关注数量要求，却忽略了"科研实力""权利有效""权利稳定"这些重要的关键词，那真是本末倒置了，可能陷入手握超过 50 项专利仍然阻力重重的困境。

》发明专利超过 50 项，最终未能过会

长沙兴嘉生物工程股份有限公司（简称兴嘉生物）以第一套上市标准申请上市，招股说明书披露公司拥有与主营业务收入相关的发明专利 53 项，符合"应用于公司主营业务的发明专利 5 项以上"，满足科创属性评价标准。然而，经历上市审核机构的两轮问询后，发行人最终未通过上市审核委员会审议会议，2020 年 11 月 26 日上交所决定对其终止审核。

上市审核机构的问询重点主要在于：专利是否均与核心技术和主营业务相关；哪些专利具备核心竞争力；专利有效期情况，到期专利对发行人生产经营的影响；受让取得的专利权属是否清晰，是否存在纠纷；质押专利是否涉及核心专利，质权实现给发行人生产经营的影响。

尽管发行人在答复中指出，其所有专利都对应有核心技术，在报告期内也有形成公司主营业务收入，且均为核心专利，满足"形成核心技术和应用于主营业务的发明专利（含国防专利）合计 50 项以上"的例外条款，坚称其具

备科创属性。但从结果来看，上述 50 余项发明专利并未能确保其顺利登陆科创板。

由申报资料可知，发行人的 53 项发明专利中，有 38 项为受让取得，2 项在申报期内过期，16 项质押给汇丰银行。在大部分专利来源于受让，自主研发获得专利数量不足 30% 的情况下，发行人的科创属性难免被关注。加上使用 16 项核心专利来质押融资，风险性不言而喻。

针对 2 项到期专利，发行人虽然提出还有多项可覆盖上述到期的专利或同类型的专利，可以确保发行人相关产品的正常生产经营不受上述专利到期的影响，但仅是一笔带过，并未明确可替代专利具体为何，也未对其实现可替代性进行详细分析。

从上市审核机构抛出的多个层层递进的问题可知，以应用于公司主营业务的发明专利为计数基准且数量达标并不足以证明企业具备科创属性评价指标。除了关注发明专利数量，上市审核机构还关注与公司主营业务相关的发明专利的质量。企业拥有的发明专利能否体现企业的科研实力，是否存在瑕疵等不利因素，权利是否稳定也值得注意。

》启示

1. 自主研发核心技术

企业拥有的知识产权应当能够体现企业技术水平的先进性，知识产权的来源在一定程度上反映了企业的科研实力，科创属性相应要求也倾向鼓励企业通过自主研发取得知识产权。企业核心技术对应的专利应当尽量通过自主原始取得，减少受让取得，以完美体现自身实力。

2. 避免质押核心专利

专利质押导致权利受限也是上市审核机构关注的重点。当企业因专利质押被问询时，可以从专利受限事项是否影响发行人日常生产经营中对相关专利的正常使用、揭示专利存在被处置风险并判断风险发生可能性，以及分析专利被处置对发行人生产经营及核心技术造成影响等角度来回复。

3. 构建专利组合

专利的权利稳定性对实施专利至关重要。专利到期是不可避免的客观事实。如果企业核心产品通过多个持续构建的专利组合来提供市场保障，则在核心专利过期后，其他替代专利能够及时补位，使企业在较长时间内保持较高的市场占有率。对于企业来说，更应具有前瞻性地在对核心技术专利保护的同时挖掘相关外围专利技术，从而形成严密的专利壁垒。另外，企业若在研发上开发更多的管线，拥有多项核心技术或产品，则可降低对某项专利的依赖程度，也能从源头上应对专利到期带来的风险。

Q069 同族专利如何计算专利数量?

《科创属性评价指引(试行)》中明确,申报科创板上市条件4项常规指标包括"应用于公司主营业务的发明专利5项以上"。对于同族专利是否可计入专利总数,目前并没有定论。建议专利数量达标的企业,可不将同族专利数量计算在内。如果专利拥有量较少,企业也可基于各国对专利技术方案的理解、相关标准不同,可能造成同族专利之间授权范围有所差异这一点,将同族专利数量计算在内,等待上市审核机构的进一步审核。

》》 境内专利偏少,同族专利帮忙

益方生物科技(上海)股份有限公司(简称益方生物)在答复首轮问询时陈述其共拥有9项境内发明专利,其中4项专利不属于应用于公司主营业务的发明专利,剩余5项中有2项分别为母案和分案;发行人还拥有16项境外发明专利,其中1项专利不属于应用于公司主营业务的发明专利,其余专利的形成或取得过程与境内对应专利相同。据此,在第二轮问询中,上市审核机构要求发行人进一步说明该项分案授权专利的形成原因,是否与母专利实质属于同一专利,以及说明境内外专利之间的映射关系,有无实质差异,是否仅为不同国别专利。

发行人针对上述问询答复要点如下:(1)相同的发明创造不能重复授予专利权,因此,从专利权不能重复授予的角度来讲,两项相关专利不属于同一专利,且两项专利的保护范围不同;(2)境外发明专利与境内发明专利不具有一一对应的映射关系,部分专利在专利授权的范围上具有实质差异。后续上交所未对该问题继续进行问询,发行人经历了三轮问询后,最终注册生效。

科创属性评价指标中的发明专利必须是应用于公司主营业务,而发行人披露的 9 项境内发明专利中有 4 项不属于应用于公司主营业务的发明专利，剩余的 5 项专利中有一件还是另一件的分案申请。如果分案申请与母案算同一项专利，那么益方生物境内应用于公司主营业务的专利就只有 4 项。如果境外专利和境内专利又具有一一对应的映射关系，那么发行人将无法满足科创属性常规指标。

发行人从专利法的角度说明同样的发明创造只能被授予一项专利权，分案和母案涉及的专利分别保护了不同的发明创造。新药研发行业非常重视知识产权，对新药知识产权的保护贯穿产品研究与开发的整个过程。新药研发企业通过专利的排他权来实现产品的盈利，因而需要进行全面的专利时间布局、地域布局以及技术布局。由于各个国家的专利审查标准并不完全相同，因此同族专利在不同国家授权的范围（通式化合物或具体化合物）可能会存在一定差异。发行人从境内外专利授权保护的化合物的具体差异情况来论证同族专利的授权权利要求保护范围不同，并非一一对应，一方面答复了常规指标中关于专利数量的疑问，另一方面从专利同族的价值角度更多地阐述了企业的研发实力以及未来的发展前景。

》启示

1. 同族专利计数细思量

企业在申请专利时，往往会同时布局境内和境外，有些企业还会在母案的基础上进行分案申请。对这些专利的数量进行计算时，企业自身不宜简单将所有的同族列为一项发明。一方面，专利权具有地域性，在不同地域中，专利权发挥的作用是不同的。另一方面，发明专利通过 PCT 途径申请，专利在进入不同国家时，受到各国专利制度、审查实际的影响，最后的保护范围可能会存在差异，分案申请的保护范围也往往与母案申请的保护范围不同。此外，在不同地域布局专利，一定程度上也彰显出知识产权保护对市场的支撑。

2. 透过数量关注质量

上市审核机构问询的本质并不在于专利数量，而是想了解企业在知识产权保护尤其是专利保护方面的情况。因此，发行人的答复不应简单停留在数量问题上，而应充分披露境内境外各地域专利与技术的对应关系、专利与主营业务的对应关系。围绕境外专利，可重点阐述境外市场相应情况，企业是否受到海外专利壁垒的影响等。

3. 积极布局外围专利

以医药领域为例，新药研发周期长、成本高、难度大，科创企业除了申请化合物专利，还可以申请化合物的晶型、制剂、制备方法、用途等专利，将核心专利和外围专利相结合，更有效地维护自身权益，限制竞争对手。

Q070 想要上市科创板，应何时申请专利？

由于绝大多数国家的专利制度采用的都是先申请制，因此专利申请把握先机十分重要。同时，专利又具有时效性，早申请也意味着权利保护期限届满日会较早到来。因此，专利申请的时机把握非常关键，并非越早越好，而是适度地"比别人早"。为了能在有限的保护期内获得最大的市场收益，企业应选择适宜的申请专利时机，合理设计以最大限度地延长技术的保护周期。但是，如果当前行业内有多家企业均致力于该项技术的开发，那么应当尽快将成果或阶段性成果申请专利，以免技术被其他企业攻破后先申请或公开发表论文，导致企业丧失拥有该项技术的专利权。反之，如果企业正在研究的技术并非当前热门，鲜有其他企业涉猎，那么对于申请专利可以缓缓图之。

对于想要登陆科创板的企业来说，专利申请需要及早准备，临时抱佛脚必然会受到上市审核机构的质疑。发明专利从申请到公开、从进入实质审查到结案所需时间较长，即便采用提前公开、加快审查的方式，也需要一年左右。因此，建议拟上市企业在上市前 1 ~ 3 年，甚至 3 ~ 5 年即进行相应的专利申请布局。企业在研发过程中，也应当对形成专利技术的过程进行适当记录，以作为上市审核机构质疑拼凑专利时的证据提交。

》专利集中申请受关注

上海芯龙半导体技术股份有限公司（简称芯龙技术）是一家从事电源管理类模拟集成电路研发、设计和销售的公司。芯龙技术采用第一套上市标准，经历了两轮问询后，于 2022 年 1 月 27 日通过上市审核委员会审议会议，

3月4日提交注册，但于3月21日主动要求撤回注册申请文件，于2022年3月30日终止注册。

根据招股说明书，发行人的25项发明专利中有23项系在2020年下半年以后取得，另2项系在报告期前取得。

上市审核机构在第一轮问询中让发行人陈述"专利绝大部分在2020年下半年以后取得的原因；2020年前后，发行人核心技术是否存在重大差异，未大量申请专利前发行人的核心技术如何体现等"。

对此，发行人答复称，企业核心技术涉及"高集成、高电压大功率、高可靠性和低功耗"等多项关键参数指标和电路功能模块、元器件及其连接关系，由于相关技术较为复杂，影响了发明专利的申请时间，导致企业从2020年下半年起陆续获得发明专利授权。但其表示，2020年前后，核心技术不存在较大差异。未大量申请专利前其核心技术主要体现于产品性能指标以及集成电路布图设计登记证书等非专利技术。

第二轮问询中，上市审核机构继续问询"发明专利快速取得授权的原因及是否符合同行业惯例，上述未申请专利已量产多年并应用于主营业务收入的依据"。发行人答复：其发明专利来自多年积累的既有核心技术，专利申请前企业核心技术通过布图设计登记证书加以保护；发行人专利申请前期工作准备充分，有利于专利审查时间的缩短。此外，发行人还列举了同行业专利申请详细情况，用以说明其符合行业惯例。最后，发行人强调，企业自主研发并申请取得的发明专利全部来自与主营产品及其电路模块相关的核心技术，因此，其发明专利申请前的相关产品已量产多年并形成主营业务收入。

▶▶ 启示

造成企业集中申请专利的原因主要有三种：一是企业前期主要关注研发，忽视了专利申请和布局，后期才意识到专利的重要性，试图弥补；二是企业前期将核心技术采用其他知识产权形式保护，为了满足科创板对于发明专利数量的要求，在上市前进行了突击申请；三是企业在特定时期打破了技术瓶颈，导致了集中申请专利的情形。正是由于第一种和第二种原因的存在，企业上市前集中申请专利的行为容易引起审核机构的关注。

此外，科创属性评价指标除了对发明专利数量有要求外，还要求是"应用于公司主营业务"的发明专利，因此即便突击申请获得授权也较难在短时间内与主营业务产生对应关系。"集中申请"容易引发知识产权保护是否缺乏合理规划的疑问，企业需要基于真实、合理的理由对相关问询进行答复。

Q071 国内企业上市科创板需要在国外布局专利吗？

≫ 企业专利区域布局策略的三个角度

是否申请国外专利属于企业专利的区域布局策略，可以从以下三个角度综合考量。

1. 国外市场涉猎情况

企业产品已经进驻国外市场，或者未来将进驻国外市场，那么需要在国外布局专利，对自身产品加以知识产权保护，为维护、巩固、提升产品在国外市场的地位及竞争优势助力。如若不是上述情况，则可根据申请及维护专利的成本，出于避免资源浪费的考虑，而不进行申请。

2. 竞争对手抗衡需要

如果竞争对手产品涉及国外市场，那么企业可考虑布局国外专利。一方面，可积累自身实力，进一步维护自身产品的竞争性；另一方面，作为专利筹码，以此牵制对手，未来通过专利诉讼等制衡竞争对手。

3. 无形资产提升储备

对于技术先进、发展迅速的科创企业，也可以考虑布局国外专利，用以增强自身的知识产权储备，便于后续专利许可、商业谈判、融资上市等需要。

≫ 参与国际竞争，尚无境外专利

烟台睿创微纳技术股份有限公司（简称睿创微纳）是一家从事非制冷红

外热成像与微机电系统（Micro-Electro-Mechanical System，MEMS）传感技术开发的集成电路芯片企业。睿创微纳提交的上市申请于 2019 年 3 月 22 日被受理，经过三轮问询后于当年 6 月 11 日通过上市审核委员会审议会议，6 月 13 日提交注册，次日注册生效。

发行人及其子公司持有专利共 96 项，其中发明专利 49 项、实用新型专利 25 项、外观设计专利 22 项。招股说明书中显示，其出口产品主要销往德国和荷兰，在境外 45 个国家和地区均有销售。2018 年，境外收入占公司收入比重为 21.38%，毛利占比为 12.10%。2018 年的主要销售集中在德国、荷兰和捷克，三者占比合计 74.01%，在其他国家的销售规模目前较小。

虽然发行人在境外有较大的市场，但其并无境外专利。在上市审核机构的问询中，针对在境外市场的竞争优势等问题，发行人只能从技术层面加以分析。经上市审核机构综合考量，发行人经历三轮问询后成功上市，但对于有境外市场的企业，依然需要关注境外知识产权布局，以防范可能发生的侵权纠纷、专利诉讼。

》启示

通过知识产权保护构建壁垒是企业获取市场席位的有效方法之一，科创企业需对创新理念、创新设计和创新产品积极采取知识产权保护。而知识产权合理布局是实现自由实施技术和占据市场控制力的有效手段。对于科创企业而言，知识产权布局主要是指专利布局。企业通过合理专利布局，能够最大限度地保护自身核心技术并排斥竞争对手。

结合知识产权的地域属性，企业可以根据地域政策、海外竞争、市场需求等情况，在不同国家申请相应的知识产权保护；也可以根据行业状况、区域视角和企业自身情况等选择不同的布局策略，在"量"上积累，扩大保护网络，从"质"上提升，构建严密的保护层级。

Q072 专利申请缺乏连续性也会被关注吗?

专利储备不足的企业在冲击科创板前突击申请或购买发明专利，会遭到上市审核机构的质疑。如果企业的专利拥有量高于科创属性评价指标要求，但多为早期取得，存在断档情况，同样也会引起上市审核机构的关注。专利申请及授权情况是否连续且稳定，能在一定程度上反映企业能否保持核心技术先进性、是否具备持续创新能力，反映企业的"科"含量，应予以重视。

》专利申请缺乏连续性

昆腾微电子股份有限公司（简称昆腾微）致力于模拟集成电路的研发、设计和销售，主要产品包括音频 SoC 芯片和信号链芯片，主要应用领域包括消费电子、4G/5G 基站、光通信及工业控制等。其于 2020 年 8 月 11 日提交招股说明书被受理，经一轮问询后于当年 12 月 24 日提交撤回申请，次日终止。

发行人在招股说明书中采用列表形式披露了专利情况，截至 2020 年 3 月 31 日，其拥有发明专利 41 项，其中 30 项发明专利的授权时间在 2017 年以前，报告期内获授发明专利时间集中在 2017 年，2019 年无新增获授发明专利。就此，上市审核机构要求其结合应用于核心技术发明专利的获授时间、发明专利申请时间较早且报告期内获授发明专利较少等情况，说明相关专利是否仍具有先进性、认定核心技术先进性的依据是否充分、是否具备持续创新能力。

对此，发行人表示，模拟芯片行业的产品通常具备长久生命力，虽然相关发明专利申请时间较早，但相对应的产品仍具有较强的竞争力。企业从

2017 年持续增加研发投入，随之产生的新产品相关专利技术自 2019 年开始批量申请，2019 年至今，正在审查的发明专利有 13 项，具备持续创新能力。

由招股说明书披露内容可知，发行人拥有的专利数量高于科创属性评价指标中 5 项的要求，也不存在突击申请的"拼凑"缺陷，但其大部分专利早期取得，在报告期内明显断档。事实上，发行人在 2016~2018 年并未申请专利，这才导致其 2019 年后无新增获授发明专利。即便其在答复中展示了 2019~2020 年陆续提交有 13 项发明专利申请，上市审核机构还是要求其结合专利申请情况说明其是否具有持续创新能力，显然是将专利持续申请作为保持创新能力的重要参考。

›› 启示

专利申请及获授是企业技术积累的体现，连续申请及获授能够在一定程度上反映出企业自主研发能力的持续性，展现出企业知识产权保护体系的良好运行。企业应关注专利申请的连续性，避免产生明显断档，留下"坐吃山空""后继无力"的不良印象。

企业在技术创新的过程中，需注意对技术产生和演化过程材料的及时记录及保存，以便在面对上市审核机构相关问询时能够有理有据、妥善回应。在构建知识产权保护体系时，可以寻求专业知识产权团队的协助，帮助企业建立规范的知识产权管理体系，完善及优化专利布局。

Q073 发明专利加速审查途径有哪些?

▶▶ 国内发明专利加速审查

以国内发明专利为例,企业申请发明专利需要按照规定向国家知识产权局提交申请材料并缴纳申请费,国家知识产权局受理后进行初步审查、公布,再应申请人请求进行实质审查,审查通过后予以登记和公告。根据2023年全国知识产权局局长会议上的工作报告,我国发明专利平均审查周期已由2012年的22.6个月压减至目前的16.5个月,高价值发明专利审查周期压减至13个月。但基于技术壁垒构建及行业竞争需要,企业对于进一步缩减审查周期的期望依旧迫切,而发明专利加速审查正满足了上述企业的诉求。

对于国内发明专利申请,目前企业主要可以通过专利预先审查和专利优先审查两种途径来实现加速审查。

1. 专利预先审查

专利预先审查是指企业在正式向国家知识产权局申请专利前,先提交至地方知识产权保护中心进行预审,然后由国家知识产权局将通过保护中心预审的专利申请置入快速审查通道(见图73-1)。

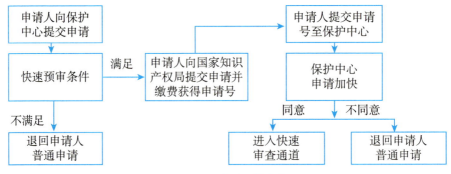

图 73-1 专利预先审查

专利预先审查要求企业注册地当地有知识产权保护中心，而各个保护中心对专利申请的技术领域要求不同，企业需提前了解。预先审查进入快速通道后，授权周期将会大幅缩减。

2. 专利优先审查

专利优先审查是指国家知识产权局根据申请人请求或依职权对符合条件的专利申请，依据《专利优先审查管理办法》提供快速审查通道（见图73-2）。申请人要求优先审查的，应当在进入实质审查阶段提出，优先审查合规后，发明专利申请通常在12个月内结案。

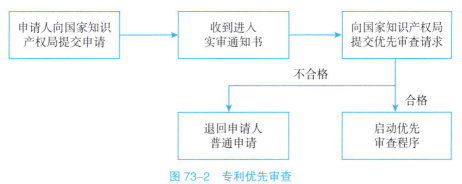

图 73-2 专利优先审查

以下六个方面的专利申请可以请求优先审查：

（1）涉及节能环保、新一代信息技术、生物、高端装备制造、新能源、新材料、新能源汽车、智能制造等国家重点发展产业。

（2）涉及各省级和设区的市级人民政府重点鼓励的产业。

（3）涉及互联网、大数据、云计算等领域且技术或者产品更新速度快。

（4）专利申请人或者复审请求人已经做好实施准备或者已经开始实施，或者有证据证明他人正在实施其发明创造。

（5）就相同主题首次在中国提出专利申请又向其他国家或者地区提出申请的该中国首次申请。

（6）其他对国家利益或者公共利益具有重大意义需要优先审查。

›› 海外发明专利加速审查

对于海外发明专利申请，除各个国家或地区的加快审查通道外，企业可考虑通过专利审查高速路（Patent Prosecution Highway，PPH）来加速审查。

PPH 是各国专利审查机构之间开展的审查结果共享的业务合作，旨在帮助申请人的海外申请早日获得授权。PPH 具体是指当申请人在首次受理局（Office of First Filing，OFF）提交的专利申请所包含的至少一项或多项权利要求被确定为可授权时，便可以此为基础向后续受理局（Office of Second Filing，OSF）提出加快审查请求（见图 73-3）。

图 73-3　专利审查高速路（PPH）

一般而言，PPH 可以分为两种，分别是常规 PPH 和 PCT-PPH。常规 PPH 是指申请人使用某一国家或地区知识产权局的国家或地区工作结果而作出的加快审查请求。PCT-PPH 是指申请人利用来自某一国家或地区知识产权局的 PCT 国际阶段工作结果而作出的加快审查请求。

知多少 全国知识产权保护中心及领域一览表

表 Q-1 全国 62 家知识产权保护中心及领域一览（截至 2022 年年底）

所在地	机构名称	领域
北京	中国（北京）知识产权保护中心	新一代信息技术、高端装备制造
	中国（中关村）知识产权保护中心	新材料、生物医药
天津	中国（天津）知识产权保护中心	新一代信息技术、新材料
	中国（滨海新区）知识产权保护中心	高端装备制造、生物医药
河北	中国（河北）知识产权保护中心	节能环保、高端装备制造
山西	中国（山西）知识产权保护中心	新能源、现代装备制造
内蒙古	中国（内蒙古）知识产权保护中心	生物、新材料
辽宁	中国（辽宁）知识产权保护中心	新一代信息技术、新材料
	中国（沈阳）知识产权保护中心	高端装备制造
	中国（大连）知识产权保护中心	新能源、高端装备制造
吉林	中国（吉林）知识产权保护中心	高端装备制造、生物医药
	中国（长春）知识产权保护中心	新一代信息技术、现代化农业
黑龙江	中国（黑龙江）知识产权保护中心	装备制造、生物
上海	中国（上海）知识产权保护中心	新材料、节能环保
	中国（浦东）知识产权保护中心	高端装备制造、生物医药、新一代信息技术
江苏	中国（江苏）知识产权保护中心	高端装备、新型功能和结构材料
	中国（南京）知识产权保护中心	新一代信息技术、生物制药
	中国（苏州）知识产权保护中心	新材料、生物制品制造、数字智能制造、电子信息

续表

所在地	机构名称	领域
江苏	中国（徐州）知识产权保护中心	智能制造装备
	中国（常州）知识产权保护中心	机器人及智能硬件、新能源
	中国（无锡）知识产权保护中心	物联网、智能制造
	中国（南通）知识产权保护中心	智能制造装备、现代纺织
	中国（泰州）知识产权保护中心	先进装备制造、医药
浙江	中国（浙江）知识产权保护中心	新一代信息技术、新能源
	中国（杭州）知识产权保护中心	高端装备制造
	中国（宁波）知识产权保护中心	汽车及零部件制造
安徽	中国（安徽）知识产权保护中心	新材料、节能环保
	中国（合肥）知识产权保护中心	新一代信息技术、高端装备制造
福建	中国（福建）知识产权保护中心	机械装备、电子信息
	中国（泉州）知识产权保护中心	智能制造、半导体
	中国（宁德）知识产权保护中心	新能源
江西	中国（南昌）知识产权保护中心	生物医药、电子信息、汽车制造
	中国（赣州）知识产权保护中心	新型功能材料、装备制造
山东	中国（山东）知识产权保护中心	新一代信息技术、海洋
	中国（济南）知识产权保护中心	高端装备制造、生物医药
	中国（烟台）知识产权保护中心	现代食品、机械装备制造、化工
	中国（潍坊）知识产权保护中心	光电、机械装备、化工、生物医药
	中国（淄博）知识产权保护中心	新材料
	中国（德州）知识产权保护中心	新材料、生物医药
	中国（东营）知识产权保护中心	石油开采及加工、橡胶轮胎
河南	中国（洛阳）知识产权保护中心	先进装备制造、新材料
	中国（新乡）知识产权保护中心	起重设备、电池

续表

所在地	机构名称	领域
湖北	中国（湖北）知识产权保护中心	生物、新材料
	中国（武汉）知识产权保护中心	光电子信息、高端装备制造
湖南	中国（湖南）知识产权保护中心	先进制造、新材料
	中国（长沙）知识产权保护中心	智能制造装备、新一代信息技术
	中国（湘潭）知识产权保护中心	智能制造、生物医药
广东	中国（广东）知识产权保护中心	新一代信息技术、生物
	中国（广州）知识产权保护中心	高端装备制造、新材料
	中国（深圳）知识产权保护中心	新能源、互联网、高端智能制造、珠宝加工
	中国（佛山）知识产权保护中心	智能制造装备、建材
	中国（珠海）知识产权保护中心	高端装备制造、家电电气
	中国（汕头）知识产权保护中心	化工、机械装备制造
海南	中国（三亚）知识产权保护中心	海洋、现代化农业
四川	中国（四川）知识产权保护中心	新一代信息技术、装备制造
	中国（成都）知识产权保护中心	生物、新材料
贵州	中国（贵阳）知识产权保护中心	新一代信息技术、高端装备制造
云南	中国（昆明）知识产权保护中心	生物制品制造、智能制造装备
陕西	中国（陕西）知识产权保护中心	新一代信息技术、新能源
	中国（西安）知识产权保护中心	高端装备制造
甘肃	中国（甘肃）知识产权保护中心	先进制造、节能环保
新疆	中国（克拉玛依）知识产权保护中心	石油开采加工、新材料

资料来源：综合国家知识产权局网站、国家知识产权公共服务网公开信息整理。

Q074 专利数量与专利质量，孰轻孰重?

发明专利数量成了大多数发行人登陆科创板的"必考题"，但是这并不意味着发明专利的数量可以"凌驾"于质量之上。2021 年，中国证监会在通报《科创属性评价指引（试行）》修正情况时指出，要定性和定量综合研判，严防研发投入注水、突击购买专利。[①] 高质量的专利能为企业的研发创新保驾护航，也能为生产经营提供有力支撑。对于想要上市科创板的企业来说，专利数量和专利质量均需关注。

》 透过表象探实质

成都秦川物联网科技股份有限公司（简称秦川物联）主要从事智能燃气表及综合管理软件的研发、制造、销售和服务，主要产品为 IC 卡智能燃气表、物联网智能燃气表及综合管理软件。2019 年 6 月 5 日秦川物联提交科创板上市申请被受理，当年 7 月 4 日进入问询阶段。

发行人在招股说明书申报稿中披露，其拥有 115 项国家发明专利、88 项国家实用新型专利以及 1 项外观设计专利，并未主动披露其还存在批量非正常专利撤回的情形。上市审核机构通过官方网站查询获知相关信息后，在首轮问询中直指该问题，要求发行人就上述专利申请的具体情况加以说明，具体包括是否授权、是否存在专利无效风险，并要求说明其是否存在其他类似简单替换、非正常专利申请的情况。

发行人在答复时仅陈述 80 余件涉及不同部件简单替换的专利申请全部撤销，均未授权，但未就上述专利申请撤销的影响进行具体说明。二轮问询

---

① 参见 https://www.sohu.com/na/461416329_120389444，2023 年 4 月 20 日访问。

中，上市审核机构要求其列示上述专利及具体类型，说明与发行人现有专利的对应情况，是否存在重合或类同，是否涉及核心产品中的具体应用，是否对发行人生产经营产生重大不利影响等，还要求发行人就专利有效性、重要性、撤回申请及对发行人生产经营具体影响等进行风险揭示。

发行人回复称被撤销专利不涉及现有核心产品具体应用，而是作为技术储备，同时披露了截至 2019 年 8 月底，其还存在其他 116 项专利被撤回的情形。就此，第三轮问询中上市审核机构要求其进一步说明 116 项专利撤回的具体原因，涉及的具体业务类型以及撤回专利是否公开，并量化分析公开对发行人目前业务及未来业务布局的影响。

发行人答复时承认了其撤回专利使研发成果不能得到保护，成为公用技术，将会削弱其未来的技术与产品布局及技术优势等竞争力，对未来生产经营带来一定不利影响。第四轮问询时上市审核机构再次提出，发行人发明专利授权率为 53.48%，低于《世界五大知识产权局年度统计报告（2012—2018）》公布的平均授权率 58.55%，要求其说明储备技术的专利申请是否存在随意性。

对此，发行人从政策支持方面阐述了非主营业务领域布局专利申请的合理理由，同时也承认了其相关专利申请存在一定的随意性，且知识产权管理制度存在不健全及执行不到位的情形，并对专利管理风险进行了揭示。

秦川物联首次上会未能通过，暂缓审议后再次经多轮问询，二次上会得以成功过会，2020 年 5 月 28 日注册生效。虽然秦川物联最终登陆科创板，但其批量申请撤回、被视为非正常申请的事项被多轮问询，均体现了上市审核机构对其专利质量的关注。

》启示

科创板上市审核机构对于企业知识产权的要求持续提高，审核过程中不仅关注知识产权数量是否达标，更加关注知识产权的质量是否过硬，诸如申请的合规性、知识产权布局的合理性、与主营业务的匹配性以及知识产权稳定性等。企业披露其知识产权拥有数量的同时，还需阐述其知识产权的质量。

知识产权数量稳步增加且质量效益提升，才能体现企业构建的知识产权资产的优势，体现研发水平和创新能力，进而帮助企业有效抵御风险，为其独立、持续经营提供支撑。

Q075 核心专利到期怎么办?

专利保护能为企业核心技术构建壁垒,保障企业主营业务可持续运行。但为了避免技术的长期独占而阻碍科学技术发展,所有专利权均设置有效期。专利权作为一种排他性的权利,专利到期便导致排他权的丧失。

对于企业而言,专利到期是不可避免的客观事实,核心专利到期对企业所带来的影响可能是巨大的。特别是医药行业,原研药的专利权到期后,仿制药大量涌入市场会导致原研药企业利润呈断崖式下降。因此,上市审核机构关注企业核心专利到期事项的实质在于,让企业对到期后其核心技术和创新能力是否可持续领先、主营业务是否可持续发展进行自我剖析。明确了上述关系后,面对相关问询,企业就可围绕核心技术保护周期延长措施或备案可替代技术等方面进行答复。

》 核心专利即将到期也能登陆科创板

前沿生物药业(南京)股份有限公司(简称前沿生物)成立于 2013 年,是一家创新型生物医药企业,拥有一个已上市且在全球主要市场获得专利的原创抗艾滋病新药——艾可宁(通用名为"艾博韦泰"),以及两个处于临床阶段且具有明确临床疗效的在研新药。前沿生物采用第五套上市标准冲击科创板,于 2019 年 8 月 13 日申请科创板上市获受理,三轮问询后于 2020 年 6 月 5 日暂缓审议,一个多月后恢复并通过上市审核委员会审议会议,当年 9 月注册生效。

发行人的核心专利即将到期是上市审核机构关注的一个主要问题。药品核心专利一旦到期,原研厂家销售收入和利润将呈断崖式下跌,这被称为专利悬崖现象。发行人的收入来源于企业原创新药艾可宁的销售,而艾可宁化合物结构的中国专利以及 8 个国家的境外专利将于 2023 年 9 月 23 日到期。另外，艾可宁的药品监测期将于 2023 年 5 月 22 日到期。在此情况下，不排除艾可宁专利或药品监测期到期后市场上会出现艾可宁的仿制药。仿制药的上市将加剧市场竞争，或导致其调低现有产品的价格。上述因素可能对企业产品销量及销售价格产生不利影响，进而影响或破坏其竞争优势，进一步影响企业可持续经营，这是上市审核机构关心"核心专利到期"的主要原因。

问询过程中，上市审核机构要求发行人说明专利到期后可能面临的产品竞争风险以及对生产经营的影响。对此，发行人表示艾可宁已经树立了良好的市场口碑，且企业正在积极布局国际专利，进一步扩大艾可宁的保护范围，并积极开展联合疗法临床试验，尝试产品升级，同时在推进艾可宁纳入医保的进程。

然而上市审核机构对此并不满意，首次上会时作出暂缓审议的决定，认为发行人并没有清楚阐述国际专利与要到期的现有艾可宁专利之间的关系，要求其具体明确两者关系及国际专利的申请进展，并对现有艾可宁专利将于 2023 年到期的情况下，发行人现有产品在 2024~2027 年实现预期销售收入表示怀疑。

对此，发行人详细表述了其专利续展计划，指出在药物化合物专利到期前，进一步通过 PCT 途径申请药物的组合物及其制备工艺的国际专利，以及扩大药物适应症相关专利，这是医药企业扩大专利保护范围、延长专利保护期限普遍采用的措施。发行人还列举了吉利德科学公司在 2009 年获得先导化合物专利后，进一步通过 PCT 国际专利申请布局了化合物专利、药物组合物专利、化合物与杂质组合物专利等。发行人即将到期的专利为艾可宁的化合物结构专利，旨在保护艾博韦泰单一化合物的分子结构，国际专利旨在保护艾博韦泰与磷酸盐形成的稳定组合物，该专利保护措施能够有效防止具有研发及制药实力的医药企业注册报批艾博韦泰。同时，发行人详细阐述了国际专利申请的进展情况，包括已提交 PCT 国际专利申请和中国专利申请，将提交海外国家专利申请。并且，发行人正与国内临床专家一起开展"艾可宁用于暴露后预防及与其他药物相互作用的临床试验"，试图通过扩大药物适应症相关专利，进一步扩大专利保护范围。此外，发行人从艾可宁制备工艺复杂、研发时间长且费用投入高等角度陈述艾博韦泰化合物专利到期后，短时间内目标市场较难出现艾可宁的仿制药，并进一步补充了相关风险提示。最终前沿生物的答复被认可，第二次上会成功通过，于 2020 年 9 月 15 日注册生效。

发行人相应专利能被维持到到期之日也从侧面证明该专利的重要性。从披露的续展专利时间来看，其采用常规的医药专利保护策略，在药物关键专利到期前四五年开始布局后续专利，如果成功的话，艾可宁的专利保护时间或可延长到 2039 年。

›› 启示

如果企业核心产品通过多个持续构建的专利组合来提供市场保障，则在核心专利过期后，其他替代专利能够取代其位置，即在一定程度上可以缓和断崖式销售额下滑，延长产品的保护周期，使企业在较长时间内保持高额的销售利润。另外，企业若在研发上开发更多的管线，拥有多项核心技术，则可降低对某一项技术相关专利的依赖程度，也能从源头应对专利到期带来的风险。

Q076 继受取得专利是有效助攻还是拖后腿？

科创属性评价指标"4+5"体系明确了关于发明专利数量的硬性规定，但并未限定专利的取得方式。企业申请专利，尤其是发明专利，通常需要一定的时间，因此对于科创板拟上市企业来说，通过继受取得的方式获得专利也是一种常见的选择。

2021年4月第一次对《科创属性评价指引（试行）》修正时，中国证监会表示，该次完善科创属性评价指标体系的主要思路包括：突出科创板"硬科技"的定性和定量综合研判，严防突击购买专利等情形。在突击购买专利被明令禁止的情况下，继受专利能否成为企业上市有效助攻，需结合企业继受专利合理性、继受行为是否影响企业自身研发能力等情况进行综合考量。

》 继受专利被追问

广东中图半导体科技股份有限公司（简称中图科技）是一家面向蓝宝石上氮化镓（GaN on Sapphire）半导体技术的衬底材料供应商，主要产品包括2至6英寸图形化蓝宝石衬底（PSS）、图形化复合材料衬底（MMS），主要应用于照明、显示、背光源、Mini/Micro LED、深紫色LED等领域。中图科技于2021年3月25日提交招股说明书申报稿，后经三轮问询后于当年12月30日主动撤回了申请。

首轮问询中上市审核机构就发行人招股说明书中披露的"公司已获授权的11项发明专利中，原始取得4项，继受取得7项"展开问询，要求说明继受发明专利的继受来源、继受取得程序的合法合规性，是否存在纠纷或潜在纠纷；要求说明发行人核心技术是否主要依赖继受取得的相关发明专利。

发行人答复继受取得的发明专利均来源于东莞市中镓半导体科技有限公司（简称中镓科技），列表展示了相应专利的名称、专利号、授权公告日、转让协议签署日、应用产品，详述了继受取得相应专利的程序，表明不存在纠纷及潜在纠纷。同时指出，继受专利中 4 项与主营产品相关，是主营产品的有益补充，但未构成发行人核心技术，另外 3 项尚未进行产业化生产，未应用于主营产品，与企业核心技术无关，且企业核心技术对应的专利均为自有专利。

后续问询过程中，上市审核机构就继受取得的相关发明专利对应技术与发行人核心技术的区别，未构成发行人核心技术、发行人未依赖继受专利实施核心技术的依据，与发行人生产经营的关系以及发行人原始取得的发明专利对应技术，与发行人核心技术及生产经营的关系展开追问。

对此，发行人对继受专利对应技术与发行人核心技术从技术内容、技术侧重点、技术适用性三个方面阐述两者区别，认为继受专利对应技术主要着眼于具体产品制备的技术，而自研核心技术主要着眼于产业化过程中各工艺环节技术指标优化的控制技术，并不局限于单一具体产品的制备。继受取得的相关发明专利对应技术与其生产经营具有一定的相关性，部分技术应用于主营产品，是对主营产品类型的丰富和补充，但继受专利对应技术未构成核心技术，发行人也未依赖继受专利实施核心技术。

三轮问询后，发行人撤回上市申请，结合招股说明书和历次问询答复可以看到，发行人所拥有的 11 项发明专利中 7 项为继受取得，占比达 60%以上；基于其披露的继受专利详情可知，7 项专利中 6 项专利转让协议签署日为 2020 年 12 月 20 日，该签署日距离中图科技科创板上市申报受理日 2021 年 3 月 25 日不足半年。另外，基于招股说明书，发行人主营产品为 PSS 和 MMS 两种，其中 MMS 在 2018 至 2020 年 9 月间的收入占比逐年增加。而原始取得的专利仅 1 项用于主营产品 MSS，继受取得专利却有 3 项用于 MSS。

虽然，在回应上市审核机构的答复中，发行人多次强调继受专利对应技术主要着眼于具体产品的制备，未构成发行人的核心技术，但其确实存在多项继受专利应用于主营产品的事实。

>> 继受专利有效助攻

江苏迈信林航空科技股份有限公司（简称迈信林）专注于航空航天零部件的工艺研发和加工制造，主要产品及服务涉及航空航天、兵器、船舶、电子、汽车等领域。迈信林于 2020 年 6 月 30 提交申请后，经两轮问询，于 2020 年 12 月 11 日通过上市审核委员会审议会议，2021 年 3 月 23 日成功注册。

发行人的招股说明书披露，其已经取得 24 项发明专利，其中 12 项分别从南京航空航天大学、上海加宁新技术研究所继受取得。上市审核机构对此展开问询，要求其补充披露继受取得发明专利的价格、受让原因，该等专利与发行人产品的内在联系等；披露受让专利权属是否存在瑕疵、纠纷和潜在纠纷；要求其结合受让专利和发行人核心技术情况，说明发行人独立研发能力等；后续进一步要求其说明相应专利不直接对应企业产品，而是对产品进行拓展性保护的原因和合理性。

发行人从专利名称、原权利人、转让价格、原因及内在联系等方面列表展示了继受专利情况，指出上述转让不存在瑕疵、纠纷及潜在纠纷。且发行人在引进、吸收上述技术后，在后续生产、研发过程中对其进行持续改进和创新，并从研发体系、激励机制等配套，创新机制完善及研发投入持续等方面陈述其具有独立研发能力，具备持续创新能力。

在第二轮问询时，发行人补充受让于上海加宁新技术研究所的 4 项专利是由于技术人员在对企业加工产品涉及的不锈钢材料进行检索分析时发现，相关材料及其加工、制造方法与 4 项专利内容可能存在一定相似性，为保护企业产品，避免发生知识产权纠纷，因此购买了上述 4 项专利，购买目的在于加强对知识产权保护，并未直接使用相应专利制造相关材料。

单从继受发明占比来看，发行人的继受专利也占其发明专利拥有量的50%，这是否说明其自身研发能力不足呢？从发行人成功上市来看，上市审核机构应当是认可了其科创属性达标。从答复内容来看，其受让的 12 项专利分为两类：一类是用于主要产品的专利（涉及核心技术），引入目的是进一步提升自身技术水平、生产效率及产品合格率；另一类是不直接对应公司产品（不涉及核心技术），引入目的是在技术协同上进行整体性布局，加强对公司产品的拓展性保护。

可见，发行人并未回避其部分继受专利涉及公司核心技术，而是从技术层面和改进开发目标来阐述购买专利的合理性，并结合企业自身研发创新机制、研发人员及资金投入等方面论述其拥有独立的科创能力，进而有效消除了上市审核委员会对于其购买核心技术专利的合理性和其是否拥有独立的科创能力的质疑。而对于购买的非核心技术，发行人在解释合理性的同时也从侧面展示了其具有敏锐、超前的专利布局能力。

›› 启示

1. 突击购买不可取

突击购买专利仅能让企业表面满足科创属性评价指标，这必然会引起审核机构对于企业是否拥有自主知识产权的核心技术、是否具备持续创新能力的关注。企业想要通过临时购买专利来满足科创属性这条路显然是行不通的。

2. 有效助力三连问

继受专利有利于企业更好地经营发展吗？继受专利程序合法合规且无纠纷及潜在纠纷吗？继受专利行为不会影响自身研发能力体现吗？如果上述三连问的答案均为肯定，那企业继受的专利大概率会成为企业登陆科创板的有效助力。

3. 继受专利要合理

企业在剖析自身继受专利合理性时，应当厘清继受专利与自身核心技术的关系。当继受专利涉及核心技术时，企业可从继受专利来源、继受专利技术先进性等角度进行分析。如继受专利产生于合作研发中，则企业通过购买或转让进而完全拥有相应专利也十分合理。当继受专利技术水平较高时，企业从提升自身竞争力、构建技术壁垒等角度也具有继受合理性。若继受专利技术相对企业自身核心技术先进性并不显著，则企业从加强企业专利布局、扩展市场等处落脚也有合理的继受理由。当继受专利不涉及核心技术时，企业可从为核心技术提供辅助、技术储备或知识产权布局等角度阐述合理性。此外，企业也可从继受专利占比、对继受专利改进再开发等方面展示自身研发及创新能力。

Q077 "赛道暂停" 对主营业务可持续性有什么影响?

发行人所处行业出现周期性衰退、产能过剩、市场容量骤减、增长停滞等情况是影响发行人持续经营能力的重要情形之一,因此上市审核机构会对上述不利情形予以关注。

某些企业提供的产品或服务相对有限,在"狭窄赛道"中生产经营,因此可能会因市场骤缩引发的"赛道暂停"使其主营业务无法持续。而某些企业涉及多元化产品或服务,布局多条产线,生产经营处于"宽阔赛道",所以即便"赛道暂停",企业也可通过改换路线实现弯道超车。

›› 主营业务可持续性存疑

2022 年 6 月 23 日,翌圣生物科技(上海)股份有限公司(简称翌圣生物)以第一套标准提交上市申请获受理,2022 年 7 月 15 日进入问询阶段。

招股说明书显示,翌圣生物是一家 IVD(体外诊断)上游原料企业,主营业务系分子类、蛋白类和细胞类生物试剂的研发、生产与销售。2020 年新型冠状病毒感染(简称新冠)疫情在全球暴发,国内外体外诊断与检测市场对生物试剂的需求量猛增,翌圣生物由此迎来业绩的高速增长。2019~2021年,翌圣生物净利润不断攀升,近三年复合增速为 647.91%。

首轮问询中,上市审核机构要求发行人说明国内新冠疫情变化对企业不同板块业绩的影响,是否存在业绩大幅下滑的风险,重大事项相关风险揭示是否充分。在二轮问询中,上市审核机构再次询问新冠疫情对发行人的分子诊断原料酶、高通量基因测序和疫苗制备业务的影响,相关业务未来发展趋势,是否存在收入大幅下滑的风险。

对此，发行人表示：（1）虽然在报告期内企业新冠相关收入金额及其占比均有所提高，但剔除新冠相关收入后，不同种类、不同应用领域生物试剂的销售收入总体也呈上升趋势，因此，若新冠疫情结束，企业不存在经营业绩大幅下滑的风险。（2）新冠疫情持续时间具有不确定性，若未来新冠疫情得到有效控制或因防疫政策改变导致核酸检测需求下降，分子诊断原料酶业务市场需求将受到较大负面影响，相关业务存在收入大幅下滑的风险。（3）高通量基因测序一般不用于新冠检测与治疗领域，因此新冠疫情对高通量基因测序业务没有明显影响。（4）中国目前尚无 mRNA 疫苗正式获批上市，若未来新冠疫情得到有效控制或国内新冠mRNA疫苗研发进展不及预期，mRNA 疫苗核心酶原料市场规模将受到一定的负面影响。

虽然发行人在招股说明书中便披露其新冠相关收入占比在同行业可比企业中处于较低水平，对新冠相关收入依赖较小。但基于首轮问询的答复可知，2020 年度、2021 年度和 2022 年 1~6 月，发行人与新冠相关的产品销售收入分别为 4614.76 万元、8174.13 万元和 7689.73 万元，占当期营业收入的比例分别为 24.77%、25.42% 和 38.28%。可见，其营收增长的同时，对新冠业务的依赖也越来越重。而除去新冠业务，虽然发行人手上的"大牌"还包括 mRNA 疫苗核心酶原料，但其也承认 mRNA 疫苗核心酶原料业务短期内存在不确定性。

2022 年 11 月 23 日科创板上市委员会发布审议会议公告，指出鉴于翌圣生物尚有相关事项需要进一步核查，决定取消本次会议对其发行上市申请的审议，这意味着翌圣生物本次上市进程暂停。

≫ 启示

1. 位于"狭窄赛道"需谨慎

2022 年 11 月，上交所就某些自媒体报道部分拟上市公司业务和收入涉及核酸检测等相关话题答记者问时表示：高度关注涉核酸检测企业的上市申请，坚持从严审核，尤其是企业的科创属性和可持续经营能力。而主营业务过度围绕"核酸检测"开展的企业，可能在剔除相关收入后无法满足科创板发行上市条件。因此，位于"狭窄赛道"的企业更应关注自身科创属性建设，关注"狭窄赛道"产品／服务与其主营业务的关联性，以及主营业务的可持续性。

2. 关注"赛道"的可持续性

一方面，由某些突发事件等原因，企业在特定"赛道"短期内获得高收益，会快速吸引同行企业加入同一赛道；随着供应端规模的扩大，市场竞争不断加剧，企业的利润空间将逐渐缩小。另一方面，随着突发事件逐步得到控制或得到解决，企业为特定"赛道"提供的相应产品或服务不再符合市场需求，进而导致销量及收益随之下降。因此，企业需要提前关注特定"赛道"的可持续性，提早做好"赛道切换"准备。

3. "赛道暂停"早打算

同行竞争突增、市场需求骤减等可能会导致"赛道暂停"。对此，处于"宽阔赛道"的企业将面临如何挖掘新的业绩增长点以维持营收的问题，但处于"狭窄赛道"的企业却要应对如何维持主营业务可持续性的"生死考验"。通常而言，多元化的产品管线能给企业升级转型提供着力点，也为企业可持续经营加固多重保险。处于"狭窄赛道"的企业在被按下"暂停键"时，需努力寻求产品和服务的升级、创新、转型，积极尝试在相关领域或产业上下游闯新路、开新区。

Q078 授权引进会被关注哪些问题？

授权引进能够让企业直接跳过早期开发的漫长艰苦岁月，快速对人才、资本、项目等资源整合，加速产品服务商业化进程。如在药物研发进程中，通过授权协议，可以在不同的开发阶段，获得产品在一些市场的全部或部分开发、商业化权益。授权引进本质上是一种以知识产权许可为核心的交易方式。由于该模式不是自主研发，在核心技术及知识产权方面就会存在受制于人的可能，也无法完全保障企业主营业务稳定可持续发展，因此必然引起科创板上市审核机构的重点关注。

由上海海和药物研究开发股份有限公司（简称海和药物）的招股说明书披露内容可知，其现有9个化合物中8个涉及授权引进或合作研发，仅1项处于早期开发阶段的自主研发。海和药物是科创板设立以来首家第一次上会暂缓审议后第二次上会未通过而终止审核的医药企业。

》审核过程中关于授权引进被关注的问题

审核过程中关于授权引进被关注的问题如下：

（1）在授权引进项目中承担的工作、进展及成果，下一步研发计划。

（2）与合作方的权利义务划分约定，终止合作的情形及相关约束措施，终止合作对发行人的影响。

（3）结合研发模式审慎评估核心技术是否依赖第三方及持续经营能力。

（4）结合研发模式评估自身竞争力。

西安新通药物研究股份有限公司（简称新通药物）2021年12月提交上市申请，二轮问询后于2022年12月上会。虽然该次上会与海和药物一样被暂缓审议，但1个月后新通药物二次上会顺利通过。新通药物的招股说明书披露，其 9 个在研药品中 4 项授权引进、3 项合作研发、2 项自主研发的项目均处于临床前研究阶段。

审核过程中关于授权引进被关注的问题如下：

（1）授权引进协议约定的主要内容，对发行人产品研发、未来权益、主营业务、知识产权形成等发挥的作用。

（2）主营业务和核心技术对授权引进是否存在重大依赖，是否具备完备的研发体系和独立自主的研发能力。

（3）授权引进项目的研究情况、竞争优劣势、获批风险及是否进行实质性改进。

（4）结合授权引进情况，说明发行人创新性的具体体现，是否符合科创属性要求和科创板定位。

》 启示

生物医药企业对创新药的研发需要投入大量的时间和资金，还需承担研发失败的风险。借助授权引进，生物医药企业无疑可快速引入被证明具备明确前景的产品，有助于企业缩短研发周期，分散风险，提升药物研发效率。

科创板对科创属性的要求，很大程度上是对企业自身研发能力的考验。上市审核机构对涉及授权引进的企业反复询问相关问题，如关注授权引进的所有环节，包括相关协议条款是否清晰明确，发行人在引进项目中承担的工作、进展及成果、有无再次开发，以及对第三方的依赖程度等，实质上是让企业对其研发能力进行自我剖白，探究企业是否能依靠自身进行可持续经营。纯粹靠买技术、买产品的"拿来主义"无法满足科创属性的要求，但是若企业在授权引进后投入了充分的科研力量，进行了价值挖掘和拓展，那么授权引进也不必然成为科创板上市的阻碍。

Q079 研发投入相关要求及关注重点是什么？

研发投入一直是科创板审核的重点。研发投入指标既能够体现企业的长期研发规划，也能够表明企业的持续创新能力。

《科创属性评价指引（试行）》中规定，最近三年研发投入占营业收入比例 5% 以上，或最近三年研发投入金额累计在 6000 万元以上；其中，软件企业最近三年投入研发占比应在 10% 以上。

研发投入认定、研发相关内控要求以及发行人信息披露要求是科创板上市审核关注的重要内容也是科创板对于发行人研发投入及内控管理作出的要求。

》 研发投入认定

研发投入是企业研究开发活动形成的总支出。研发投入通常包括研发人员工资费用、直接投入费用、折旧费用与长期待摊费用、设计费用、装备调试费用、无形资产摊销费用、委托外部研究开发费用、其他费用等。本期研发投入为本期费用化的研发费用与本期资本化的开发支出之和。

》 研发相关内控要求

发行人应制定并严格执行研发相关内部控制制度，明确研发支出的开支范围、标准、审批程序以及研发支出资本化的起始时点、依据、内部控制流程。同时，应按照研发项目设立台账归集核算研发支出。发行人应审慎制定研发支出资本化的标准，并在报告期内保持一致。

≫ 发行人信息披露要求

发行人应在招股说明书中披露研发相关内部控制制度及其执行情况，并披露研发投入的确认依据、核算方法、最近三年研发投入的金额、明细构成、最近三年累计研发投入占最近三年累计营业收入的比例及其与同行业可比上市公司的对比情况。

基于上述要求，对于研发投入，上市审核机构在问询时主要围绕以下几方面：研发投入是否符合科创属性评价指标要求、研发费用归集与核算、研发费用资本化、研发投入及其波动、研发费用内部控制制度等。

诉讼纠纷

　　企业科创板上市进程中，知识产权诉讼频发，审核机构高度关注知识产权诉讼对企业生产经营和持续盈利能力的影响。面对知识产权诉讼纠纷，企业如何做才能降低其对科创板上市的不利影响？本章将分别针对权属纠纷、无效纠纷、侵权纠纷阐述其防范与应对策略，以供科创板拟上市企业参考。

Q080 科创板知识产权风险相关规定有哪些？

企业欲登陆科创板，知识产权风险是绕不开的"关卡口"，科创板上市相关政策文件也公开了拟上市企业的知识产权风险因素。

《注册办法》第 12 条规定："发行人业务完整，具有直接面向市场独立持续经营的能力……（三）不存在涉及主要资产、核心技术、商标等的重大权属纠纷，重大偿债风险，重大担保、诉讼、仲裁等或有事项，经营环境已经或者将要发生重大变化等对持续经营有重大不利影响的事项。"

《第 57 号准则》第 73 条规定："发行人应分析披露其具有直接面向市场独立持续经营的能力，主要包括……（七）发行人不存在主要资产、核心技术、商标有重大权属纠纷，重大偿债风险，重大担保、诉讼、仲裁等或有事项，经营环境已经或将要发生重大变化等对持续经营有重大影响的事项。"

科创板知识产权风险见图 80-1。

图 80-1 科创板知识产权风险

　　总体来说，企业在科创板上市进程中所面临的知识产权风险主要包括知识产权权属风险、知识产权无效风险、知识产权侵权风险。这些风险就像静水中的暗流，一旦暗流涌动便引发知识产权诉讼，构成对企业持续经营的重大不利事项，引起上市审核机构擦亮"火眼金睛"，所以科创板拟上市企业需审慎对待。

Q081 科创板知识产权诉讼呈现怎样的特点?

≫ 科创板知识产权诉讼的特点

知识产权属于企业的无形资产,与企业的技术发展和创新能力密不可分。企业科创板上市进程中出现的知识产权诉讼呈现以下特点。

1. 创新战——技术类知识产权诉讼占据主导地位

科创板聚焦"硬科技"企业,对于企业的科创属性具有较高的要求,这也决定了知识产权在企业科创板上市进程中的重要地位。科创板上市进程中的知识产权诉讼以技术类知识产权诉讼为主,专业性极强。

2. 狙击手——行业竞争对手扮演主要角色

知识产权诉讼是企业间进行市场竞争的重要手段之一,在企业科创板上市进程中发起知识产权狙击的大多数为行业竞争对手。但是,为了谋求经济利益,也存在非专利实施主体(Non-Practicing Entities,NPE)"碰瓷"的情况。

3. 磨砺以须——特殊节点巧狙击

为了起到更好的狙击效果,知识产权诉讼多在企业提交上市申请、审核问询、过会等关键节点发起。如果狙击时间过早,企业可以暂缓上市计划,留出足够的时间来应对知识产权狙击,导致狙击效果大打折扣。在科创板上市进程中的关键节点受到狙击,企业既要应对上市审核机构对诉讼的密切关注,又要应对知识产权诉讼,分身乏术,狙击"命中率"较高。

4. 多箭齐发——标的大、数量多

提起科创板知识产权诉讼的主要动机是阻碍企业上市。一方面,通常

科创板知识产权诉讼的标的较大，由此导致的禁令和财产保全措施能够直接干扰企业的日常生产经营，还有可能对企业的财务数据带来不利影响，进而影响企业科创板上市进程；另一方面，科创板知识产权狙击往往诉讼数量较多，能够有效分散企业的精力，使得企业难以针对每件诉讼都做出有效有力的应对，从而提高知识产权狙击的有效性。

》 知识产权遇狙击，企业应对需谨慎

贵州白山云科技股份有限公司（简称白山科技）是独立边缘云服务提供商。网宿科技股份有限公司（简称网宿科技）是云分发及边缘计算公司。

2019 年 4 月，白山科技科创板上市申请被受理。2019 年 5 月起，网宿科技先后对白山科技提起了 4 项专利权侵权诉讼以及 6 项发明专利无效宣告请求。2019 年 8 月起，白山科技针对网宿科技提起的侵权诉讼中的 2 项涉诉专利提出无效宣告请求，并针对网宿科技提起 2 项专利权侵权诉讼。2020 年 4 月，白山科技撤回了所提起的 2 项无效宣告请求，撤回原因为：（1）专利权人在专利无效宣告请求的口头审理程序中通过对权利要求的解释实际上限缩了专利权利要求的保护范围，公司希望提交更为契合的对比文件以及调整对比文件的组合方式；（2）公司在提交专利无效宣告请求时提供的部分现有技术证据未找到较好地证明其公开时间的方式，但在专利无效宣告请求口头审理后，白山科技通过香港的网络环境，在国外网站上查询到了能够证明这些现有技术证据公开时间的网页，由于专利无效宣告程序不允许庭后补充证据，公司须在香港对这些证据进行补充公证，并通过重新提交无效请求和证据的方式补充证据和相应的理由；（3）专利无效宣告请求口头审理结束后，公司补充检索到了能破坏涉诉专利新颖性的对比文件。

上述专利侵权诉讼、无效纠纷以及白山科技对无效宣告请求的撤回引起了上市审核机构的关注，并引发了相关的问询。在白山科技的科创板上市进程中，共经历了四轮问询，四轮问询均涉及知识产权问题，也均涉及侵权诉讼事项及专利无效宣告事项。此外，白山科技被提起无效宣告请求的 6 件专利中，其中 4 件在其招股说明书中被认定为核心专利，白山科技表示："无论专利是否有效，公司始终持续拥有对核心技术的所有权。"当上市审核机构

对此提出疑问时，白山科技并未准确列出能替代涉及无效的核心专利的其他相关专利。

知识产权诉讼纠纷贯穿于白山科技的科创板上市进程与科创板问询答复进程，2020 年 7 月，白山科技在经历四轮问询答复后，终止了其科创板上市进程。

≫ 启示

知识产权诉讼在科创板上市进程中屡见不鲜，白山科技只是沧海一粟。面对知识产权诉讼，"审慎对待、积极应对"是科创板拟上市企业的"八字方针"，也是护航企业成功上市的重要方法论。

知多少　非专利实施主体

非专利实施主体（Non-Practicing Entities，NPE）指的是拥有专利权但并不实施专利技术的主体，即不将技术转化为用于生产流通产品的主体。按照运营目的，NPE 可以分为科研型 NPE、投机型 NPE 和防御型 NPE（见表 F-1）。

表 F-1　非专利实施主体（NPE）的分类

类型	主体	是否实际生产产品	目的
科研型 NPE	高校、科研院所	否	研发成果转化
投机型 NPE	个人、小团体、企业	否	获取高额利润
防御型 NPE	企业	否	对抗投机型 NPE

科研型 NPE 的主体主要为高校和科研院所，其将科学研究的成果转化为专利，再将专利许可给企业使用，获取一定的许可费用，为后续研发提供资金支持。

投机型 NPE 的主体包括个人、小团体和企业等，其通常不进行实际的研发工作，专利主要来源于购买，并基于这些专利对市场上的产品发起"攻击"，以获取远高于专利实际附加于产品上的价值的利润。因此，也有人称其为"专利流氓"。

防御型 NPE 的主体为企业，其是为了对抗投机型 NPE 而成立的以防御为主的公司，通过购买专利构建专利资源池，当遭遇专利侵权诉讼攻击时，利用上述专利资源提起专利侵权反诉，以降低或消除投机型 NPE 的专利侵权威胁。

Q082 如何预防知识产权风险？

知识产权风险作为影响企业科创板上市进程的不利因素，是上市审核机构的关注重点，企业做好知识产权风险防控能够从源头上预防风险的发生，增加企业科创板上市的砝码。为了预防知识产权风险，企业可以从以下四个方面着手（见图82-1）。

图 82-1　知识产权风险防控和风险应对

≫ 预防知识产权风险的措施

1. 建立健全知识产权风险管理体系

体制保障是推动企业加强知识产权风险防控工作的"原动力"。建议企业结合自身发展阶段和发展目标，完善管理制度和管理流程，明确不同部门、不同人员的职责，规范知识产权创造、运用、保护中的风险管理程序，形成科学、高效、合理、全面的知识产权风险管理体系，降低企业的知识产权风险。

2. 做好知识产权风险预警与规避分析

知识产权如同一颗幼苗，成长于企业研发、生产、市场等各个阶段，因此，知识产权风险预警也应当渗透到如立项、销售等不同阶段。针对成长的"关键期"，企业可积极开展专利侵权风险分析检索与专利预警分析，针对高风险产品或产品中的高风险技术点，进行规避设计，防范侵权风险；针对与企业的主营业务或核心技术相关的专利，开展稳定性分析，将相关风险"扼杀在摇篮里"；围绕高风险专利的上下游开展专利挖掘与布局，构建多维度的知识产权保护网；此外，还可定期开展专利信息检索与情报收集工作，建立企业知识产权数据库，及时了解行业发展动态，重点监控竞争对手知识产权布局情况，避免与竞争对手的技术路线重叠，降低知识产权风险的发生概率。

3. 完善知识产权档案管理

研发记录、技术交底书等属于重要的知识产权档案，不仅是企业的宝贵技术资料，还是知识产权诉讼中的重要法律证据，更是企业科创板上市进程中答复上市审核机构问询的事实依据。完善知识产权档案管理十分必要。知识产权档案包括研发记录、研发资料、知识产权证书、技术交底书、知识产权相关缴费票据、邮件往来以及其他与研发成果相关的资料和文件。企业要做好知识产权档案管理，需针对上述文件进行归纳整理、分类保存，保证各类资料文件的完整性和完备性，以更好地防范及应对知识产权风险。

4. 用好知识产权相关书面协议

俗话说"口说无凭"，面对知识产权相关风险，企业需要充分发挥合同等书面协议的作用。在研发活动中，如合作研发、委托开发，通过书面协议明确各方的权利义务；在人员管理中，通过保密协议等约束企业员工的行为，防范职务发明纠纷和商业秘密泄露等；在商品采购中，通过合同约束供应商的行为，避免供应商提供的商品涉及知识产权侵权。

在实际应用中，企业可以结合自身特点调整知识产权风险防控策略，以最大化发挥知识产权风险防控的作用。

Q083 遭遇知识产权诉讼后，企业应该如何应对？

企业科创板上市的艰辛程度，堪比西天取经，波折坎坷是常态。面对知识产权诉讼，企业何以风轻借力、取经成功？企业可以从以下五个方面积极应对。

》合理制定知识产权纠纷应对策略

态度决定高度。面对知识产权诉讼，企业要以积极正面的态度，全面分析自身优势、诉讼内容以及狙击方特点，因地制宜，审慎选择知识产权风险应对策略，必要时借力知识产权服务机构，全面应对知识产权纠纷风险。

在实践层面，企业可借助知识产权服务机构优势，分析狙击方技术和产品，基于自身知识产权提起专利侵权诉讼反击，或者针对原告专利提起无效宣告请求；同时，还可以根据实际同步与狙击方进行商业谈判，以和解的方式消除知识产权诉讼对企业科创板上市的不利影响。

》全面充分披露知识产权诉讼风险信息

《上海证券交易所上市公司证券发行上市审核规则》第 15 条第 1 款规定："上市公司应当诚实守信，依法充分披露投资者作出价值判断和投资决策所必需的信息，充分揭示当前及未来可预见对上市公司构成重大不利影响的直接和间接风险。所披露信息必须真实、准确、完整，简明清晰、通俗易懂，不得有虚假记载、误导性陈述或者重大遗漏。"

知识产权风险的出现并不意味着绝缘科创板，在遭遇知识产权诉讼风险后，藏着掖着反而容易给上市审核机构留下不诚信的印象。因此，企业应当全面充分地披露知识产权风险信息，以免增加上市审核机构的疑虑，影响企业信誉。在进行风险信息披露的过程中，企业可重点从知识产权纠纷风险不会对企业的生产经营和持续盈利能力带来重大不利影响、不会构成上市阻碍的角度进行论证，以打消上市审核机构关于企业持续经营能力的疑虑。

》》 积极正面应对上市审核机构问询

企业遭遇知识产权诉讼后，往往会引起上市审核机构的关注，并引发相关的问询。此时，能否有效回应问询至关重要。面对相关问询，企业应直面问题、积极应对，同时围绕关键问题进行针对性答复，避免含糊其词，防止加深上市审核机构质疑，引发持续的问询，进而给企业科创板上市带来不利影响。

》》 主张狙击方恶意知识产权诉讼

在科创板频发的知识产权诉讼中，其中不乏一些恶意知识产权诉讼。这些恶意诉讼正成为阻碍企业科创板上市进程的新"拦路虎"。面对这一现状，我国也逐渐出台了一些相关制度，如《上海市高级人民法院关于服务保障设立科创板并试点注册制的若干意见》指出，应审慎处理涉发行上市审核阶段的科创公司的知识产权纠纷，加强与上海证券交易所的沟通协调，有效防范恶意知识产权诉讼干扰科创板顺利运行。因此，在遭遇恶意知识产权诉讼后，企业也可以反向定性诉讼方发起的诉讼为恶意知识产权诉讼，向对方提起"因恶意提起知识产权诉讼损害责任纠纷"诉讼以保障自己的合法权益。

》》 常态化舆情管理

信息化时代，网络舆论是把"双刃剑"：正面舆论可以助企业上市一臂之力，负面舆论或将带来致命一击。知识产权诉讼的敏感报道会深刻影响企业的声誉，引发监管部门、公众等主体关注，延缓甚至阻碍上市进程。因此，科创板拟上市企业，必须重视并做好声誉风险管理，建立常态化舆情监控机制，捕捉敏感信息、把控舆情态势、获得处理先机、做好风险应对，避免"赢了官司输了市场"。

Q084 知识产权诉讼风险信息披露需注意哪些方面？

在科创板上市进程中，披露知识产权诉讼风险相关的信息时，企业需注意风险信息披露原则和披露策略。

风险信息披露原则

风险信息披露应遵循客观及时、有理有据、全面充分的原则。

在《第 57 号准则》中，对于风险信息的披露进行了明确的规定。其中，第 24 条规定："发行人应结合行业特征、自身情况等，针对性、个性化披露实际面临的风险因素，应避免笼统、模板化表述，不应披露可适用任何发行人的风险。"第 25 条规定："发行人应使用恰当标题概括描述具体风险点，精准清晰充分地揭示每项风险因素的具体情形、产生原因、目前发展阶段和对发行人的影响。风险因素所依赖的事实应与招股说明书其他章节信息保持一致。"

在登陆科创板的进程中，企业遭遇知识产权纠纷诉讼后，应当按照上述信息披露要求，客观及时披露，直面风险所在，避免含糊遮掩，直到上市审核机构对相关风险信息进行问询时才进行答复和补充信息披露，从而给上市审核机构留下"不诚信""不自信"的印象；此外，阐述风险信息披露内容时要有理有据，避免笼统概括、含糊其词，降低披露信息的说服力和可信度，从而引发上市审核机构的连续追问。

风险信息披露策略

风险信息披露策略如图 84-1 所示。

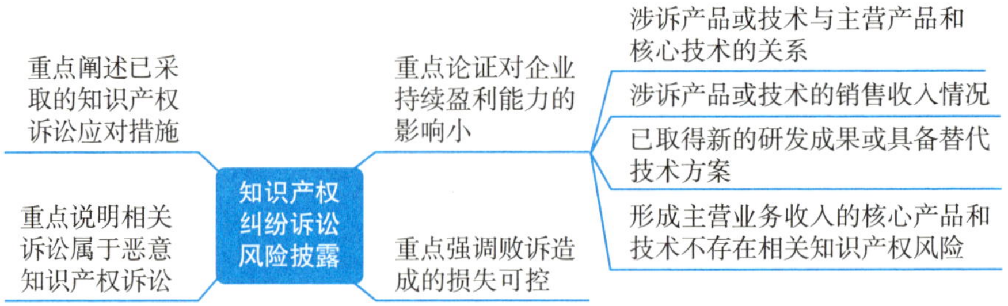

图 84-1　风险信息披露策略

1. 重点阐述已采取的知识产权诉讼应对措施

有效的应对措施也是企业消除知识产权纠纷诉讼风险的体现。因此，就知识产权诉讼风险进行信息披露时，除对知识产权诉讼事项本身进行披露外，还可针对企业已采取的知识产权诉讼应对措施进行重点说明。例如，面对知识产权侵权纠纷，一方面，重点针对涉诉侵权专利与相关产品或技术进行详细对比分析，还可委托知识产权服务机构出具相关报告，证明相关产品或技术不侵权；另一方面，重点说明企业已就涉诉侵权专利提起了无效宣告请求，并出具知识产权服务机构的分析报告，说明相关专利被无效的概率较大。针对知识产权无效纠纷，重点说明已委托知识产权服务机构针对被提起无效的专利进行了稳定性分析，并出具了稳定性分析报告，证明相关专利被无效的可能性低。

2. 重点论证对企业持续盈利能力的影响小

实践层面，上市审核机构主要关注"知识产权涉诉是否会对企业的生产经营和持续盈利能力造成影响"。因此，企业在进行相关信息披露时，要坚持问题导向，重点针对上市审核机构的关注点进行论证，企业可选择"四个论证"策略。

论证一：涉诉产品或技术与主营产品和核心技术的关系。

主营产品和核心技术关乎着企业生产经营的根基和命脉。如果涉诉产品或技术不涉及企业的主营产品和核心技术，那么这些涉诉产品或技术对企业的负面影响将非常有限，很大程度上并不会动摇企业生产经营的根基。因此，企业可重点针对涉诉产品或技术与主营产品和核心技术的关系进行翔实而客观的分析，以此来论证知识产权诉讼的风险程度。

论证二：涉诉产品或技术的销售收入情况。

销售收入关系着企业的盈利能力，也影响着企业未来的发展。如果涉诉产品或技术的销售收入低，且占企业整体营业收入的比例也较低，那么知识产权诉讼对企业造成的不利影响有限，对企业生产经营和持续盈利能力的影响也较小。因此，企业可以披露相关的销售收入和营业收入数据，通过客观数据的展示有理有据地论述知识产权诉讼给企业带来的影响。此外，需要注意的是，为提高专业性和可信度，企业在必要时可聘请专业审计机构对相关销售收入数据和营业收入数据进行审计，以此来进一步提高上市审核机构对该数据的认可度。

论证三：已取得新的研发成果或具备替代技术方案。

产品技术的更新换代是企业创新能力的体现，这在技术迭代较快的行业表现得更为明显。针对涉诉产品或技术，如果企业已经研发出新的替代产品或替代技术方案，那么知识产权涉诉带来的风险可通过推出新的替代产品或技术来进行规避，在这种情况下，即使相关产品或技术涉诉，也不会给企业的生产经营造成重大不利影响。因此，在涉诉产品或技术已被新的研发成果或技术方案替代的情况下，企业在招股说明书中可就此进行详细说明。

论证四：形成主营业务收入的核心产品和技术不存在相关知识产权风险。

除了对知识产权涉诉产品或技术的相关情况进行说明外，还可进一步针对形成主营业务收入的核心产品和技术的情况进行分析，阐述其不存在相关知识产权风险，如涉及核心产品和技术的专利权稳定性较高、被无效的风险低，涉及核心产品和技术的专利不侵权，涉及核心产品和技术的知识产权不存在权属瑕疵等，从侧面论证企业受知识产权诉讼的影响较小。此外，在必要时可委托知识产权服务机构出具相关分析报告或法律意见书，以增强上述风险情况说明的说服力和公信度。

3. 重点强调败诉造成的损失可控

当企业遭遇知识产权纠纷诉讼时，诉讼导致的损失是构成对企业的重大不利影响的"导火索"。在进行知识产权诉讼风险信息披露时，还可以对败诉可能造成的损失进行客观说明，重点强调企业采取了哪些措施来减少损失，以及败诉造成的损失是否在可控范围内。在对上述情况进行说明时，建议聘请知识产权服务机构根据相关法律法规的规定就败诉情况下涉诉产品或技术的赔偿金额进行测算，并说明赔偿金额可控；另外，还可采取损失兜底方式，由企业实际控制人出具兜底承诺，承诺若因知识产权诉讼败诉造成损失，相关损失将由实际控制人承担。

4. 重点说明相关诉讼属于恶意知识产权诉讼

如果相关知识产权诉讼为竞争对手或其他第三方发起的恶意知识产权诉讼，那么企业也可在招股说明书中就此情况向上市审核机构进行说明，避免因恶意知识产权诉讼影响企业的科创板上市进程。

Q085 知识产权权属风险产生的原因有哪些?

总体来说，知识产权权属风险产生的原因主要包括职务发明、合作/委托开发及转让/许可（见图85-1）。

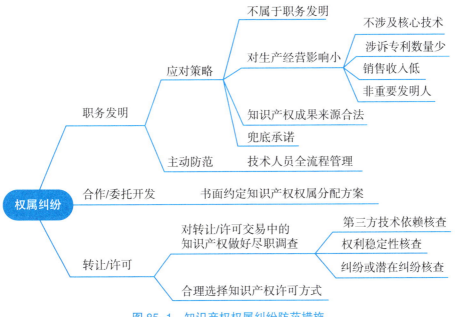

图 85-1 知识产权权属纠纷防范措施

≫ 职务发明

职务发明创造，是指发明人、设计人执行本单位的任务或者主要利用本单位的物质技术条件的发明创造。职务发明创造包括以下几种情形：在自己的工作中做出的发明创造；执行本单位交办的任务以外的其他任务所作的发明创造；辞职、退休、转岗后一年内所作的发明创造。其中，本单位的物质条件，是指资金、设备、零部件，单位未公开的原材料或者技术资料。此外，退休、调离原单位后或者劳动、人事关系终止后一年内做出的，与其在原单位承担的本职工作或者原单位分配的任务有关的发明创造同样属于职务发明。

由上述内容可以看出，职务发明包括两个重要因素：一是时间因素，即发明创造是在退休、调离原单位后或者劳动、人事关系终止后一年内做出的；二是技术因素，即发明创造的内容与在原单位承担的本职工作或者原单位分配的任务有关。只有同时满足这两个要素，才会被认定为职务发明。

产生职务发明纠纷的原因可主要归结为两个方面：人员流动和高校教师在职创业。企业间往往存在人员流动，如果技术人员，特别是核心技术人员在离职后一年内做出了发明创造，那么极易引起职务发明纠纷；面对科技成果转化的需要，部分高校教师在职创业，创业的基础往往离不开教师在高校期间的技术积累，因此，高校教师在创业过程中做出的发明创造，也较易引起职务发明纠纷。

》合作 / 委托开发

《专利法》第 8 条规定："两个以上单位或者个人合作完成的发明创造、一个单位或者个人接受其他单位或者个人委托所完成的发明创造，除另有协议的以外，申请专利的权利属于完成或者共同完成的单位或者个人；申请被批准后，申请的单位或者个人为专利权人。"这意味着，涉及合作研发时，如果没有就成果归属进行约定，那么，无论由哪一方申请专利，专利权均归双方所有；涉及委托开发时，如果没有就成果归属进行约定，那么专利申请权归受托方。因此，当涉及合作研发 / 委托开发时，如果知识产权的权属约定得不够清晰明确，极易引起相关权属纠纷。

》转让 / 许可

由转让 / 许可导致的权属纠纷的数量相对于其他两种类型来说相对较少，其常见情形有以下几种。

1. 约定模糊

与合作研发 / 委托开发一致，转让 / 许可技术交易中由于知识产权的权属、使用等相关协议约定不明确，也易引发知识产权权属纠纷。

2. 一权多转

根据《专利法》的规定，专利权或专利申请权的转让 / 许可需要签订书面合同并履行必要的程序。某些情况下，由于专利权人或专利申请权人就同一技术与不同的受让方签订了转让 / 许可合同，从而引起不同受让方或被许可方之间的权属纠纷。

3. 技术泄露

对于职务发明创造，发明人以非职务发明创造的形式申请了专利，后续将该专利许可 / 转让给其他单位或个人实施，这会引起原单位与被许可方或受让方之间的专利权属纠纷。

Q086 如何应对职务发明权属纠纷?

⟫ 应对职务发明权属纠纷

在企业的发展过程中,人员特别是技术人员的流动不可避免,当涉及人员在不同企业间的流动时,极易引发职务发明权属纠纷,很多竞争对手也以此为武器向科创板拟上市企业发起攻击。面对职务发明权属纠纷,企业可以从以下四个方面着手进行应对。

1. 涉诉专利不属于职务发明

职务发明权属纠纷的"导火索"在于职务发明。如果不构成职务发明,那么也就不会引发权属纠纷带来的"熊熊大火"。因此,在遭遇职务发明权属纠纷时,企业可重点论证涉诉专利不属于职务发明,主要从判定职务发明的两个基本要素即时间要素和技术要素出发。

时间要素是较为明确的要素,如果涉诉专利确实是在离开原单位后一年内做出的,那么在进行论证时就可以不考虑该要素,而是直接从技术要素出发进行论证。

对于技术要素,由于职务发明的认定要求"发明创造的内容与在原单位承担的本职工作或者原单位分配的任务有关",因此可以从"发明创造的内容"与"在原单位承担的本职工作或者原单位分配的任务"相关性角度进行论证。一方面,可以提供涉诉员工的研发记录、邮件往来等研发资料,通过这些资料证明涉诉专利的相关技术是在新单位研发完成的,与原单位无关;另一方面,可以从分析对比涉诉专利的相关技术与原单位本职工作所涉及的技术存在显著差异的角度进行论述,证明涉诉专利不属于职务发明。

2. 涉诉专利对企业生产经营的影响小

由于企业在遭遇知识产权诉讼时，上市审核机构的关注点通常围绕诉讼对企业生产经营的影响这一角度展开，因此在进行职务发明权属纠纷的应对时，也可以着重从这一角度进行论述。

（1）不涉及核心技术。核心技术是企业登陆科创板的"通行证"之一，涉诉知识产权与核心技术的关系将在一定程度上影响该"通行证"的效力。因此，企业可从涉诉知识产权与核心技术关系的角度进行论证。如果涉诉知识产权不涉及企业的核心技术和主营业务，那么即使相关知识产权的权属被判归原单位，其对企业造成的影响也较小，同样也不属于核心技术的重大权属纠纷，不会对企业的经营业绩与持续经营能力造成重大不利影响。

（2）涉诉专利数量少。发明专利数量是企业登陆科创板的"硬指标"之一，对于专利数量较少的企业，如果涉诉专利的权属被判归原单位，极易引发由于专利数量不足而造成的不符合发行人资格的极端事件。相反地，如果企业拥有数量充足的专利储备，涉诉专利数量在其有效专利储备中所占的比重较小，那么即使这一小部分专利的权属被判归原单位，也不会给企业带来重大不利影响。因此，在面对职务发明权属纠纷时，企业还可以从涉诉专利数量这一角度进行论证。

（3）销售收入低。销售收入是企业营业收入的重要组成部分，也是影响企业持续经营的重要因素。如果涉诉知识产权对应的销售收入较低，那么即使涉诉知识产权被判归原单位，也不会动摇企业生产经营的根基。因此，企业可以从涉诉知识产权所对应的销售收入较低的角度进行论证。为进一步增加说服力，建议提供相关的财务数据，用数据来"说话"，降低职务发明权属纠纷给企业带来的不利影响。

（4）非重要发明人。对于"硬科技"企业而言，人员特别是核心技术人员是企业最宝贵的创新资源。因此，除从财务角度和技术角度对职务发明权属纠纷造成的影响进行论证外，还可以从涉诉员工在企业研发活动中所扮演角色的角度进行论述。如果涉诉人员在企业研发活动以及专利申请中并不扮演重要角色，不属于核心技术人员，那么涉诉人员的研发成果对企业的影响相对较小，对企业生产经营的影响有限，企业在面对职务发明权属纠纷时也可从这一角度进行考量。

3. 涉诉知识产权成果来源合法

权属纠纷涉诉员工在原单位工作时，与原单位之间签署了相关协议或做出了相关约定，在协议或约定中就知识产权成果的分配方式进行了明确规定。如果涉诉知识产权恰恰是基于上述协议或约定的规定通过知识产权成果分配的方式获得的，那么这些协议或约定也可以成为企业应对权属纠纷的有力证据，证明相关知识产权成果来源合法。

4. 企业实际控制人出具兜底承诺

为进一步打消上市审核机构的疑虑，企业实际控制人还可以出具兜底承诺，承诺将承担败诉造成的应由发行人承担的赔偿金或诉讼费用，并补偿因知识产权诉讼导致的公司生产、经营损失，以避免发行人和发行人上市后的未来股东因此遭受任何损失。

›› 有理有据，权属纠纷从容应对

苏州敏芯微电子技术股份有限公司（简称敏芯股份）是一家以 MEMS（微机电系统）传感器研发与销售为主的半导体芯片设计公司。歌尔股份有限公司（简称歌尔股份）主要从事声光电精密零组件及精密结构件、智能整机、高端装备的研发、制造和销售。

梅嘉欣是敏芯股份的创始人之一，并且也是核心技术人员。梅嘉欣 2004 年 7 月研究生毕业后便进入歌尔股份担任技术经理，直至 2006 年 12 月离职，离职后一年内在敏芯股份作为发明人申请了专利。梅嘉欣主要负责各 MEMS 产品的封装、测试技术研发工作，其主要领域与在歌尔股份的任职岗位有较大重合度。唐行明是敏芯股份的研发人员，其 2018 年从歌尔股份离职后加入敏芯股份，与梅嘉欣一起作为发明人申请了多项专利，其专利申请时间也在离职后一年内。

2019 年 11 月，敏芯股份提交上市申请。2019 年 11 月至 2020 年 4 月，歌尔股份先后向敏芯股份提起了 4 项专利申请权、3 项专利权权属诉讼，主张上述专利属于梅嘉欣或唐行明的职务发明。这些职务发明权属诉讼引起了中国证监会的关注，并引发了相关问询，要求发行人说明"发行人不存在主要资产、核心技术等的重大权属纠纷，不存在重大诉讼等或有事项，涉及的诉讼或无效申请事项不会对持续经营有重大不利影响"。针对上市审核机构关于权属纠纷的问询，发行人进行了有理有据的答复，并于 2020 年 7 月在科创板上市注册生效。

面对中国证监会关于权属纠纷的相关问询，敏芯股份从以下三个角度进行了答复：

（1）涉诉专利不涉及发行人核心技术，不属于主要资产、核心技术等的重大权属纠纷。发行人详细说明涉诉专利的其中 1 项因自身设计不符合产品实际应用需求而未曾投入应用；另外 6 项中，其中 1 项作为下游电子烟产品相关的压力传感器技术，其余 5 项对应的技术均有多条技术路线，系发行人的技术储备内容，尚未投入实际应用，不涉及发行人核心技术。

（2）涉诉专利涉及的销售收入低，不属于重大诉讼，不会对持续经营有重大不利影响。发行人详细说明涉诉的 7 项专利中，其中 6 项未实际投入使用，对于投入实际使用的 1 项专利，相关产品累计销售金额仅为 2.8 万元，收入金额很低，即使败诉也不会因此对发行人生产经营产生重大不利影响。

（3）涉诉专利不应认定为歌尔股份相关的职务发明。发行人通过提供研发记录，证明涉诉专利相关技术为自行研发完成，与歌尔股份无关。对于涉诉核心技术人员梅嘉欣，一方面，说明涉诉专利技术为发行人团队首创，歌尔股份直至 2011 年才以类似路线的技术申请专利，缺少发行人侵犯歌尔股份权益的逻辑基础；另一方面，通过提供工作邮件、证人证言、相关专利等证明其在歌尔股份所从事的工作与涉诉专利无关，涉诉专利不属于与梅嘉欣在原任职单位本职工作相关的发明创造。对于涉诉技术人员唐行明，通过提供入职、离职文件证明其在歌尔股份任职时间较短、职级较低，未从事研发活动，涉诉研发成果与其在歌尔股份的本职工作无关；另外，进一步说明唐行明在涉诉专利申请过程中仅负责专利撰写工作。

›› 启示

在科创板上市进程中，面对上市审核机构关于权属纠纷的相关问询，敏芯股份作出了有效有力的回应，获得了上市审核机构的认可。回顾敏芯股份的权属纠纷问询答复策略，有以下三点值得借鉴。

1. 说理需有据，条理需清晰

面对上市审核机构关于权属纠纷的相关问询，敏芯股份作为发行人主要从"不涉及核心技术的重大权属纠纷""销售收入低影响小""不属于职务发明"三个角度进行了答复，在答复的过程中并不仅仅"空口说白话"，而是提供了翔实有效的证据，进一步提升了"论点"的可信度，并且论证过程条理清晰、重点突出，真正做到了有理有据、有层次、有内容。

2. 小记录大用处，研发管理要做好

在从涉诉专利不属于职务发明这一角度进行论证的过程中，敏芯股份提供了相关研发记录、邮件往来等资料证明涉诉专利相关技术属于自行研发，与涉诉员工在原单位的本职工作无关，这也给其他科创板拟上市企业以启示：务必重视研发过程中研发记录、角色分工、邮件往来等相关资料的留存和科学管理，确保企业内技术人员的研发活动有迹可循、以备后用。

3. 人员管理需加强，风险扼在摇篮里

面对权属纠纷的相关问询，敏芯股份虽然进行了有效的应对，但其在人员管理特别是技术人员的管理上，还存在进步的空间。当前，人员流动是企业管理的常态，当涉及技术人员的管理时，应当警惕职务发明纠纷隐患，避免新入职人员在一年内提出专利申请，从根源上杜绝职务发明隐患。

Q087 如何主动防范人员流动造成的权属纠纷风险？

对于人员流动带来的知识产权权属纠纷风险，除"兵来将挡、水来土掩"式的被动应对方式外，企业还可以主动进行防范。事实上，在国家标准《企业知识产权管理规范》（GB/T 29490—2013）中，对于员工的管理具有明确的规定，而这也是防范人员流动造成的知识产权权属纠纷的有效方式，相关规定如下：

6.1.3 人事合同

通过劳动合同、劳务合同等方式对员工进行管理，约定知识产权权属、保密条款；明确发明创造人员享有的权利和负有的义务；必要时应约定竞业限制和补偿条款。

6.1.4 入职

对新入职员工进行适当的知识产权背景调查，以避免侵犯他人知识产权；对于研究开发等与知识产权关系密切的岗位，应要求新入职员工签署知识产权声明文件。

6.1.5 离职

对离职的员工进行相应的知识产权事项提醒；涉及核心知识产权的员工离职时，应签署离职知识产权协议或执行竞业限制协议。

虽然《企业知识产权管理规范》中仅针对员工入职和离职程序进行了明确的规定，但对于企业而言，人员的管理不仅仅局限于员工入职和离职这两个特殊的时间节点，而是应当贯穿员工"入职—在职—离职"的全流程，从而实现人员特别是技术人员的全流程管理。

在入职阶段，除条款6.1.4中规定的背景调查外，还应当避免在离职后一年内提出专利申请，以防范职务发明权属风险；在在职阶段，应当保留完整的研发记录、邮件往来等相关研发资料，同时还需如实记录各参与人员的角色如主导或辅助等，使得员工的研发行为和角色地位有迹可循，在后续遭遇知识产权权属纠纷时这些资料也可以作为证据使用；在离职阶段，除条款6.1.5中提及的签署相关保密、竞业协议外，还需在员工离职后一定时间段内持续对其进行关注，重点关注其是否泄露商业秘密，从而确保人员离职不会对公司生产经营带来不利影响。

此外，如条款6.1.3中提及，企业还需完善保密、竞业、知识产权权属约定等相关协议，将管理落在纸面上，以进一步防范知识产权权属风险。

Q088 如何防范非独立研发引发的权属纠纷风险?

》 防范非独立研发权属风险

在企业创新发展的过程中,除通过独立研发的方式实现技术的积累和迭代外,也有企业通过非独立研发方式完善自身的技术体系和知识产权布局。在本书中,非独立研发主要是指合作/委托开发、转让/许可。需要注意的是,当企业涉及非独立研发行为时,如果处理不当,可能会导致由非独立研发行为引发的知识产权权属纠纷。防患于未然,企业可从以下三个方面着手防范非独立研发权属风险。

1. 书面约定合作/委托开发中的知识产权权属分配方案

对于合作/委托开发而言,其相关知识产权风险主要在于对知识产权的归属、使用、收益等方面存在争议。为避免该争议的发生,建议企业与合作方、委托方或受托方就知识产权的归属、使用、收益分配方案进行书面约定,务必确保权属清晰明确,企业是相关知识产权的所有人或共有人。同时,建议就合作/委托双方的角色、地位、分工情况等也通过相关书面协议进行约定和说明,确保企业在研发和知识产权中的主导地位,相关书面协议也可在需要时作为证据加以使用。此外,即使在约定中明确知识产权归合作/委托双方共同所有,也建议就知识产权的使用和实施进行必要的限制,如禁止单方利用知识产权对外投资、约定转让时的优先受让权、限定单方对外进行许可的权利等,以此来保证即使存在合作/委托开发等非独立研发行为,企业也具备核心竞争力。

2. 对转让 / 许可交易中的知识产权做好尽职调查

当企业的知识产权构成中涉及转让 / 许可的知识产权时，如果转让 / 许可的知识产权存在瑕疵或风险，那么这些瑕疵或风险也会一并跟随转让 / 许可的知识产权而转嫁到企业。因此，当企业涉及转让 / 许可等技术交易行为时，建议企业针对涉及转让 / 许可的知识产权提前做好尽职调查，核查其是否存在潜在的知识产权风险点，核查重点主要包括以下三个方面。

（1）第三方技术依赖核查。如果一项知识产权的实施存在对背景技术、配套技术或改进技术等第三方技术的依赖，那么在实施该项知识产权时，就不仅依赖该项知识产权本身，还依赖背景技术权利人的许可、配套技术的利用或者改进技术的支持。在这种情况下，企业单独购买该项知识产权并不能自由地加以商业利用，知识产权的价值也会由此大打折扣，甚至有可能在相关技术交易行为完成后给企业带来诸多的"遗留问题"。因此，当企业涉及知识产权的转让 / 许可行为时，应针对目标知识产权是否存在第三方技术依赖进行核查，确保企业在获得目标知识产权后能够自由地加以实施。

（2）权利稳定性核查。当存在知识产权转让 / 许可等技术交易行为时，如果作为技术交易对象的知识产权稳定性不高，那么相关企业在获得该项知识产权后会存在知识产权被无效的风险。这将导致企业一方面需要耗费精力和财力去应对无效攻击，并且一旦被无效成功，前期的人力、物力和财力投入都相当于"打了水漂"，更有甚者还可能影响企业正常生产经营的开展；另一方面，无效纠纷的发生极有可能会引发上市审核机构的关注和问询，使得转让 / 许可的知识产权不仅没有发挥应有的作用，反而增加了企业的负担。因此，企业在进行转让 / 许可交易前，应针对目标知识产权开展稳定性核查，确保拟转让 / 许可的知识产权不存在权利稳定性方面的瑕疵。

（3）纠纷或潜在纠纷核查。如果涉及转让 / 许可的知识产权存在纠纷或潜在纠纷，那么企业一旦购买该项知识产权，这些纠纷或潜在纠纷也将如影随形，伴随着交易行为的发生而转嫁到企业身上，这将导致企业花费更多的人力、物力、财力去应对随之而来的知识产权诉讼和上市审核机构问询，得不偿失。因此，企业在进行转让 / 许可交易前，还应对目标知识产权是否存在纠纷或潜在纠纷进行核查，避免"引狼入室"。

3. 合理选择知识产权许可方式

知识产权许可方式主要分为独占许可、排他许可及普通许可，不同的许可方式效力有所区别（见表 88-1）。在三种许可方式中，独占许可方式的排他性最强，包括专利权人在内的任何第三方均不得实施相关知识产权。因此，对于企业来说，建议通过独占许可的方式获得相关知识产权的使用权，以确保自身享有最大的效力。

表 88-1　知识产权许可方式

许可类型	权利人能否使用	被许可人能否使用	其他人能否使用
独占许可	×	√	×
排他许可	√	√	×
普通许可	√	√	√

需要注意的是，许可行为的发生还涉及期限、地域以及实施行为。一般来说，许可的期限应越长越好，许可地域最好是可获得的最大范围，许可实施行为包括制造许可、销售许可、使用许可以及所有行为的许可等，建议企业结合自身实际情况选择合适的许可期限、地域以及实施行为。

Q089 无效纠纷防范应对策略有哪些?

发明专利数量是企业实现科创板上市的硬指标之一,部分知识产权狙击方会对拟上市企业的储备专利提起无效宣告请求,更有甚者还会对企业的全部存量专利提起无效宣告请求,以阻碍企业的科创板上市进程。当企业在上市进程中遭遇无效纠纷后,可以从三个方面进行应对(见图89-1)。

图 89-1 无效纠纷防范应对策略

》 无效纠纷防范应对策略

1. 专利稳定性分析

专利稳定性分析,顾名思义,就是对专利权的稳定性进行分析,它实际上是针对无效宣告请求的一次"演习"。通过开展专利稳定性分析,能够有效评估专利权的稳定性。如果专利稳定性分析结果表明相关专利的稳定性较高，那么即使第三方对相关专利提起无效，企业也能够做到"心中有数"，无惧专利无效纠纷，并且专利稳定性分析的结果也可以在信息披露和问询答复时作为证据使用。

2. 积极答复论证

企业在科创板上市进程中遭遇无效纠纷后，通常会引发上市审核机构的问询。面对问询，企业应积极从多角度进行答复和论证，打消上市审核机构对企业生产经营和持续盈利能力的质疑。

3. 商业谈判

商业谈判是应对纠纷的常见处理方式。企业在科创板上市进程中遭遇无效纠纷后，可以积极与无效请求方展开商业谈判，以通过与无效请求方和解的方式解除上市危机。

≫ 商业谈判助上市，和解代价莫忽视

成都极米科技股份有限公司（简称极米科技）专注于智能投影和激光电视领域，深圳光峰科技股份有限公司（简称光峰科技）是一家激光显示科技企业。2020年5月，极米科技提交科创板上市申请。2020年7月，光峰科技针对极米科技招股说明书中披露的全部16件发明专利提起了无效宣告请求。2020年9月，极米科技与光峰科技签订专利许可协议和战略合作协议。根据协议，光峰科技同意授权极米科技实施指定专利，极米科技分5年向光峰科技支付专利许可使用费合计人民币2500万元；另外，极米科技将借助光峰科技研发技术力量研发其激光超短焦投影产品，优先从光峰科技采购一定金额的核心部件产品，战略合作期为5.5年，一次性支付一次性工程（Non-Recurring Engineering，NRE）费用人民币500万元。2021年1月，极米科技在科创板注册生效。

≫ 启示

风险早预防，未雨先绸缪。为了消除专利无效纠纷对其在科创板上市的影响，极米科技采用了商业谈判的方式与狙击方光峰科技达成和解，并支

付了高昂的费用。可以看到，商业谈判虽然能够帮助科创板拟上市企业化解上市危机，但企业所付出的代价也不可小觑。事实上，在专利无效宣告程序中，专利权人在收到无效宣告请求受理通知书以及无效宣告请求书和有关文件副本后，需在1个月（适用15天的推定收到日）内进行答复，专利权人也可选择不答复，但这并不会影响复审和无效审理部对涉案案件的审理。因此，企业在科创板上市阶段遭遇无效纠纷，一方面要在短时间内针对无效宣告请求作出答复，另一方面还需要回应上市审核机构的问询，分身乏术，上市进程极有可能受到拖延。因此，建议科创板拟上市企业在上市前就针对自身的知识产权做好稳定性"体检"，并在"体检"结果不理想时做好应对预案，未雨绸缪，从源头上防范无效纠纷风险。

知多少 专利无效程序流程图

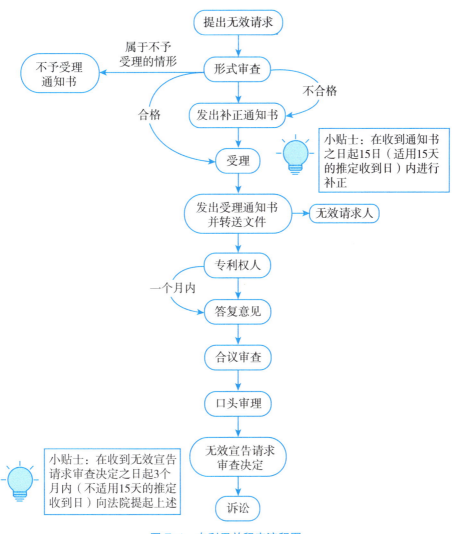

图 Z-1 专利无效程序流程图

Q090 如何用好专利稳定性分析应对无效纠纷?

在企业科创板上市进程中,专利稳定性分析可以说是应对无效纠纷的一件"利器"。那么,如何用好专利稳定性分析,最大化发挥这件"利器"的作用呢?

▶▶ 选择合适时间节点开展专利稳定性分析

为了更好地发挥专利稳定性分析的作用,建议企业在上市前就针对储备专利进行稳定性分析,特别是专利数量较少的企业,更要重视专利稳定性分析的价值,以避免专利被宣告无效而导致不符合科创板上市专利数量要求这一门槛条件的极端情况的发生。在上市前这一阶段进行的专利稳定性分析,其效力最佳,因为如果专利稳定性分析的结果不理想,企业可以有充足的时间和精力应对,应对策略的选择范围也更广。

如果企业在科创板上市前未进行专利稳定性分析,那么在上市阶段遭遇无效纠纷后,也可以开展专利稳定性分析,以作为论证证据证明自身专利的稳定性。但在这一阶段开展的专利稳定性分析,其效力相比上市前的专利稳定性分析弱了很多,由于时间和精力的限制,部分应对措施在这一阶段已无法实施。

▶▶ 重点针对核心技术相关专利开展稳定性分析

对于企业来说,人力、物力、财力均是需要考虑的成本,在精力、财力有限的情况下,企业在开展专利稳定性分析时可以有所侧重。与企业的核心技术和主营业务相关的专利,一旦被宣告无效,对企业的影响极为深远,可能构成影响企业生产经营和持续盈利能力的重大不利事项。因此，在条件有限的情况下，建议企业重点针对核心技术和主营业务相关的专利进行稳定性分析，对于非核心技术相关的专利，可以依据自身情况选择开展或不开展专利稳定性分析，以最大化发挥专利稳定性分析在应对无效纠纷时的作用。

》 委托知识产权服务机构开展专利稳定性分析

专利稳定性分析是高技术专业度的工作，需要分析人员具备多方面的能力，如良好的技术理解能力、突出的专利检索能力以及娴熟的法律适用能力等。因此，为了进一步提升专利稳定性分析的价值，建议委托知识产权服务机构，优选能够娴熟使用专利检索技巧并利用世界范围内完备的数据库对现有技术进行全面的筛查，并由熟悉无效审理程序和审理标准的专业人员基于现有技术对专利的新颖性、创造性以及其他专利形式要件进行分析，从而预判相关专利进入无效程序后的走向，以更好地发挥专利稳定性分析的作用。

Q091 无效纠纷问询答复策略有哪些?

》无效纠纷问询答复策略

企业在科创板上市进程中遭遇无效纠纷后，通常会引发上市审核机构的问询，面对问询，企业可以采取以下答复策略。

1. 无效纠纷相关专利具有较高稳定性

企业可以通过对无效纠纷相关专利的稳定性进行说明来打消上市审核机构的疑虑。

一方面，企业可以委托知识产权服务机构出具相关专利的稳定性评价报告，以此来说明相关专利具有较高的稳定性，被宣告无效的可能性较低。

另一方面，企业可以对无效请求方的无效证据与相关专利的技术进行详细的对比分析，以此来说明相关无效证据的有效性不足，专利被宣告无效的可能性低。

2. 无效纠纷相关专利不会影响核心技术和主营业务

企业的核心技术和主营业务是其赖以生存的命脉，一旦核心技术和主营业务受到影响，企业的持续创新发展势必会受到波及。通过对无效纠纷相关专利与核心技术和主营业务的关系进行说明，能够反映无效纠纷对企业的影响程度。

如果被提起无效的专利不涉及企业的核心技术和主营业务，那么即使相关专利被宣告无效，也不会影响企业核心技术的稳定性及行业竞争力，不会对企业整体营业收入、净利润等产生重大不利影响。

如果被提起无效的专利涉及企业的核心技术和主营业务，那么企业可以对无效纠纷相关专利在核心技术体系中的角色、地位及作用进行详细说明。

如果相关专利仅涉及核心技术体系中的一个环节或者相关专利已有替代技术方案，核心技术体系尚有其他未被提出无效的多项专利进行保护，那么即使部分专利被宣告无效，也不会动摇企业核心技术体系的根基所在，不会对企业造成重大不利影响。

3. 为核心技术构建了多元知识产权保护体系

核心技术的知识产权稳定性影响着企业的持续经营能力。面对无效纠纷的相关问询，企业除对无效纠纷相关专利的情况进行论证和说明外，还可以对核心技术的知识产权保护情况进行揭示。例如，说明核心技术除采用实用新型或发明专利的方式进行保护外，还配合采用了商业秘密、软件著作权等多种形式的保护措施，构建了较为多元的知识产权保护体系，形成了较为全面的知识产权保护布局，即使部分专利被宣告无效，也不会导致核心技术知识产权的丧失，不会对企业的核心技术造成重大不利影响。

4. 持续创新能力保障企业生产经营

企业的不断发展壮大不仅依赖已有的创新成果，持续创新能力也是保障企业在市场竞争中掌握主动权的"撒手锏"。因此，企业还可以从稳定的研发团队、持续的研发投入、丰富的技术储备、良好的创新能力等角度说明企业的相关技术和产品在不断创新升级，并就相关技术成果进行了完善的知识产权保护。专利仅是维系企业持续生产经营能力的一部分，持续创新能力才是保障企业生产经营的持续开展的命脉，相关专利被无效并不会动摇企业生产经营持续开展的根基。

5. 企业拥有较强的核心竞争力

正常来说，企业从掌握核心专利技术到产品投入市场再到形成市场竞争力是一个漫长的过程，需要长时间的积累。因此，企业还可以提供相关数据证实自身产品已经具备了良好的市场竞争力，并在一定程度上形成了品牌效应，即使相关专利被宣告无效会增加竞争对手模仿的风险，但企业已有的市场竞争力和品牌效应使得竞争对手在短时间内难以实现超越，也不会导致企业核心竞争力的丧失，不会影响企业的持续盈利能力。

6. 企业具备行业综合优势

企业生产经营的正常开展依赖多方面的因素——自主研发能力、行业技术壁垒、持续创新能力、供应链体系等，知识产权仅是其中一个要素。企业经过长期的发展已经在行业内形成了具备上述多种要素的综合优势，即使部分专利被宣告无效，也不会给企业的行业竞争力和持续经营能力造成重大不利影响。

》 遭遇无效纠纷，专利稳定性分析来帮忙

在苏州敏芯微电子技术股份有限公司（简称敏芯股份）和歌尔股份有限公司（简称歌尔股份）的知识产权"战争"中，还涉及无效纠纷。2019 年 11 月，敏芯股份提交科创板上市申请。2020 年 1 月起，歌尔股份先后对敏芯股份的 18 项发明专利与 1 项实用新型专利提起无效宣告请求。中国证监会关注到这些无效纠纷，要求发行人说明"发行人不存在重大诉讼等或有事项，涉及的诉讼或无效申请事项不会对持续经营有重大不利影响"。面对问询，敏芯股份进行了有理有据的答复，并于 2020 年 7 月在科创板上市注册生效。

面对无效纠纷相关问询，敏芯股份从以下五个角度进行了答复。

（1）被提起无效的专利和尚未被提起无效的核心专利均具有稳定性。发行人从相关专利被无效的可能性低的角度进行了论证：①发行人拥有长期积累的知识产权分析成果，研发人员已充分分析与排查相关专利，规避行业内已有的技术壁垒，保证自主研发成果的新颖性与创造性；②相关专利多为发明专利，经历了我国或美国等多个专利主管部门的审查，整体专利质量及稳定性水平较高，被整体宣告无效的风险非常低；③针对无效请求人的举证进行逐条比对与技术分析，提供的证据不会对发行人相关专利稳定性造成重大不利影响；④发行人涉及无效申请的专利，以及尚未被提起无效申请但涉及核心技术的相关专利，均已由第三方机构——国家知识产权局专利局直属事业单位国家知识产权局专利局专利审查协作江苏中心全资子公司苏州慧谷知识产权服务有限公司出具关于专利稳定性的报告，经检索确认上述专利具有新颖性、创造性及实用性。

（2）专利无效请求及其或有的不利结果不会对发行人核心技术造成重大

不利影响。发行人构建了基础技术、技术诀窍、现有专利与专利申请组成的多层次核心技术体系，从多个层次对公司的核心技术进行了保护。在研发与生产过程中，发行人采用技术秘密与申请专利结合的方式对研发成果进行了保护。对于不适合进行公开以及不适合申请专利的技术诀窍，发行人建立了保密制度，保证这些技术秘密不被泄露或模仿。

（3）MEMS传感器厂商专利对核心竞争力的影响较小。发行人的核心竞争力体现在自主研发能力、核心技术体系、持续创新能力、全本土化生产体系等多个维度。MEMS传感器的研发与生产需要综合运用全产业链的技术工艺，发行人经过多年研发，在全生产环节都拥有了自主研发能力。发行人依靠自主研发能力与核心技术体系在顺应市场趋势、成本管控等方面均拥有竞争优势。

（4）从掌握核心专利到形成市场竞争力需要长时间积累。MEMS传感器厂商从完成全产业链技术基础研发到形成批量出货能力，再到形成市场竞争力需要长时间的积累。因此，尽管因专利被无效会导致发行人专利技术被竞争对手模仿的风险增加，但是竞争对手很难以在短时间内掌握这些技术乃至成为自己的竞争优势，专利无效事项不会导致发行人核心技术或核心竞争力的丧失。

（5）发行人依靠技术迭代而非专利抢占市场。发行人通过给出具体的数据说明MEMS传感器更新迭代速度较快，相关专利被无效后，竞争对手仅能够模仿发行人多年前就已经在专利中公开的技术特征，却无法掌握发行人最新产品的核心技术点。发行人依靠技术迭代而非专利优势抢占市场。发行人应用于消费电子的MEMS产品的迭代周期通常在3年以内，而发行人自成立以来发明专利的平均授权周期为3.21年，专利更多的是逼迫竞争对手寻找其他技术路线，拖延其产品研发上市时间。专利在市场竞争中提供了保护作用而非支持作用。

≫ 启示

面对上市审核机构关于无效纠纷的相关问询，敏芯股份进行了有效有力的回应，有以下两点值得拟上市企业借鉴。

1. 借助专业机构，巧用稳定性分析

企业在科创板上市进程中遭遇无效纠纷后，可以充分借助知识产权服务机构出具的专利稳定性分析报告来增加说服力，证明自身专利稳定性高，以此来有效回应上市审核机构的问询。

2. 对症下药，有的放矢

面对问询，除了借鉴现有的答复策略外，企业还应当结合所属行业的特点有针对性地进行分析论证，而不是简单地"照本宣科"。如敏芯股份在答复问询时就充分考虑并说明了 MEMS 传感器行业的特点，并基于行业特点分析论证了专利对企业核心竞争力、市场竞争力等的影响，侧面印证了即使相关专利被宣告无效，也不会对企业的核心竞争力和市场竞争造成重大不利影响。敏芯股份这种"对症下药"的回复方式也获得了上市审核机构的认可，最终成功上市。

 **专利侵权纠纷应对策略有哪些?**

专利侵权纠纷是企业科创板上市进程中高发易发的知识产权纠纷类型。企业在遭遇专利侵权纠纷后，可以从以下四个方面进行应对（见图 92-1）。

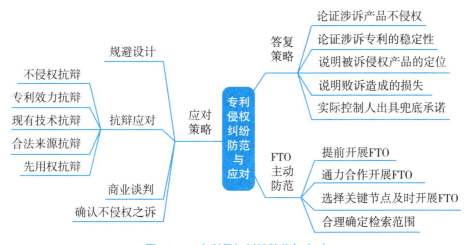

图 92-1　专利侵权纠纷防范与应对

≫ 专利侵权纠纷应对策略

1. 规避设计

规避设计是指通过修改现有产品的设计方案，使其避免落入涉诉专利权利要求的保护范围。需要注意的是，这一应对策略具有时间限制，多用于研发早中期。但企业在上市阶段会受到时间的限制，所以这一应对策略的效力并不高。

2. 抗辩应对

在遭遇专利侵权纠纷后，抗辩应对是一种较为常见的应对方式，可以对涉诉侵权产品进行不侵权抗辩、专利效力抗辩、现有技术抗辩、合法来源抗辩、先用权抗辩等，消除专利侵权纠纷对企业的不利影响。

（1）不侵权抗辩。不侵权抗辩，主要指的是被诉侵权产品的技术特征与涉诉专利的权利要求不同，是专利侵权诉讼中最常见的抗辩方式之一，其实际上是对"全面覆盖原则"和"等同原则"的反向利用。全面覆盖原则是判断被诉侵权产品是否侵权时的基本原则，被诉侵权技术方案中若包含与权利要求记载的全部技术特征相同或者等同的技术特征，即构成侵权。企业在遭遇专利侵权诉讼后，应及时对被诉侵权产品进行技术排查，以核实相关产品是否落入涉案专利的保护范围。为更好地打消上市审核机构的疑虑，建议委托知识产权服务机构出具法律意见书，以论证涉诉侵权产品不侵权。

（2）专利效力抗辩。专利效力抗辩，指的是对涉诉专利提起无效宣告请求，通过无效相关专利，使得专利权人丧失作为专利侵权诉讼基础的涉诉专利，这也是专利侵权抗辩中使用比较多的抗辩方式之一。

（3）现有技术抗辩。现有技术抗辩，也称"公知技术抗辩"，是专利侵权抗辩中常见的抗辩方式之一。《专利法》第 67 条规定："在专利侵权纠纷中，被控侵权人有证据证明其实施的技术或者设计属于现有技术或者现有设计的，不构成侵犯专利权。"现有技术抗辩的依据便来源于《专利法》的上述规定，其指的是在专利侵权诉讼中，如果能够提供证据证明涉诉技术属于现有技术，那么相关技术不构成专利侵权。在实施现有技术抗辩时，被诉落入专利权保护范围的全部技术特征，与一项现有技术方案中的相应技术特征相同或者无实质性差异的，应当认定被诉侵权人实施的技术属于现有技术。这里需要注意的是，现有技术抗辩的比较对象为落入专利权保护范围的技术特征与现有技术，而不侵权抗辩的比较对象为涉诉专利与涉诉侵权产品。

现有技术是指申请日以前在国内外为公众所知的技术。因此，现有技术抗辩要求所引用的现有技术的公开时间早于涉诉专利的申请日。此外，在搜集现有技术证据时，除了关注出版物证据外，还需注意实物证据，特别要关注专利狙击方的相关产品，其有可能会在专利申请前已对相关产品进行了销售，这一情况在司法实践中也已有先例。

（4）合法来源抗辩。合法来源抗辩，也称"非故意行为抗辩"。《专利法》第77条规定："为生产经营目的使用、许诺销售或者销售不知道是未经专利权人许可而制造并售出的专利侵权产品，能证明该产品合法来源的，不承担赔偿责任。"基于此规定，合法来源抗辩是在承认专利侵权事实存在的情况下进行的抗辩，使用、许诺销售或者销售行为仍然属于侵权行为，抗辩目的在于免除被诉侵权人的赔偿责任。需要注意的是，合法来源抗辩只能免除被诉侵权人的赔偿责任，被诉侵权人还需承担其他责任，如权利人的维权费用、立即停止侵权等。在实施合法来源抗辩时需要考虑三个关键要素，即行为类型、主观善意、来源合法。

行为类型：合法来源抗辩仅适用于"使用、许诺销售或者销售不知道是未经专利权人许可而制造并售出的专利侵权产品"行为，对于制造行为和进口行为，不适用于合法来源抗辩。

主观善意：对于主观善意要素，要求被诉侵权方尽到合理注意义务，一般由涉诉专利权人提供证据证明被诉侵权人知道或应当知道其使用、许诺销售或者销售的产品属于专利侵权产品，否则一般推定为不知道。《最高人民法院关于知识产权民事诉讼证据的若干规定》第4条规定："被告依法主张合法来源抗辩的，应当举证证明合法取得被诉侵权产品、复制品的事实，包括合法的购货渠道、合理的价格和直接的供货方等。被告提供的被诉侵权产品、复制品来源证据与其合理注意义务程度相当的，可以认定其完成前款所称举证，并推定其不知道被诉侵权产品、复制品侵害知识产权。被告的经营规模、专业程度、市场交易习惯等，可以作为确定其合理注意义务的证据。"因此，可以基于被诉侵权人的经营规模、专业程度、市场交易习惯等来判断是否尽到了合理注意义务。

来源合法：对于客观上有合法来源要素，被诉侵权人应当提供符合交易习惯的相关证据证明其所使用、许诺销售或者销售的侵权产品来源合法，如合法的购货渠道、合理的价格和直接的供货方等。此外，在进行"符合交易习惯"的判断时，应当综合考虑行业类型、交易主体、交易类型等多种因素，对于正规的商场超市与街边的杂货店关于合法来源证据的要求就可以有所不同。

（5）先用权抗辩。《专利法》第 75 条规定："有下列情形之一的，不视为侵犯专利权……（二）在专利申请日前已经制造相同产品、使用相同方法或者已经作好制造、使用的必要准备，并且仅在原有范围内继续制造、使用的……"可见，在《专利法》中，对于在先使用不视为侵权进行了明确规定。因此，被诉侵权人可以采用先用权抗辩的方式进行专利侵权抗辩。采用先用权抗辩，需注意以下几个方面。[①]

①先用权时间要件：使用先用权抗辩，必须满足时间要件，即制造或使用行为或必要准备必须在涉诉专利申请日前已经进行或完成，在专利申请日后发生的行为不能享有先用权。

②先用权技术来源合法：在先制造的产品或者在先使用的方法等在先技术，其来源必须是合法的。对于先用技术的来源，可以是先用权人在申请日前自己独立研究完成的，也可以是先用权人以合法手段从发明人或其他独立研究完成者处以有偿或无偿的方式合法取得的，而不是在专利申请日前以抄袭、窃取或者以其他不正当手段获取的。为证明先用权技术来源合法，先用权人可以提供相关研发记录、研发图纸、研发报告等过程性文件以及产品生产记录、产品追溯系统等记录性文件。

③先用权的范围：先用权人必须在原有范围内制造和使用发明创造才能享有先用权抗辩，先用权人不得自行扩大专利技术的使用范围。对于"原有范围"，包括申请日前已经具有的生产规模以及利用已有的生产设备或者根据已有的生产设备可以达到的生产规模。在实际生产规模小于可以达到的生产规模的情况下，先用权人可以将实际生产规模扩大到可以达到的生产规模。

此外，企业还可以采用损害赔偿抗辩、合理使用抗辩、诉讼时效抗辩等其他抗辩措施来应对专利侵权纠纷；并且，在实际使用中，企业可根据自身情况综合使用多种抗辩策略，以获得较好的抗辩效果。

3. 商业谈判

商业谈判是一种广泛适用的知识产权纠纷应对方式。在遭遇专利侵权纠

[①] 参见曾范军：《专利侵权的抗辩事由研究》，吉林大学 2009 年硕士学位论文。

纷后，企业也可以与专利狙击方进行谈判，通过转让或许可等方式获得实施涉案专利的权利，或通过与专利权人和解的方式消除专利侵权纠纷对企业科创板上市的不利影响。

4. 确认不侵权之诉

确认不侵权之诉指的是在权利人向他人发出侵犯专利权的警告或威胁的情况下，被警告人或利害关系人未在合理的时间期限（自权利人收到书面催告之日起 1 个月内或者自书面催告发出之日起 2 个月内）内解决双方争端使得其正当权利受损，被警告人或利害关系人向人民法院提起请求确认其行为不侵犯专利权。可见，提起确认不侵权之诉具有一定的先决要件，即权利人的相关警告或威胁。企业在科创板上市进程中，如果遭遇竞争对手或第三方机构专利侵权的相关投诉或警告，可以通过发起确认不侵权之诉来应对竞争对手或第三方机构的狙击。

》 巧用专业机构知识产权鉴定意见书应对专利侵权纠纷

成都纵横自动化技术股份有限公司（简称纵横股份）是一家专注于工业无人机相关产品的研发、生产、销售及服务的企业。河北雄安远度科技有限公司（简称雄安远度）是一家无人驾驶航空器产品及解决方案供应商。

2020 年 4 月，纵横股份提交科创板上市申请。2020 年 5 月，雄安远度起诉纵横股份侵犯其无人机的专利权，共计索赔 2000 万元。2020 年 7 月，雄安远度发布了一封向上市委的举报函——《反映"成都纵横自动化技术股份有限公司"有关问题的函》，主要内容涉及两方面：一是认为纵横股份不符合"应用于公司主营业务的发明专利 5 项以上"的必要条件；二是认为纵横股份的招股说明书描述核心技术部分无相应发明专利支撑，不能代表真实核心技术，纵横股份不符合"主要依靠核心技术开展生产经营"的条件。

雄安远度的专利侵权狙击以及举报函引起了上市审核机构的关注，问询如下："说明仅通过共同诉讼的规定和法理，认定发行人全系列产品未侵犯原告专利技术的依据是否充分……说明如果发行人全系列产品侵犯了原告涉诉专利，是否对发行人造成重大不利影响，是否构成本次发行上市的障碍。"

面对问询，纵横股份从以下两个方面进行了答复。

1. 多角度证明发行人全系列产品不侵权

（1）通过对具体技术领域的分析说明涉诉专利与发行人产品及应用场景存在差别，技术路线存在显著差异，不涉及专利侵权。

（2）通过对涉诉专利技术方案与涉诉产品的技术特征进行一一详细比对，证实两者间技术特征、应用场景、技术手段等存在明显差别，不构成侵权。

（3）通过委托专业机构出具知识产权鉴定意见书，证明涉诉产品不构成专利侵权。此外，还对该第三方机构的资质进行了说明以进一步提升上述鉴定意见书的可信度。

2. 多层次论证如果发行人全系列产品存在潜在侵权风险，也不会对发行人造成重大不利影响

（1）通过对发行人研发体系和知识产权成果的介绍说明发行人具备核心技术的知识产权。

（2）通过对涉诉专利的具体分析说明涉诉专利不涉及标准必要专利。

（3）发行人可通过产品升级及时消除侵权情形，结合行业特点说明产品的优化和迭代保障了企业的核心竞争力。

（4）发生其他诉讼的赔偿风险不会对发行人的财务状况造成重大不利影响，对败诉可能带来的赔偿金额进行测算，说明败诉所造成的损失可控，同时企业实际控制人还出具了兜底承诺。

（5）说明发行人长期以来积极追加研发投入、加强自身知识产权体制建设、不断完善知识产权风险防范体系，通过多种渠道和途径来积累研发成果和知识产权。目前，发行人已经在内部建立了专利风险防范工作机制；对于产品、技术等研发项目，在规划阶段即由专利工程师介入，对各主要功能点进行专利风险排查检索，提前规避高风险专利。同时，发行人知识产权团队持续高度关注无人机行业的知识产权诉讼、许可案件，就行业内的高风险涉诉专利进行及时有效的内部风险排查。

》启示

多策略综合用，涉风险巧答复。面对侵权纠纷风险，纵横股份采用的策略主要为不侵权抗辩，通过技术特征比对和专业机构出具的法律意见书来说明涉诉产品不侵权。此外，纵横股份还通过企业实际控制人出具兜底承诺的方式对可能发生的败诉赔偿进行兜底。除了上述应对措施外，纵横股份对企业自身采取的风险防范措施也进行了披露，如专利风险排查检索、技术秘密防护、行业知识产权监控等。通过从多个角度并运用多种策略对知识产权侵权纠纷风险进行应对，纵横股份最终获得了上市审核机构的认可，并成功上市。

Q093 专利侵权纠纷问询答复策略有哪些?

≫ 专利侵权纠纷问询答复策略

企业在科创板上市进程中遭遇专利侵权纠纷后,可以从以下五个方面回答上市审核机构关心的问题,解除上市危机。

1. 论证涉诉产品不侵权

在遭遇专利侵权纠纷后,企业可以就被诉侵权产品的侵权情况进行说明,通过对比分析被诉侵权产品与目标专利的权利要求,核实被诉侵权产品是否全面覆盖涉诉专利权利要求记载的全部技术特征,并尽可能详细地向上市审核机构披露技术特征的对比结果,使上市审核机构能够直观地了解被诉侵权产品与涉诉专利技术方案的区别,从而论证涉诉产品不侵权。此外,为了增加不侵权论证的说服力,企业还可以委托知识产权服务机构出具法律意见书。

2. 论证涉诉专利的稳定性

如果涉诉专利被宣告无效,那么专利侵权的基础就不复存在。因此,企业可以结合现有技术说明涉诉专利的权利要求不具备新颖性或创造性,专利稳定性不高,被宣告无效的概率大,特别是涉诉专利为实用新型专利的情况下,由于其未经过实质审查,被宣告无效的可能性进一步增加。此外,企业还可以委托知识产权服务机构就涉诉专利进行无效/稳定性检索,并出具无效/稳定性检索报告,充分阐述涉诉专利的稳定性情况,进一步地,企业还可以就无效/稳定性检索报告中获得的对比文件对涉诉专利提起无效宣告请求,并将这一情况如实传达给上市审核机构。

3. 说明被诉侵权产品的定位

被诉侵权产品的定位直接影响着专利侵权诉讼对企业发展的影响程度。因此，企业可以通过对被诉侵权产品的定位进行说明来阐述其影响大小。具体地，企业可以披露被诉侵权产品与企业主营产品的关系。如果被诉侵权产品不涉及企业的主营产品，那么即使败诉也不会给企业的主营业务收入带来重大不利影响；如果被诉侵权产品属于企业的主营产品，可以说明被诉侵权产品销售收入占企业总体营业收入的比例低，不会影响企业的持续盈利能力。

4. 说明败诉造成的损失

企业可以委托审计机构，结合被诉侵权产品的销售收入情况，针对败诉情况下的赔偿金额进行测算，并在对相关信息进行披露时提供客观数据，充分论证败诉给企业造成的经济损失可控，不属于影响企业生产经营和盈利能力的重大不利因素。

5. 实际控制人出具兜底承诺

为进一步降低专利侵权诉讼的不利影响，公司实际控制人可以出具兜底承诺函，承诺将承担败诉造成的应由企业承担的赔偿金或诉讼费用，并补偿因知识产权诉讼导致的企业生产、经营损失，以避免企业和企业上市后的未来股东因此遭受任何损失。

》 多抗辩策略综合运用，遇侵权纠纷沉着应对

在苏州敏芯微电子技术股份有限公司（简称敏芯股份）和歌尔股份有限公司（简称歌尔股份）的"恩怨纠葛"中，还涉及专利侵权纠纷。2019 年 7 月，歌尔股份向敏芯股份提起 3 件实用新型专利侵权诉讼，索赔 1000 万元。2019 年 11 月，敏芯股份提交科创板上市申请。2019 年 11 月至 2020 年 6 月，歌尔股份陆续对敏芯股份提起 7 件专利侵权诉讼。这些专利侵权诉讼引起了中国证监会的关注，并引发了如下问询："说明发行人不存在重大诉讼等有事项，涉及的诉讼或无效申请事项不会对持续经营有重大不利影响。"针对中国证监会关于侵权纠纷的问询，敏芯股份进行了如下答复，并于 2020 年

7 月在科创板上市注册生效。

（1）专利侵权诉讼涉诉产品销售金额极小，不构成重大诉讼，不会对发行人持续经营造成重大不利影响。发行人构建了知识产权体系以防范风险，保护自身权益，发行人在歌尔股份现有专利侵权诉讼中败诉的可能性很小。且 2017 年至 2020 年 3 月，歌尔股份在上述侵权诉讼中涉诉编码对应产品截至 2020 年 3 月 31 日累计销售收入为 61.19 万元，按照《专利法》及其实施细则测算的预计赔偿金额为 12.69 万元，占发行人 2019 年净利润的 0.21%。即使败诉，涉诉产品对发行人财务报表的影响和发行人因此承担的赔偿金额也非常有限，不会对发行人持续经营造成重大不利影响。

（2）发行人产品不侵权，上述诉讼的败诉风险极低，即使败诉造成的赔偿风险及或有影响也极小。

①有效的知识产权风险防控体系保证了发行人不侵权。发行人建立了知识产权保护体系，在研发立项前和研发过程中均通过第三方数据库检索和监控竞争对手已公开专利情况，避免技术方案的重叠，规避侵犯竞争对手稳定专利的可能性。发行人购置了覆盖全球 116 个国家的商用专利数据库，定期更新行业、竞争对手等六大类专利信息分析报告，在研发立项、研发开展及正式投产前均进行专利检索，在研发路径上既满足高速迭代的下游需要，又能有效规避与竞争对手的技术路线重叠。

②针对性的诉讼应对策略确保了发行人的胜诉把握。歌尔股份起诉采用的涉诉专利主要为实用新型专利，专利稳定性较低，发行人主要通过专利无效申请程序及在先技术抗辩策略，第一批诉讼的 3 项涉诉专利中，1 项已被无效，另 2 项的核心权利要求均已被无效且其中 1 项已到期，发行人亦针对其他部分涉诉专利提起了无效宣告请求，截至目前无效审查程序暂无结果；对于其他未提起无效程序的专利，发行人主要采用不侵权抗辩策略，并已由第三方机构出具相关鉴定报告或分析报告，确认涉诉产品不构成侵权。

（3）发行人所在行业高速迭代及小批量、多批次的特点决定了歌尔股份今后的潜在专利侵权诉讼也不会对发行人造成重大不利影响。在歌尔股份大量诉讼的背景下，发行人 2019 年度及 2020 年第一季度销售额仍持续上升，未受上述事项的影响。应用于消费电子的 MEMS 产品仍处于技术的高速迭代期，发行人 1~2 年更新 50% 的产品型号、3 年更新绝大部分产品。即使发行人败诉，对财务报表的影响也非常有限。

（4）歌尔股份就有限数量的涉诉产品重复起诉不会因此增加发行人赔偿责任。发行人通过展示客观数据说明歌尔股份在对发行人提起的侵权诉讼中，存在明显的就同一举证产品进行重复诉讼的情况，通过多次诉讼将整体索赔金额扩大，索赔金额并非客观计算的结果。结合《专利法》关于赔偿金额的相关规定，以及司法实践中的赔偿实例，说明即使产生对发行人不利的诉讼结果，无论以《专利法》规定的哪种侵权赔偿责任计算方式计算，发行人承担的赔偿责任也极小，不会因歌尔股份就相同产品增加诉讼数量及索赔金额而导致赔偿风险发生实质性增加。

≫ 启示

1. 多抗辩策略综合运用，遇侵权纠纷巧妙答复

在敏芯股份的科创板上市进程中，面对问询，敏芯股份的答复策略可以总结为涉诉产品不侵权、涉诉产品销售收入低、败诉赔偿金额有限以及潜在的专利诉讼不会造成重大不利影响。在面对侵权纠纷时，敏芯股份采取了专利效力抗辩、现有技术抗辩以及不侵权抗辩的综合策略，有针对性地基于不同的涉诉专利选择不同的应对策略，取得了较好的效果。

2. 知识产权风险早排查，纠纷诉讼风险早预防

纠纷诉讼发生时的有效应对固然重要，但是风险的早期排查和防范应对预案制定更能够让企业在上市进程中做到心中有数、从容应对。作为科创板拟上市企业，应当意识到，上市进程中的关键节点极易发生知识产权狙击，因此提前对自身的知识产权情况进行全面体检和风险排查，并对潜在风险做出处置就显得尤为重要。在风险排查过程中，竞争对手可能带来的知识产权风险是排查的重中之重。

Q094 如何主动防范专利侵权纠纷风险?

企业在遭遇专利侵权纠纷后进行的应对属于事后应对,这种应对方式较为被动。对于企业来说,建议在上市之前就全面排查可能存在的侵权风险点,并及时做好应对预案,防患于未然。

提到侵权风险点排查,就不得不提技术自由实施(FTO),也称专利侵权风险分析或者专利实施调查,指的是通过全面检索,筛选出高相关度的文献,将企业的产品或技术与相关专利的权利要求记载的技术方案进行对比,分析专利侵权风险,并按照侵权风险程度的高低分别给出结论性意见,为企业的市场决策、商业活动等提供依据,降低侵权风险。

》 做好 FTO 分析的收获

企业做好 FTO 分析,不仅可以防范侵权风险,还会有如下收获。

1. 避免重复研究

通过 FTO 分析,企业不仅能够识别风险专利,还能够充分了解现有技术,避免开展重复研究;同时,企业借鉴这些重要的资源进行研发,可以说是站在了巨人的肩膀上,有望取得事半功倍的效果。

2. 了解竞争对手布局

在开展 FTO 分析时,竞争对手的专利是其中一个重要检索内容。因此,在通过 FTO 分析瞄准竞争对手可能存在的风险专利时,还能够附加了解竞争对手的专利布局情况,企业可以针对该专利布局情况提前做好应对,如对其专利进行堵截或做好产品规避设计。

3. 抗辩故意侵权

近年来，一些国家或地区不断完善专利侵权的惩罚性赔偿相关制度，我国最近一次对《专利法》的修正也引入了惩罚性赔偿，明确规定惩罚性赔偿为一倍以上五倍以下。在强化知识产权保护方面，除了惩罚性赔偿制度，有的地方也出台了豁免性质的措施，比如 2021 年出台的《上海市浦东新区建立高水平知识产权保护制度若干规定》中就明确提及了如果企业进行专利实施调查并获取专利实施调查报告，可以作为判断是否故意侵权的参考依据。因此，企业如果提前进行了 FTO，并且 FTO 的结果显示不构成侵权，那么相关机构在判断企业是否故意侵权、是否要进行惩罚性赔偿时，这一 FTO 结果可以作为重要的参考依据。

4. 抗辩专利侵权

企业在开展 FTO 分析的过程中会获得许多行业内的重要现有技术文献，这些现有技术文献是宝贵的技术资源。企业在遭遇竞争对手或第三方专利侵权的投诉或诉讼后，可以借助上述技术资源快速做出现有技术抗辩、无效宣告请求等响应，对专利侵权投诉或诉讼进行抗辩。

≫ 做好知识产权规划与管理

深圳光峰科技股份有限公司（简称光峰科技）是一家拥有原创技术、核心专利、核心器件研发制造能力的激光显示科技企业，台达电子工业股份有限公司（简称台达）为全球提供电源管理及散热解决方案。

2019 年 7 月 22 日，光峰科技在科创板上市。

2019 年 7 月 29 日，台达起诉光峰科技 3 项专利权侵权，索赔 4800 万元人民币，光峰科技 3000 万元人民币资金遭冻结。

2019 年 7 月 29 日，光峰科技对涉诉的 3 项专利提起无效宣告请求。

2020 年 2 月 11 日，台达涉诉 3 项专利中，其中 2 项专利被宣告全部无效，另一项因权属争议中止审理。

2020 年 6 月，台达撤诉。

》 启示

进可攻，退可守，知识产权战场赢先机。光峰科技在科创板上市后，便遭遇台达的专利侵权诉讼。在起诉的当天，光峰科技就针对全部涉诉专利提起了无效宣告请求，后续也取得了满意的结果。在这场专利狙击战中，光峰科技将快速反应做到了极致，这得益于其在知识产权战场的充分准备。光峰科技在其招股说明书中明确提及针对所属行业进行过专利分析，并针对竞争对手产品进行过侵权分析："《产业专利分析报告（第 32 册）——新型显示》①一书出版时间为 2015 年 6 月，为保持数据的更新及客观性，委托专业机构重新检索了 2000 年 1 月 1 日至 2019 年 2 月 28 日期间全球荧光激光技术的专利申请情况，同时根据检索结果，在上述《产业专利分析报告（第 32 册）——新型显示》的基础上统计了 2014~2018 年荧光激光技术全球主要申请人的专利申请数量，并出具了《光峰科技荧光激光领域专利技术分析》。""虽然竞争对手对公司技术进行了持续模仿，但是公司经过多年研发已建立了完善的知识产权体系及核心专利群，竞争对手难以全面模仿或突破。公司通过对竞争对手侵权产品的分析，了解到竞争对手侵权产品目前在亮度、色彩等指标上普遍呈落后状态，发光效率较低导致材料成本较高，技术水平仍处于ALPD® 技术早期水平。"光峰科技在知识产权战场上的充分准备为后续遭遇专利狙击时的快速反击打下了坚实的基础。结合前文光峰科技与极米科技的知识产权纠纷，可见光峰科技在知识产权战场上"进可攻，退可守"，实力不可小觑。

值得一提的是，光峰科技十分注重核心技术和关键专利的保护，在其招股说明书中提及："因难以在竞争产品上进行回避设计，又基于 ALPD® 技术优越的产业应用性和激光显示市场的快速发展形势，自 2013 年起，如日本卡西欧、中国台湾地区自然人等多个请求人针对发行人拥有的 ALPD®技术底层关键架构型核心专利中的两项发明专利 ZL200880107739.5 和 ZL200810065225.X 先后向专利复审委提出多达 16 次无效宣告请求。截至本招股说明书签署日，上述 16 次无效宣告请求中，1 次经过复审委、北京知识

---

① 杨铁军主编：《产业专利分析报告（第 32 册）——新型显示》，知识产权出版社 2015 年版。

产权法院、北京市高级人民法院和最高人民法院审判委员会的审查被判决维持发行人专利有效，1 次经过复审委、北京知识产权法院和北京市高级人民法院审查被判决维持发行人专利有效，5 次经过复审委的审查被判决维持发行人专利有效，4 次无效宣告请求被请求人主动撤回，另有 5 次是请求人分别于 2019 年 1 月、3 月、5 月新提起的、刚被复审委受理的无效宣告。"

可见，光峰科技不仅具备在知识产权战场上进攻防守的实力与魄力，其自身的专利稳定性也非常高，经得起无效宣告的考验，其技术创新与知识产权保护能力值得其他企业学习与借鉴。在科创板上市这场"大考"中，知识产权是其中的重要一环，企业做好知识产权规划与管理，将为科创板上市赢得更多的筹码。

Q095 如何用好 FTO 分析应对专利侵权风险?

FTO 分析是排查专利侵权风险的一把"利器",也是企业应对专利侵权纠纷的"武功秘籍"。工具在手,如何用好这本"武功秘籍",最大限度地发挥 FTO 分析对企业科创板上市的辅助作用,可以从以下几个方面着手(见图 92-1)。

》 提前开展 FTO

正常来说,在新产品或新技术开发、进入新的国家或地区的市场、涉及并购、投资、转让、许可等技术交易行为、海外参展、侵权诉讼以及企业上市时,通常都需要开展 FTO 分析。目前,很多企业在科创板上市进程中,往往是在遭遇专利侵权诉讼后才采取紧急应对措施进行 FTO 分析,面对上市审核机构相关问询的答复也只是非常简单的不侵权或已应诉、已提起无效等声明,难以确保上市进程不会因此受到影响。因此,对于科创板拟上市企业来说,建议至少提前一年左右开展 FTO 分析,以在发现高风险专利的情况下,给专利诉讼、专利无效、商业谈判准备等留出充足的时间,避免企业处于被动的局面。

》 通力合作开展 FTO

FTO 分析是一项系统性和专业性的工程,不仅涉及技术信息,还涉及法律信息,任何信息的疏漏都可能降低 FTO 报告的价值。知识产权服务机构人员虽然熟知法律信息,但其对技术知识可能了解得不够透彻,从而导致检索方向存在偏差,并且在发现侵权风险较高的专利时不能给出合理的规避性设计建议；而企业技术人员虽然熟知技术信息，但其不熟悉专利审查以及专利侵权判定等相关法律知识，可能无法准确判断专利侵权风险等级。上述信息的不对称和不全面有可能导致遗漏风险专利，使得 FTO 报告的价值大打折扣。因此，在进行 FTO 分析时，建议选择拥有完备的数据库、卓越的检索能力、熟知专利侵权判断原则的资质较好的知识产权服务机构，配合企业的知识产权人员以及熟知相关技术知识的企业技术人员，通力合作完成 FTO 报告，避免三方信息沟通不畅导致遗漏风险专利、降低 FTO 报告价值。

》选择关键节点及时开展 FTO

一项产品的完整生命周期包括了立项、规划、设计、试做和量产等多个阶段。虽然正常来说，越早开展 FTO 分析对企业来说越有利，企业应对措施的选择余地也越大，但是成本也是企业的重要考量因素。FTO 分析的实质是技术方案的对比，在产品立项和规划阶段，只具备初步框架而不具备具体的产品细节，开展 FTO 分析时技术特征比对的结果具有较大的不确定性。因此，从成本、不确定性方面考虑，在这些阶段可以不进行 FTO 分析。

开发一项产品，企业需要投入大量的人力、物力及财力。如果在产品邻近产业化才进行 FTO 分析，那么一旦 FTO 报告的结论不理想，轻则需要对某些部件进行规避设计，重则需要重新配置整个生产线，会造成人力、物力和财力等的不必要的损耗。因此，建议在开发产品的技术方案基本定型时开展一次 FTO 分析，提前预判专利侵权风险，做出规避设计，避免侵权风险。

由于 FTO 的检索范围限于已经公开的专利申请，而从产品技术研发到产品批量生产需要一个漫长的过程，这可能会导致企业在开发产品之初完成的 FTO 分析无法涵盖之后公开并且获得专利保护的新专利，从而使得产品在日后推向市场时仍然存在侵犯他人最新专利权的风险。因此，建议在产品准备投入市场前至少再进行一次补充 FTO 分析。

总体而言，对于科创板拟上市企业，考虑到随着新的法律法规、指导案例的颁布，侵权判定的方法可能会发生一些新变化，并且随着企业研发技术的积累，产品也在不断改型升级，建议企业在综合考虑成本因素和自身情况后，选择一些关键的时间节点及时开展 FTO 分析。

》合理确定检索范围

　　企业在开展 FTO 分析的过程中，不仅会接触到风险专利，还会获得竞争对手的核心专利、第三方的专利文献以及可自由实施的失效专利，这些文献构成了宝贵的资源库，为研发活动的开展和抗辩策略的做出贡献了极大的智慧能量。由此，扩大 FTO 检索范围能够收获丰富的技术资源，但相应地，企业花费的成本也会随之增加。综上所述，在实际开展 FTO 检索时，企业可在考虑成本的基础上适当扩大检索范围，以进一步丰富资源库的内容，提升FTO 分析报告的价值。

Q096 商业秘密侵权纠纷的应对策略有哪些？

在企业创新发展的征程中，技术人员特别是核心技术人员发挥着不可或缺的重要作用。对于创新成果的保护，除了采用实用新型或发明专利外，还有的企业选择商业秘密保护的方式。人是技术的载体，技术人员的流动可能会造成技术秘密的泄露，并进一步导致企业创新资产的流失，引发商业秘密侵权纠纷。面对商业秘密侵权纠纷，企业可以从以下几个方面进行应对（见图96-1）。

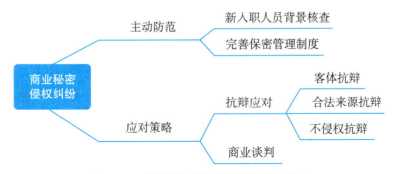

图 96-1　商业秘密侵权纠纷的防范与应对

》商业秘密侵权纠纷的应对策略

1. 抗辩应对

企业可以通过抗辩的方式对商业秘密侵权纠纷进行应对，常用的抗辩方式包括客体抗辩、合法来源抗辩、不侵权抗辩等[①]。

---

① 张慧霞："商业秘密诉讼中被告的抗辩理由"，载《河南省政法管理干部学院学报》2006年第6期。

（1）客体抗辩。客体抗辩主要是从涉案信息是否构成商业秘密的角度进行抗辩。一旦涉案信息不属于商业秘密，侵权的基础就不复存在，此时侵权行为也就不攻自破。《反不正当竞争法》第9条第4款规定："本法所称的商业秘密，是指不为公众所知悉、具有商业价值并经权利人采取相应保密措施的技术信息、经营信息等商业信息。"根据商业秘密的定义，在进行客体抗辩时，主要从构成商业秘密的三要素，即秘密性、价值性和保密性三个方面进行考量，如果上述三要素中的任何一个要素不成立，那么涉案信息就不能构成商业秘密，也就不能获得商业秘密保护。

秘密性也称非公知性，主要从涉案信息是否为公众广泛知悉的技术这一角度进行考量。如果公众能够比较容易地通过合法手段获得相关信息，如该信息已在国内外的书籍、报刊等出版物上公开，该信息已被国内外相关产品公开，或经专业第三方机构鉴定，相关信息为行业内公知的技术，那么涉案信息就不能满足秘密性的要求。

价值性主要从涉案信息能否产生经济利益、能否给商业秘密权利人带来竞争优势的角度进行考量。竞争优势指的是利用商业秘密可以在市场竞争中获得高于他人（不知或不使用它的竞争者）的优势，也称为经济价值。竞争优势的要求并不高，只要微不足道就可以满足要求。如果涉案信息仅在理论上成立，目前尚不能将其应用到实际中，不能为权利人带来经济利益，则涉案信息不具备实用性，也不能给权利人带来竞争优势。

保密性主要从权利人是否对涉案信息采取了有效的保密措施的角度进行抗辩。如果商业秘密权利人未采取保密措施，或虽然采取了保密措施，但不足以保护涉案信息的秘密性，不足以让他人知晓该信息为秘密信息，那么就不满足秘密性的要求。在实际情况中，可以从以下几个方面对保密性进行论证：涉诉商业秘密在权利人之外的企业或个人的知晓程度、权利人的雇员和其他商业伙伴的知晓程度、权利人为保护该商业秘密而采取了什么保密措施、他人以正当手段取得或复制该信息的难易程度等。

（2）合法来源抗辩。合法来源抗辩主要指的是涉案信息或技术的来源是合法的，可以从以下几个角度进行论证。

①涉案信息或技术通过独立研发获得。商业秘密具有相对的专有性，不

同的人可以同时拥有相同的商业秘密。一方面，企业需举证证明自己没有机会接触到权利人的商业秘密；另一方面，企业还可以通过提供经费预算、研发记录、人员分配等相关证据材料，说明自己为商业秘密的研究开发投入了必要的人力、物力和财力，由此论证涉案信息或技术系发行人通过独立研发获得。

②涉案信息或技术通过反向工程获得。反向工程是指从公开渠道取得的产品着手，通过追溯的方法探知其开发或者制造的方法。通过反向工程的方式获得的商业秘密，不认定为商业秘密侵权。企业主张涉案信息或技术通过反向工程获得时需注意以下三个关键要素：其一，涉案产品是通过合法途径获得，可以通过提供购买记录、产品发票等证据来证明涉案产品的来源合法；其二，被诉侵权人真实实施了产品分析的过程，可以通过提供图片、文字或视频等相关证据资料来证实被诉侵权人确实对产品进行了反向分析；其三，通过反向工程分析获得了相关分析成果，对取得的结果要通过一定载体表现出来，并妥善保管，以便于日后作为证据使用。

③通过情报分析方法获得。情报分析方法主要是指长期、持续地跟踪、收集和积累有关商业秘密权利人的活动资料，然后运用科学的方法综合分析判断出有关经营性商业秘密。该方法是获取商业秘密各种方法中运用得相对成熟的一种方法。企业采用该方法进行商业秘密侵权抗辩时，相关资料和证据的举证要求可参照反向工程方法。

（3）不侵权抗辩。如果涉案信息或技术与权利人的商业秘密信息既不相同也不相似，那么商业秘密侵权行为不成立。为此，企业可以采用"密点对照"的方法，将涉案信息或技术中的要点与权利人商业秘密信息中的要点进行对比，论证两者是否相同或实质相同，以此来证明涉案信息或技术不侵权。

此外，企业还可以采用个人信赖抗辩、生存权利抗辩等抗辩手段，以应对商业秘密侵权纠纷；必要时，企业可综合采用多种抗辩策略，以进一步提高抗辩效果。

2. 商业谈判

同其他知识产权侵权纠纷的应对方式一致，在遭遇商业秘密侵权纠纷后，企业也可以主动与原告方进行商业谈判，并支付一定金额的和解金，以通过与原告方和解的方式解除上市危机。

>> 商业秘密遇纠纷，多重策略综合用

上海丛麟环保科技股份有限公司（简称丛麟环保）长期专注于危险废物的无害化处置与资源化利用。山东环沃环保科技有限公司（简称山东环沃）致力于工业和市政废物的资源化利用与无害化处理。南京广全环保技术服务有限公司（简称南京广全）是一家环保技术供应商，致力于危废处置行业新技术的研发和应用。2017 年，南京广全独家研发出了阻盐剂及其应用技术、烟气排放一氧化碳控制技术、异味控制系统、料坑消防辅助控制系统这四项技术。

2020 年 6 月，山东环沃同南京广全签订了多份《购销合同书》及《产品及技术保密协议》，约定山东环沃购买南京广全的"阻盐剂"产品，同时约定对南京广全披露的技术秘密等保密信息承担保密义务。2021 年 6 月，丛麟环保上市申请被受理。2021 年 9 月，南京广全起诉丛麟环保、山东环沃侵害技术秘密，南京广全诉称其享有"阻盐剂"产品的配方及相关知识产权，山东环沃违反保密义务将"阻盐剂"的技术秘密提供给了丛麟环保，丛麟环保于 2021 年 6 月 29 日发布的招股说明书（申报稿）中所述的"疏散剂"与南京广全"阻盐剂"产品相同，其关于阻盐剂的技术秘密受到了侵害。南京广全请求判令丛麟环保、山东环沃停止侵害南京广全"阻盐剂"产品技术秘密、删去招股说明书中有关"疏散剂"的相关描述，赔偿原告经济损失 1000 万元并承担本案全部诉讼费用。

关于知识产权诉讼，丛麟环保在答复上市审核机构的第二轮问询中从以下几个角度进行了信息披露。

1. 发行人不存在侵害南京广全技术秘密的情形

（1）发行人核心技术中所述的"疏散剂"系由发行人自主组建技术团队研发取得的技术产品成果。

（2）南京广全未向山东环沃披露其"阻盐剂"的基本成分、相关应用技

术和工艺参数等涉及知识产权的技术秘密，山东环沃亦不掌握南京广全的技术秘密，无法将相关技术秘密提供给发行人及其他关联公司。

（3）根据第三方检测机构的检测报告和"阻盐剂"产品的简要介绍等材料，发行人核心技术中所述的"疏散剂"和南京广全"阻盐剂"系两种不同的产品。

（4）起诉状中所列举的"湿法脱酸＋高盐废水回喷急冷塔"系危险废物焚烧烟气处理环节的一种工艺，而非技术方案，举报人存在混淆概念的情形。发行人所申请的专利，系发行人为实施该工艺所自主研发的新的技术方案。

2. 委托专业的知识产权律师出具《案件分析报告》，对案件走向进行预判

南京广全目前提交的证据未证明其"阻盐剂"配方技术信息符合商业秘密的法定条件，未证明其将"阻盐剂"产品的具体配方技术信息提供给了丛麟环保或山东环沃，也未证明丛麟环保使用的"疏散剂"配方技术信息同南京广全主张的涉案"阻盐剂"配方技术信息构成相同或者实质相同，因此目前南京广全提供的证据难以支撑其在本案中的诉讼请求。就目前南京广全已经提供的证据而言，其在本案中的诉讼请求被法院予以驳回的可能性很大。

3. 对败诉造成的影响进行评估

（1）对发行人业务影响较小。"疏散剂"产品系发行人自主研发形成的辅材产品，其类似产品的市场供应较为充足，即使发行人无法使用"疏散剂"产品，亦可向其他企业采购类似功能产品。该"疏散剂"产品仅供发行人子公司使用，未向第三方进行销售，该事项对公司的生产经营无重大影响。

（2）对发行人财务影响较小。发行人通过具体的财务数据说明如果发行人向其他企业采购类似功能产品，预计额外增加的采购成本有限，对发行人的财务影响较小，同时还基于具体财务数据认为诉讼请求金额畸高。

（3）对发行人核心技术影响较小。"疏散剂"产品系核心技术所使用的辅助材料之一，通过外购类似产品，虽成本有所增加，但仍可实现"危废焚

烧烟气低成本协同处理工艺技术"，对发行人核心技术影响较小，并且发行人披露的形成主营业务收入的 8 项发明专利均不存在纠纷或潜在争议。

4. 实际控制人出具兜底承诺

此外，企业实际控制人还出具了兜底承诺，承诺将承担商业秘密侵权诉讼败诉所带来的相关赔偿责任。

》 启示

技术秘密遇纠纷，三箭齐发保上市。在遭遇商业秘密侵权纠纷之后，丛麟环保三箭齐发，最终获得上市审核机构的认可，上市成功。

第一箭：综合抗辩策略。丛麟环保从商业秘密的构成要件以及商业秘密侵权判断规则的角度进行了详细分析，说明涉诉技术信息不符合商业秘密构成要件，且涉案技术与原告技术不构成相同或实质相同，因而不构成技术秘密侵权。

第二箭：影响小。丛麟环保从涉诉技术对企业业务、财务以及核心技术的影响的角度进行了论证，说明即使败诉，对企业的影响也较小，不构成企业科创板上市的法律障碍。

第三箭：兜底承诺。公司实际控制人出具兜底承诺，将承担万一败诉所带来的损失。

企业在遭遇商业秘密侵权纠纷时，可以考虑借鉴丛麟环保的应对策略，通过多种方式对知识产权危机进行化解，消除或减小商业秘密侵权纠纷的不利影响，顺利登陆科创板。

Q097 如何主动防范商业秘密侵权纠纷风险?

为了防范企业在科创板上市进程中的商业秘密侵权纠纷风险,最行之有效的方式是在上市前进行商业秘密侵权纠纷风险排查。为此,企业可以从以下两个方面着手开展相关工作。

》 新入职人员背景核查

由于商业秘密侵权纠纷产生的其中一个重要原因是技术人员流动,因此,为了防范商业秘密侵权风险,企业可以从人员着手开展相关工作。做好新入职人员的商业秘密侵权风险核查就是有效防范途径。一方面,核查技术人员是否与原单位签订了保密协议或者竞业限制协议,并了解其掌握商业秘密的情况;此外,还需了解哪些信息属于商业秘密保护的范围,以避免商业秘密侵权。另一方面,重点核查新入职人员的研发记录,如果新入职人员在较短时间内就获得了较好的技术成果,更要注意其是否涉及侵犯商业秘密,以防止陷入商业秘密侵权纠纷。

》 完善保密管理制度

切实有效的保密管理制度才能最大化地发挥商业秘密侵权防范的作用。目前,部分企业虽然表面上制定了相关的保密管理制度,但在实际运行过程中,这些保密管理制度仅存在于纸面上而没有切实地得到执行,基本形同虚设,企业仍然存在商业秘密侵权风险。因此,建议企业建立完善的保密管理制度和管理体系并严格地落实执行,根据商业秘密的相关规定细化具体的保密措施,明确商业秘密范围,真正发挥保密管理制度的作用。此外,还可以定期对员工开展商业秘密相关专项培训,提高员工对于商业秘密的思想认识,从思想上加强员工的商业秘密侵权防范意识。

Q098 如何防范及应对商标侵权纠纷？

在企业登陆科创板的进程中，虽然商标不属于科创属性评价指标"4+5"体系的要求内容，但在《注册办法》中关注到了商标等的风险信息，并且商标侵权纠纷发生后也容易引起上市审核机构的关注和问询，拖延上市进程。面对商标侵权纠纷，企业可以从以下五个方面进行防范及应对（见图98-1）。

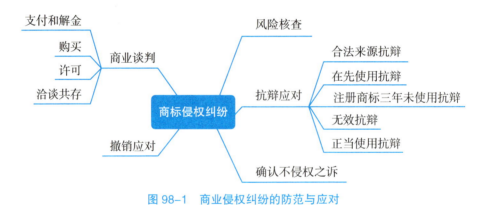

图 98-1　商业侵权纠纷的防范与应对

》 商业侵权纠纷的防范与应对

1. 风险核查

企业在提交科创板上市申请前，可以对自身的商标信息进行全面的排查，及时发现相关的风险点并进行应对，以把相关风险"扼杀在摇篮里"。此外，建议科创板拟上市企业定期对自身使用的注册商标进行检索，并对其开展分级分类保护，重点保护主商标，主动防范商标侵权风险。

2. 抗辩应对

与其他知识产权侵权纠纷应对方式一致，在遭遇商标侵权纠纷后，抗辩应对也是较为常用的应对方式。抗辩应对方式包括合法来源抗辩、在先使用抗辩、注册商标三年未使用抗辩、无效抗辩、正当使用抗辩等。

（1）合法来源抗辩。《商标法》第 64 条第 2 款规定："销售不知道是侵犯注册商标专用权的商品，能证明该商品是自己合法取得并说明提供者的，不承担赔偿责任。"因此，如果被诉商标侵权人能够证明商品是合法取得的，那么将不承担侵权责任。合法来源抗辩需要考虑以下几个关键要素。

①合法取得：对于合法取得，《商标法实施条例》第 79 条规定："下列情形属于商标法第六十条规定的能证明该商品是自己合法取得的情形：（一）有供货单位合法签章的供货清单和货款收据且经查证属实或者供货单位认可的；（二）有供销双方签订的进货合同且经查证已真实履行的；（三）有合法进货发票且发票记载事项与涉案商品对应的；（四）其他能够证明合法取得涉案商品的情形。"因此，被诉侵权人可以通过提供供货合同、销售发票、入库单、出库单等证据材料证明商品的来源合法。需要注意的是，针对需要特定经营资质的商品，销售商还需提供证据证明该来源具有相应的资质，即销售商在进货时履行了必要的注意义务。

②主观善意：销售者的主观善意即销售者不知道销售的商品是侵权商品，这是合法来源抗辩的另一成立要件。通常来说，由于主观善意难以直接判断，所以一般要求销售者尽到合理注意义务。判断销售者是否尽到了合理注意义务，可以考虑以下几个因素：商品的价格是否合理、商标的知名程度、商品是否具有明显的外在瑕疵、销售者的经营规模和专业化程度、销售商是否同时销售或混搭销售正品和侵权品、销售商是否抢注权利人的商标等。

此外，需要注意的是，合法来源抗辩理由成立仅是不承担赔偿责任，但需要承担权利人维权产生的费用。

（2）在先使用抗辩。《商标法》第 59 条第 3 款规定："商标注册人申请商标注册前，他人已经在同一种商品或者类似商品上先于商标注册人使用与注册商标相同或者近似并有一定影响的商标的，注册商标专用权人无权禁止该使用人在原使用范围内继续使用该商标，但可以要求其附加适当区别标识。"根据该规定，被诉侵权人可以采用在先使用抗辩策略进行商标侵权抗辩。

在实施在先使用抗辩时需考虑以下关键要素：被诉侵权人的商标使用时

间先于商标注册人的注册时间、被诉侵权的商标在权利商标注册前已具有一定影响、被诉侵权人是否在原使用范围内继续使用涉诉商标。如果不满足上述条件，在先使用抗辩事由不能成立。对于"原使用范围"的判断，主要考虑商标使用的地域和使用方式，如果商标使用地域进行了扩大，使用方式进行了拓展，如从实体销售增加到网络销售，则认为不符合"原使用范围"的要求。此外，在实施在先使用抗辩时，还需注意在先使用行为需合法，如果在先使用行为本身是违法的，那么相关在先使用行为不能产生受法律保护的在先权利。

（3）注册商标三年未使用抗辩。《商标法》第 64 条第 1 款规定："注册商标专用权人请求赔偿，被控侵权人以注册商标专用权人未使用注册商标提出抗辩的，人民法院可以要求注册商标专用权人提供此前三年内实际使用该注册商标的证据。注册商标专用权人不能证明此前三年内实际使用过该注册商标，也不能证明因侵权行为受到其他损失的，被控侵权人不承担赔偿责任。"因此，如果一个注册商标持续三年以上未使用，则被诉侵权人可以实施注册商标三年未使用抗辩。在此需要注意的是，仅有转让或许可行为，或者仅有商标注册信息的公布或者对其注册商标享有专有权的声明等，不属于商标使用。

（4）无效抗辩。《商标法》第 44 条第 1 款规定："已经注册的商标，违反本法第四条、第十条、第十一条、第十二条、第十九条第四款规定的，或者是以欺骗手段或者其他不正当手段取得注册的，由商标局宣告该注册商标无效；其他单位或者个人可以请求商标评审委员会宣告该注册商标无效。"如果涉诉商标被宣告无效，那么侵权的基础就不复存在。需要注意的是，宣告注册商标无效的决定或者裁定，对宣告无效前人民法院做出并已执行的商标侵权案件的判决、裁定、调解书和工商行政管理部门做出并已执行的商标侵权案件的处理决定以及已经履行的商标转让或者使用许可合同不具有追溯力。

（5）正当使用抗辩。《商标法》第 59 条第 1 款和第 2 款规定："注册商标中含有的本商品的通用名称、图形、型号，或者直接表示商品的质量、主要原料、功能、用途、重量、数量及其他特点，或者含有的地名，注册商标专用权人无权禁止他人正当使用。三维标志注册商标中含有的商品自身的性质产生的形状、为获得技术效果而需有的商品形状或者使商品具有实质性价值的形状，注册商标专用权人无权禁止他人正当使用。"基于该规定，被诉侵权人可以采用正当使用抗辩应对商标侵权纠纷。正当使用抗辩通常包括以下几种情形：①对通用名称的正当使用，包括法定的通用名称和约定俗成的通用名称；②对地名的正当使用，如景区地名、地理标志地名；③对其他包含商品特点的描述性词汇的正当使用。

此外，如果遭遇商标侵权纠纷，发行人还可以采用权利滥用抗辩、主体不适格抗辩、权利用尽抗辩、诉讼时效抗辩等抗辩方式。

3. 确认不侵权之诉

与专利侵权纠纷类似，针对商标侵权纠纷，在遭遇竞争对手或第三方机构商标侵权的相关投诉或警告后，企业也可以通过发起确认不侵权之诉来应对竞争对手或第三方机构的狙击。

4. 撤销应对

《商标法》第 49 条第 2 款规定："注册商标成为其核定使用的商品的通用名称或者没有正当理由连续三年不使用的，任何单位或者个人可以向商标局申请撤销该注册商标。……"根据该规定，如果涉诉侵权商标满足"成为其核定使用的商品的通用名称"或者"没有正当理由连续三年不使用"的要求，可以申请对其进行撤销，以消除商标侵权风险。

5. 商业谈判

企业可以通过与商标权利人进行商业谈判的方式化解商标侵权纠纷危机。商业谈判的形式包括但不限于支付和解金、购买、许可、洽谈共存等。

Q099 著作权纠纷也会影响企业上市科创板吗?

知识产权是企业科创属性的重要体现,在科创属性评价指标中对于发明专利数量具有明确要求,在《注册办法》中关注到了商标等的风险信息。因此,企业在科创板上市进程中会给予上述类型的知识产权较多的注意力。相较于发明专利和商标等类型的知识产权,在企业科创板上市进程中,著作权往往容易被忽视。事实上,虽然著作权对企业主营业务和持续经营能力的影响相对较小,但著作权纠纷也会给企业的科创板上市进程造成阻碍,需要引起科创板拟上市企业的重视。

》 著作权勿轻视

深圳宜搜天下科技股份有限公司(简称宜搜科技)是一家将推荐引擎应用于移动数字内容领域的高科技企业。依托智能推荐引擎,企业为终端用户提供阅读、音乐、漫画、游戏等移动数字内容推荐服务。

2019 年 9 月,宜搜科技提交了科创板上市申请。在其招股说明书中明确披露了"公司从事的数字阅读服务涉及数字内容的版权,公司已在内部建立了一套完善的版权管理制度,对业务开展过程中的版权审核严格按照《著作权法》等相关法律法规的要求,确保数字内容版权的合法合规。由于合作内容版权较多,仍不排除所涉及的版权内容难以保证彻底杜绝任何盗版抄袭行为的存在,故无法完全规避公司所采购的版权涉及侵犯他人知识产权的风险。公司可能存在潜在诉讼及因此承担法律责任的可能性,将对公司的持续经营及业绩产生不利影响"。此外,其还披露了 6 起宜搜科技作为被告的未结诉讼纠纷,涉案金额累计为 505.75 万元,其中 1 起诉讼为宜搜科技与北京爱奇艺科技有限公司的著作权纠纷。根据中国裁判文书网的数据，宜搜科技与上海连游网络科技有限公司、湖南快乐阳光互动娱乐传媒有限公司等多家公司存在共计 37 起著作权纠纷。

宜搜科技的主营业务对于版权等著作权存在较大的依赖性，并且宜搜科技也存在多起著作权相关纠纷。上市审核机构关注到这一情形，在第一轮问询中就此进行发问："请发行人说明：（1）发行人 App 上的漫画、书籍等内容是否均有合法版权，发行人阅读、漫画、音乐、游戏等合同就版权相关事项的具体约定；（2）发行人报告期内购买版权的数量、金额、发行人 App 主要产品的内容来源、制作方式，有无纠纷或潜在纠纷；（3）相关版权的续约情况，是否存在不能续约的风险，如不能续约是否对发行人的正常经营造成重大影响；（4）知识产权的合规情况及是否存在侵犯他人版权或其他合法权益的情形或潜在风险；发行人报告期内的具体版权纠纷情况以及对未来可持续经营存在的风险。"

2020 年 5 月，在经历了两轮问询后，宜搜科技的科创板上市审核终止。

》 启示

专利商标著作权，全体都要莫忽视。著作权作为知识产权的重要组成部分，对于科创板拟上市企业，特别是对著作权依赖度较高的企业也有着不容小觑的影响，著作权风险一旦处理不当，可能会延缓甚至终止企业科创板上市进程。因此，建议拟上市企业在关注专利、商标等类型的知识产权的合规性和风险防范的同时，也要注意防范著作权相关风险。

构筑著作权防护墙，防范著作权风险。对于著作权与企业的主营业务关联性较强的科创板拟上市企业，如主要涉及软件著作权的软件类企业、主要涉及版权的移动数字内容类企业等，更要注重对自身的著作权进行保护，及时对已有的著作权进行登记，构建自身的著作权无形资产，防范他人著作权侵权风险。此外，当涉及购买他人的著作权时，须提前对目标著作权开展"尽职调查"，核实其是否存在纠纷或潜在纠纷，避免因购买行为的发生而将相关纠纷或潜在纠纷风险转嫁到自身。对于其他涉及著作权的科创板拟上市企业，也要注意防范著作权侵权风险。

Q100　如何防范及应对著作权侵权纠纷？

不同于其他类型的知识产权，著作权的类别较为广泛，除软件著作权外，企业正常运行涉及的办公软件、宣传图片、广告字体等都属于著作权保护的范围，著作权侵权可以说是防不胜防。对于企业来说，可以从以下四个方面防范及应对著作权侵权纠纷（见图 100-1）。

图 100-1　著作权侵权纠纷的防范与应对

》》 著作权侵权纠纷的防范与应对

1. 风险核查

建议科创板拟上市企业在上市前全面核查自身的办公软件、专业软件是否盗版，宣传图片、广告等是否涉嫌著作权侵权，及时找出可能的风险点并进行防范。著作权涉及的内容多而杂，在一定程度上增加了核查难度，建议企业建立常态化监督核查机制和核查流程，将著作权风险核查融入企业的日常管理中，以便及时发现问题并解决问题，将相关风险扼杀在摇篮里。

2. 抗辩应对

企业在遭遇著作权侵权纠纷后，还可以采用抗辩的方式进行应对。抗辩事由主要包括以下几个方面。

（1）合法来源抗辩。《著作权法》第 59 条第 1 款规定："复制品的出版者、制作者不能证明其出版、制作有合法授权的，复制品的发行者或者视听作品、计算机软件、录音录像制品的复制品的出租者不能证明其发行、出租的复制品有合法来源的，应当承担法律责任。"因此，可以通过实施合法来源抗辩应对著作权侵权纠纷。在实施合法来源抗辩时，需注意以下两个关键要素。

抗辩主体：合法来源抗辩的抗辩主体为复制品的发行者或者复制品的出租者，而非生产者、制作者，因此，在进行合法来源抗辩时，只有抗辩主体为发行者、出租者时才能使用该抗辩事由。

合法来源：为了证明发行、出租的复制品有合法来源，需提供相关的证据。通常来说，如果能够提供买卖合同、销售发票、出货单、入库单、付款收据等证据证明商品进货渠道合法、买卖合同合法、商品价格合理等，即可认定符合合法来源的要求。

（2）合理使用抗辩。根据《著作权法》的规定，在某些特殊情况下使用作品，可以不经著作权人许可，不向其支付报酬，但应当指明作者姓名或者名称、作品名称，并且不得影响该作品的正常使用，也不得不合理地损害著作权人的合法权益。因此，可以通过实施合理使用抗辩应对著作权侵权纠纷。在《著作权法》中共列举了 13 种特殊情形适用合理使用抗辩。在具体实施时，可以考虑以下几个要素：出于非商业目的的使用，使用时注明著作权人的姓名或者名称、作品名称、作品出处等，不得不合理地损害著作权人的其他合法权益。

此外，还可以采用合法授权抗辩、法定许可抗辩、诉讼时效抗辩等抗辩事由应对著作权侵权纠纷。

3. 确认不侵权之诉

与专利侵权纠纷类似，针对著作权侵权纠纷，在遭遇竞争对手或第三方机构著作权侵权的相关投诉或警告后，企业也可以通过发起确认不侵权之诉来应对竞争对手或第三方机构的狙击。

4. 商业谈判

在遭遇著作权侵权纠纷后，企业可以通过商业谈判的方式与原告达成和解，和解方式包括支付和解金、购买等，以消除著作权侵权纠纷的不利影响。

附　录

附录001　首次公开发行股票注册管理办法

中国证券监督管理委员会令第 205 号

（2023 年 2 月 17 日中国证券监督管理委员会第 2 次委务会议审议通过）

第一章　总　则

第一条　为规范首次公开发行股票并上市相关活动，保护投资者合法权益和社会公共利益，根据《中华人民共和国证券法》《中华人民共和国公司法》《国务院办公厅关于贯彻实施修订后的证券法有关工作的通知》《国务院办公厅转发证监会关于开展创新企业境内发行股票或存托凭证试点若干意见的通知》及相关法律法规，制定本办法。

第二条　在中华人民共和国境内首次公开发行并在上海证券交易所、深圳证券交易所（以下统称交易所）上市的股票的发行注册，适用本办法。

第三条　发行人申请首次公开发行股票并上市，应当符合相关板块定位。

主板突出"大盘蓝筹"特色，重点支持业务模式成熟、经营业绩稳定、规模较大、具有行业代表性的优质企业。

科创板面向世界科技前沿、面向经济主战场、面向国家重大需求。优先支持符合国家战略，拥有关键核心技术，科技创新能力突出，主要依靠核心技术开展生产经营，具有稳定的商业模式，市场认可度高，社会形象良好，具有较强成长性的企业。

创业板深入贯彻创新驱动发展战略，适应发展更多依靠创新、创造、创意的大趋势，主要服务成长型创新创业企业，支持传统产业与新技术、新产业、新业态、新模式深度融合。

第四条 中国证券监督管理委员会（以下简称中国证监会）加强对发行上市审核注册工作的统筹指导监督管理，统一审核理念，统一审核标准并公开，定期检查交易所审核标准、制度的执行情况。

第五条 首次公开发行股票并上市，应当符合发行条件、上市条件以及相关信息披露要求，依法经交易所发行上市审核，并报中国证监会注册。

第六条 发行人应当诚实守信，依法充分披露投资者作出价值判断和投资决策所必需的信息，充分揭示当前及未来可预见的、对发行人构成重大不利影响的直接和间接风险，所披露信息必须真实、准确、完整，简明清晰、通俗易懂，不得有虚假记载、误导性陈述或者重大遗漏。

发行人应当按保荐人、证券服务机构要求，依法向其提供真实、准确、完整的财务会计资料和其他资料，配合相关机构开展尽职调查和其他相关工作。

发行人的控股股东、实际控制人、董事、监事、高级管理人员、有关股东应当配合相关机构开展尽职调查和其他相关工作，不得要求或者协助发行人隐瞒应当提供的资料或者应当披露的信息。

第七条 保荐人应当诚实守信，勤勉尽责，按照依法制定的业务规则和行业自律规范的要求，充分了解发行人经营情况、风险和发展前景，以提高上市公司质量为导向，根据相关板块定位保荐项目，对注册申请文件和信息披露资料进行审慎核查，对发行人是否符合发行条件、上市条件独立作出专业判断，审慎作出推荐决定，并对招股说明书及其所出具的相关文件的真实性、准确性、完整性负责。

第八条 证券服务机构应当严格遵守法律法规、中国证监会制定的监管规则、业务规则和本行业公认的业务标准和道德规范，建立并保持有效的质量控制体系，保护投资者合法权益，审慎履行职责，作出专业判断与认定，保证所出具文件的真实性、准确性和完整性。

证券服务机构及其相关执业人员应当对与本专业相关的业务事项履行特别注意义务，对其他业务事项履行普通注意义务，并承担相应法律责任。

证券服务机构及其执业人员从事证券服务应当配合中国证监会的监督管理，在规定的期限内提供、报送或披露相关资料、信息，并保证其提供、报送或披露的资料、信息真实、准确、完整，不得有虚假记载、误导性陈述或者重大遗漏。

证券服务机构应当妥善保存客户委托文件、核查和验证资料、工作底稿以及与质量控制、内部管理、业务经营有关的信息和资料。

第九条 对发行人首次公开发行股票申请予以注册，不表明中国证监会和交易所对该股票的投资价值或者投资者的收益作出实质性判断或者保证，也不表明中国证监会和交易所对注册申请文件的真实性、准确性、完整性作出保证。

第二章 发行条件

第十条 发行人是依法设立且持续经营三年以上的股份有限公司，具备健全且运行良好的组织机构，相关机构和人员能够依法履行职责。

有限责任公司按原账面净资产值折股整体变更为股份有限公司的，持续经营时间可以从有限责任公司成立之日起计算。

第十一条 发行人会计基础工作规范，财务报表的编制和披露符合企业会计准则和相关信息披露规则的规定，在所有重大方面公允地反映了发行人的财务状况、经营成果和现金流量，最近三年财务会计报告由注册会计师出具无保留意见的审计报告。

发行人内部控制制度健全且被有效执行，能够合理保证公司运行效率、合法合规和财务报告的可靠性，并由注册会计师出具无保留结论的内部控制鉴证报告。

第十二条 发行人业务完整，具有直接面向市场独立持续经营的能力：

（一）资产完整，业务及人员、财务、机构独立，与控股股东、实际控制人及其控制的其他企业间不存在对发行人构成重大不利影响的同业竞争，不存在严重影响独立性或者显失公平的关联交易；

（二）主营业务、控制权和管理团队稳定，首次公开发行股票并在主板上市的，最近三年内主营业务和董事、高级管理人员均没有发生重大不利变化；首次公开发行股票并在科创板、创业板上市的，最近二年内主营业务和董事、高级管理人员均没有发生重大不利变化；首次公开发行股票并在科创板上市的，核心技术人员应当稳定且最近二年内没有发生重大不利变化；

发行人的股份权属清晰，不存在导致控制权可能变更的重大权属纠纷，首次公开发行股票并在主板上市的，最近三年实际控制人没有发生变更；首次公开发行股票并在科创板、创业板上市的，最近二年实际控制人没有发生变更；

（三）不存在涉及主要资产、核心技术、商标等的重大权属纠纷，重大偿债风险，重大担保、诉讼、仲裁等或有事项，经营环境已经或者将要发生重大变化等对持续经营有重大不利影响的事项。

第十三条　发行人生产经营符合法律、行政法规的规定，符合国家产业政策。

最近三年内，发行人及其控股股东、实际控制人不存在贪污、贿赂、侵占财产、挪用财产或者破坏社会主义市场经济秩序的刑事犯罪，不存在欺诈发行、重大信息披露违法或者其他涉及国家安全、公共安全、生态安全、生产安全、公众健康安全等领域的重大违法行为。

董事、监事和高级管理人员不存在最近三年内受到中国证监会行政处罚，或者因涉嫌犯罪正在被司法机关立案侦查或者涉嫌违法违规正在被中国证监会立案调查且尚未有明确结论意见等情形。

第三章　注册程序

第十四条　发行人董事会应当依法就本次发行股票的具体方案、本次募集资金使用的可行性及其他必须明确的事项作出决议，并提请股东大会批准。

第十五条　发行人股东大会应当就本次发行股票作出决议，决议至少应当包括下列事项：

（一）本次公开发行股票的种类和数量；

（二）发行对象；

（三）定价方式；

（四）募集资金用途；

（五）发行前滚存利润的分配方案；

（六）决议的有效期；

（七）对董事会办理本次发行具体事宜的授权；

（八）其他必须明确的事项。

第十六条　发行人申请首次公开发行股票并上市，应当按照中国证监会有关规定制作注册申请文件，依法由保荐人保荐并向交易所申报。

交易所收到注册申请文件，五个工作日内作出是否受理的决定。

第十七条　自注册申请文件申报之日起，发行人及其控股股东、实际控制人、董事、监事、高级管理人员，以及与本次股票公开发行并上市相关的保荐人、证券服务机构及相关责任人员，即承担相应法律责任，并承诺不得影响或干扰发行上市审核注册工作。

第十八条　注册申请文件受理后，未经中国证监会或者交易所同意，不得改动。

发生重大事项的，发行人、保荐人、证券服务机构应当及时向交易所报告，并按要求更新注册申请文件和信息披露资料。

第十九条　交易所设立独立的审核部门，负责审核发行人公开发行并上市申请；设立科技创新咨询委员会或行业咨询专家库，负责为板块建设和发行上市审核提供专业咨询和政策建议；设立上市委员会，负责对审核部门出具的审核报告和发行人的申请文件提出审议意见。

交易所主要通过向发行人提出审核问询、发行人回答问题方式开展审核工作，判断发行人是否符合发行条件、上市条件和信息披露要求，督促发行人完善信息披露内容。

第二十条　交易所按照规定的条件和程序，形成发行人是否符合发行条件和信息披露要求的审核意见。认为发行人符合发行条件和信息披露要求的，将审核意见、发行人注册申请文件及相关审核资料报中国证监会注册；认为发行人不符合发行条件或者信息披露要求的，作出终止发行上市审核决定。

交易所审核过程中，发现重大敏感事项、重大无先例情况、重大舆情、重大违法线索的，应当及时向中国证监会请示报告，中国证监会及时明确意见。

第二十一条　交易所应当自受理注册申请文件之日起在规定的时限内形成审核意见。发行人根据要求补充、修改注册申请文件，或者交易所按照规定对发行人实施现场检查，要求保荐人、证券服务机构对有关事项进行专项核查，并要求发行人补充、修改申请文件的时间不计算在内。

第二十二条　交易所应当提高审核工作透明度，接受社会监督，公开下列事项：

（一）发行上市审核标准和程序等发行上市审核业务规则和相关业务细则；

（二）在审企业名单、企业基本情况及审核工作进度；

（三）发行上市审核问询及回复情况，但涉及国家秘密或者发行人商业秘密的除外；

（四）上市委员会会议的时间、参会委员名单、审议的发行人名单、审议结果及现场问询问题；

（五）对股票公开发行并上市相关主体采取的自律监管措施或者纪律处分；

（六）交易所规定的其他事项。

第二十三条　中国证监会在交易所收到注册申请文件之日起，同步关注发行人是否符合国家产业政策和板块定位。

第二十四条　中国证监会收到交易所审核意见及相关资料后，基于交易所审核意见，依法履行发行注册程序。在二十个工作日内对发行人的注册申请作出予以注册或者不予注册的决定。

前款规定的注册期限内，中国证监会发现存在影响发行条件的新增事项的，可以要求交易所进一步问询并就新增事项形成审核意见。发行人根据要求补充、修改注册申请文件，或者中国证监会要求交易所进一步问询，要求保荐人、证券服务机构等对有关事项进行核查，对发行人现场检查，并要求发行人补充、修改申请文件的时间不计算在内。

中国证监会认为交易所对新增事项的审核意见依据明显不充分，可以退回交易所补充审核。交易所补充审核后，认为发行人符合发行条件和信息披露要求的，重新向中国证监会报送审核意见及相关资料，前款规定的注册期限重新计算。

第二十五条　中国证监会的予以注册决定，自作出之日起一年内有效，发行人应当在注册决定有效期内发行股票，发行时点由发行人自主选择。

第二十六条　中国证监会作出予以注册决定后、发行人股票上市交易前，发行人应当及时更新信息披露文件内容，财务报表已过有效期的，发行人应当补充财务会计报告等文件；保荐人以及证券服务机构应当持续履行尽职调查职责；发生重大事项的，发行人、保荐人应当及时向交易所报告。

交易所应当对上述事项及时处理，发现发行人存在重大事项影响发行条件、上市条件的，应当出具明确意见并及时向中国证监会报告。

第二十七条　中国证监会作出予以注册决定后、发行人股票上市交易前，发行人应当持续符合发行条件，发现可能影响本次发行的重大事项的，中国证监会可以要求发行人暂缓发行、上市；相关重大事项导致发行人不符合发行条件的，应当撤销注册。中国证监会撤销注册后，股票尚未发行的，发行人应当停止发行；股票已经发行尚未上市的，发行人应当按照发行价并加算银行同期存款利息返还股票持有人。

第二十八条　交易所认为发行人不符合发行条件或者信息披露要求，作出终止发行上市审核决定，或者中国证监会作出不予注册决定的，自决定作出之日起六个月后，发行人可以再次提出公开发行股票并上市申请。

第二十九条　中国证监会应当按规定公开股票发行注册行政许可事项相关的监管信息。

第三十条　存在下列情形之一的，发行人、保荐人应当及时书面报告交易所或者中国证监会，交易所或者中国证监会应当中止相应发行上市审核程序或者发行注册程序：

（一）相关主体涉嫌违反本办法第十三条第二款规定，被立案调查或者被司法机关侦查，尚未结案；

（二）发行人的保荐人以及律师事务所、会计师事务所等证券服务机构被中国证监会依法采取限制业务活动、责令停业整顿、指定其他机构托管、接管等措施，或者被证券交易所、国务院批准的其他全国性证券交易场所实施一定期限内不接受其出具的相关文件的纪律处分，尚未解除；

（三）发行人的签字保荐代表人、签字律师、签字会计师等中介机构签字人员被中国证监会依法采取认定为不适当人选等监管措施或者证券市场禁入的措施，被证券交易所、国务院批准的其他全国性证券交易场所实施一定期限内不接受其出具的相关文件的纪律处分，或者被证券业协会采取认定不适合从事相关业务的纪律处分，尚未解除；

（四）发行人及保荐人主动要求中止发行上市审核程序或者发行注册程序，理由正当且经交易所或者中国证监会同意；

（五）发行人注册申请文件中记载的财务资料已过有效期，需要补充提交；

（六）中国证监会规定的其他情形。

前款所列情形消失后，发行人可以提交恢复申请。交易所或者中国证监会按照规定恢复发行上市审核程序或者发行注册程序。

第三十一条　存在下列情形之一的，交易所或者中国证监会应当终止相应发行上市审核程序或者发行注册程序，并向发行人说明理由：

（一）发行人撤回注册申请或者保荐人撤销保荐；

（二）发行人未在要求的期限内对注册申请文件作出解释说明或者补充、修改；

（三）注册申请文件存在虚假记载、误导性陈述或者重大遗漏；

（四）发行人阻碍或者拒绝中国证监会、交易所依法对发行人实施检查、核查；

（五）发行人及其关联方以不正当手段严重干扰发行上市审核或者发行注册工作；

（六）发行人法人资格终止；

（七）注册申请文件内容存在重大缺陷，严重影响投资者理解和发行上市审核或者发行注册工作；

（八）发行人注册申请文件中记载的财务资料已过有效期且逾期三个月未更新；

（九）发行人发行上市审核程序中止超过交易所规定的时限或者发行注册程序中止超过三个月仍未恢复；

（十）交易所认为发行人不符合发行条件或者信息披露要求；

（十一）中国证监会规定的其他情形。

第三十二条 中国证监会和交易所可以对发行人进行现场检查，可以要求保荐人、证券服务机构对有关事项进行专项核查并出具意见。

中国证监会和交易所应当建立健全信息披露质量现场检查以及对保荐业务、发行承销业务的常态化检查制度。

第三十三条 中国证监会与交易所建立全流程电子化审核注册系统，实现电子化受理、审核，发行注册各环节实时信息共享，并依法向社会公开相关信息。

第四章 信息披露

第三十四条 发行人申请首次公开发行股票并上市，应当按照中国证监会制定的信息披露规则，编制并披露招股说明书，保证相关信息真实、准确、完整。信息披露内容应当简明清晰，通俗易懂，不得有虚假记载、误导性陈述或者重大遗漏。

中国证监会制定的信息披露规则是信息披露的最低要求。不论上述规则是否有明确规定，凡是投资者作出价值判断和投资决策所必需的信息，发行人均应当充分披露，内容应当真实、准确、完整。

第三十五条 中国证监会依法制定招股说明书内容与格式准则、编报规则等信息披露规则，对相关信息披露文件的内容、格式、编制要求、披露形式等作出规定。

交易所可以依据中国证监会部门规章和规范性文件，制定信息披露细则或指引，在中国证监会确定的信息披露内容范围内，对信息披露提出细化和补充要求，报中国证监会批准后实施。

第三十六条 发行人及其董事、监事、高级管理人员应当在招股说明书上签字、盖章，保证招股说明书的内容真实、准确、完整，不存在虚假记载、误导性陈述或者重大遗漏，按照诚信原则履行承诺，并声明承担相应法律责任。

发行人控股股东、实际控制人应当在招股说明书上签字、盖章，确认招股说明书的内容真实、准确、完整，不存在虚假记载、误导性陈述或者重大遗漏，按照诚信原则履行承诺，并声明承担相应法律责任。

第三十七条 保荐人及其保荐代表人应当在招股说明书上签字、盖章，确认招股说明书的内容真实、准确、完整，不存在虚假记载、误导性陈述或者重大遗漏，并声明承担相应的法律责任。

第三十八条 为证券发行出具专项文件的律师、注册会计师、资产评估人员、资信评级人员以及其所在机构，应当在招股说明书上签字、盖章，确认对发行人信息披露文件引用其出具的专业意见无异议，信息披露文件不因引用其出具的专业意见而出现虚假记载、误导性陈述或者重大遗漏，并声明承担相应的法律责任。

第三十九条 发行人应当以投资者需求为导向，基于板块定位，结合所属行业及发展趋势，充分披露业务模式、公司治理、发展战略、经营政策、会计政策、财务状况分析等相关信息。

首次公开发行股票并在主板上市的，还应充分披露业务发展过程和模式成熟度，披露经营稳定性和行业地位；首次公开发行股票并在科创板上市的，还应充分披露科研水平、科研人员、科研资金投入等相关信息；首次公开发行股票并在创业板上市的，还应充分披露自身的创新、创造、创意特征，针对性披露科技创新、模式创新或者业态创新情况。

第四十条 发行人应当以投资者需求为导向，精准清晰充分地披露可能对公司经营业绩、核心竞争力、业务稳定性以及未来发展产生重大不利影响的各种风险因素。

第四十一条 发行人尚未盈利的，应当充分披露尚未盈利的成因，以及对公司现金流、业务拓展、人才吸引、团队稳定性、研发投入、战略性投入、生产经营可持续性等方面的影响。

第四十二条 发行人应当披露募集资金的投向和使用管理制度，披露募集资金对发行人主营业务发展的贡献、未来经营战略的影响。

首次公开发行股票并在科创板上市的，还应当披露募集资金重点投向科技创新领域的具体安排。

首次公开发行股票并在创业板上市的，还应当披露募集资金对发行人业务创新、创造、创意性的支持作用。

第四十三条　符合相关规定、存在特别表决权股份的企业申请首次公开发行股票并上市的，发行人应当在招股说明书等公开发行文件中，披露并特别提示差异化表决安排的主要内容、相关风险和对公司治理的影响，以及依法落实保护投资者合法权益的各项措施。

保荐人和发行人律师应当就公司章程规定的特别表决权股份的持有人资格、特别表决权股份拥有的表决权数量与普通股份拥有的表决权数量的比例安排、持有人所持特别表决权股份能够参与表决的股东大会事项范围、特别表决权股份锁定安排以及转让限制等事项是否符合有关规定发表专业意见。

第四十四条　发行人存在申报前制定、上市后实施的期权激励计划的，应当符合中国证监会和交易所的规定，并充分披露有关信息。

第四十五条　发行人应当在招股说明书中披露公开发行股份前已发行股份的锁定期安排，特别是尚未盈利情况下发行人控股股东、实际控制人、董事、监事、高级管理人员股份的锁定期安排。

发行人控股股东和实际控制人及其亲属应当披露所持股份自发行人股票上市之日起三十六个月不得转让的锁定安排。

首次公开发行股票并在科创板上市的，还应当披露核心技术人员股份的锁定期安排。

保荐人和发行人律师应当就本条事项是否符合有关规定发表专业意见。

第四十六条　招股说明书的有效期为六个月，自公开发行前最后一次签署之日起算。

招股说明书引用经审计的财务报表在其最近一期截止日后六个月内有效，特殊情况下可以适当延长，但至多不超过三个月。财务报表应当以年度末、半年度末或者季度末为截止日。

第四十七条　交易所受理注册申请文件后，发行人应当按规定，将招股说明书、发行保荐书、上市保荐书、审计报告和法律意见书等文件在交易所网站预先披露。

第四十八条　预先披露的招股说明书及其他注册申请文件不能含有价格信息，发行人不得据此发行股票。

发行人应当在预先披露的招股说明书显要位置作如下声明："本公司的

发行申请尚需经交易所和中国证监会履行相应程序。本招股说明书不具有据以发行股票的法律效力，仅供预先披露之用。投资者应当以正式公告的招股说明书作为投资决定的依据。"

第四十九条 交易所认为发行人符合发行条件和信息披露要求，将发行人注册申请文件报送中国证监会时，招股说明书、发行保荐书、上市保荐书、审计报告和法律意见书等文件应当同步在交易所网站和中国证监会网站公开。

第五十条 发行人在发行股票前应当在交易所网站和符合中国证监会规定条件的报刊依法开办的网站全文刊登招股说明书，同时在符合中国证监会规定条件的报刊刊登提示性公告，告知投资者网上刊登的地址及获取文件的途径。

发行人可以将招股说明书以及有关附件刊登于其他网站，但披露内容应当完全一致，且不得早于在交易所网站、符合中国证监会规定条件的网站的披露时间。

保荐人出具的发行保荐书、证券服务机构出具的文件以及其他与发行有关的重要文件应当作为招股说明书的附件。

第五章　监督管理和法律责任

第五十一条 中国证监会负责建立健全以信息披露为核心的注册制规则体系，制定股票发行注册并上市的章程规则，依法批准交易所制定的有关业务规则，并监督相关业务规则执行情况。

第五十二条 中国证监会建立对交易所发行上市审核工作的监督机制，持续关注交易所审核情况，监督交易所审核责任的履行情况。

第五十三条 中国证监会对交易所发行上市审核等相关工作进行年度例行检查，在检查过程中，可以调阅审核工作文件、提出问题、列席相关审核会议。

中国证监会选取交易所发行上市审核过程中的重大项目，定期或不定期按一定比例随机抽取交易所发行上市审核过程中的项目，同步关注交易所审核理念、标准的执行情况。中国证监会可以调阅审核工作文件、提出问题、列席相关审核会议。

对于中国证监会在检查监督过程中发现的问题，交易所应当整改。

第五十四条　中国证监会建立对发行上市监管全流程的权力运行监督制约机制，对发行上市审核程序和发行注册程序相关内控制度运行情况进行督导督察，对廉政纪律执行情况和相关人员的履职尽责情况进行监督监察。

第五十五条　交易所应当建立内部防火墙制度，发行上市审核部门、发行承销监管部门与其他部门隔离运行。参与发行上市审核的人员，不得与发行人及其控股股东、实际控制人、相关保荐人、证券服务机构有利害关系，不得直接或者间接与发行人、保荐人、证券服务机构有利益往来，不得持有发行人股票，不得私下与发行人接触。

第五十六条　交易所应当建立定期报告和重大发行上市事项请示报告制度，及时总结发行上市审核和发行承销监管的工作情况，并报告中国证监会。

第五十七条　交易所发行上市审核工作违反本办法规定，有下列情形之一的，由中国证监会责令改正；情节严重的，追究直接责任人员相关责任：

（一）未按审核标准开展发行上市审核工作；

（二）未按审核程序开展发行上市审核工作；

（三）发现重大敏感事项、重大无先例情况、重大舆情、重大违法线索未请示报告或请示报告不及时；

（四）不配合中国证监会对发行上市审核工作的检查监督，或者不按中国证监会的整改要求进行整改。

第五十八条　发行人在证券发行文件中隐瞒重要事实或者编造重大虚假内容的，中国证监会可以对有关责任人员采取证券市场禁入的措施。

第五十九条　发行人存在本办法第三十一条第（三）项、第（四）项、第（五）项规定的情形，重大事项未报告、未披露，或者发行人及其董事、监事、高级管理人员、控股股东、实际控制人的签字、盖章系伪造或者变造的，中国证监会可以对有关责任人员采取证券市场禁入的措施。

第六十条　发行人的控股股东、实际控制人违反本办法规定，致使发行人所报送的注册申请文件和披露的信息存在虚假记载、误导性陈述或者重大遗漏，或者组织、指使发行人进行财务造假、利润操纵或者在证券发行文件中隐瞒重要事实或编造重大虚假内容的，中国证监会可以对有关责任人员采取证券市场禁入的措施。

发行人的董事、监事和高级管理人员及其他信息披露义务人违反本办法规定，致使发行人所报送的注册申请文件和披露的信息存在虚假记载、误导性陈述或者重大遗漏的，中国证监会视情节轻重，可以对有关责任人员采取责令改正、监管谈话、出具警示函等监管措施；情节严重的，可以采取证券市场禁入的措施。

第六十一条　保荐人及其保荐代表人等相关人员违反本办法规定，未勤勉尽责的，中国证监会视情节轻重，按照《证券发行上市保荐业务管理办法》规定采取措施。

第六十二条　证券服务机构未勤勉尽责，致使发行人信息披露资料中与其职责有关的内容及其所出具的文件存在虚假记载、误导性陈述或者重大遗漏的，中国证监会可以采取责令改正、监管谈话、出具警示函等监管措施；情节严重的，可以对有关责任人员采取证券市场禁入的措施。

第六十三条　证券服务机构及其相关人员存在下列情形之一的，中国证监会可以对有关责任人员采取证券市场禁入的措施：

（一）伪造或者变造签字、盖章；

（二）重大事项未报告、未披露；

（三）以不正当手段干扰审核注册工作；

（四）不履行其他法定职责。

第六十四条　证券服务机构存在以下情形之一的，中国证监会视情节轻重，可以采取责令改正、监管谈话、出具警示函等监管措施；情节严重的，可以对有关责任人员采取证券市场禁入的措施：

（一）制作或者出具的文件不齐备或者不符合要求；

（二）擅自改动注册申请文件、信息披露资料或者其他已提交文件；

（三）注册申请文件或者信息披露资料存在相互矛盾或者同一事实表述不一致且有实质性差异；

（四）文件披露的内容表述不清，逻辑混乱，严重影响投资者理解；

（五）未及时报告或者未及时披露重大事项。

发行人存在前款规定情形的，中国证监会视情节轻重，可以采取责令改正、监管谈话、出具警示函等监管措施；情节严重的，可以对有关责任人员采取证券市场禁入的措施。

第六十五条　发行人披露盈利预测，利润实现数如未达到盈利预测的百分之八十的，除因不可抗力外，其法定代表人、财务负责人应当在股东大会以及交易所网站、符合中国证监会规定条件的媒体上公开作出解释并道歉；中国证监会可以对法定代表人处以警告。

利润实现数未达到盈利预测的百分之五十的，除因不可抗力外，中国证监会可以采取责令改正、监管谈话、出具警示函等监管措施。

注册会计师为上述盈利预测出具审核报告的过程中未勤勉尽责的，中国证监会视情节轻重，对相关机构和责任人员采取监管谈话等监管措施；情节严重的，给予警告等行政处罚。

第六十六条　发行人及其控股股东和实际控制人、董事、监事、高级管理人员，保荐人、承销商、证券服务机构及其相关执业人员，在股票公开发行并上市相关的活动中存在其他违反本办法规定行为的，中国证监会视情节轻重，可以采取责令改正、监管谈话、出具警示函、责令公开说明、责令定期报告等监管措施；情节严重的，可以对有关责任人员采取证券市场禁入的措施。

第六十七条　发行人及其控股股东、实际控制人、保荐人、证券服务机构及其相关人员违反《中华人民共和国证券法》依法应予以行政处罚的，中国证监会将依法予以处罚；涉嫌犯罪的，依法移送司法机关，追究其刑事责任。

第六十八条　交易所负责对发行人及其控股股东、实际控制人、保荐人、承销商、证券服务机构等进行自律监管。

交易所发现发行上市过程中存在违反自律监管规则的行为，可以对有关单位和责任人员采取一定期限内不接受与证券发行相关的文件、认定为不适当人选等自律监管措施或者纪律处分。

第六十九条　中国证监会将遵守本办法的情况记入证券市场诚信档案，

会同有关部门加强信息共享，依法实施守信激励与失信惩戒。

第六章 附 则

第七十条 本办法规定的"最近一年"、"最近二年"、"最近三年"以自然月计，另有规定的除外。

第七十一条 本办法自公布之日起施行。《首次公开发行股票并上市管理办法》（证监会令第 196 号）、《科创板首次公开发行股票注册管理办法（试行）》（证监会令第 174 号）、《创业板首次公开发行股票注册管理办法（试行）》（证监会令第 167 号）同时废止。

附录002 科创属性评价指引（试行）

中国证券监督管理委员会公告〔2022〕48号

（2020年3月20日公布 根据2021年4月16日中国证券监督管理委员会《关于修改〈科创属性评价指引（试行）〉的决定》第一次修正 根据2022年12月30日中国证券监督管理委员会《关于修改〈科创属性评价指引（试行）〉的决定》第二次修正）

为落实科创板定位，支持和鼓励硬科技企业在科创板上市，根据《关于在上海证券交易所设立科创板并试点注册制的实施意见》和《科创板首次公开发行股票注册管理办法（试行）》，制定本指引。

一、支持和鼓励科创板定位规定的相关行业领域中，同时符合下列4项指标的企业申报科创板上市：

（1）最近三年研发投入占营业收入比例5%以上，或最近三年研发投入金额累计在6000万元以上；

（2）研发人员占当年员工总数的比例不低于10%；

（3）应用于公司主营业务的发明专利5项以上；

（4）最近三年营业收入复合增长率达到20%，或最近一年营业收入金额达到3亿元。

采用《上海证券交易所科创板股票上市规则》第2.1.2条第一款第（五）项规定的上市标准申报科创板的企业，或按照《关于开展创新企业境内发行股票或存托凭证试点的若干意见》等相关规则申报科创板的已境外上市红筹企业，可不适用上述第（4）项指标的规定；软件行业不适用上述第（3）项指标的要求，研发投入占比应在10%以上。

二、支持和鼓励科创板定位规定的相关行业领域中，虽未达到前述指标，但符合下列情形之一的企业申报科创板上市：

（1）发行人拥有的核心技术经国家主管部门认定具有国际领先、引领作用或者对于国家战略具有重大意义；

（2）发行人作为主要参与单位或者发行人的核心技术人员作为主要参与人员，获得国家科技进步奖、国家自然科学奖、国家技术发明奖，并将相关技术运用于公司主营业务；

（3）发行人独立或者牵头承担与主营业务和核心技术相关的国家重大科技专项项目；

（4）发行人依靠核心技术形成的主要产品（服务），属于国家鼓励、支持和推动的关键设备、关键产品、关键零部件、关键材料等，并实现了进口替代；

（5）形成核心技术和应用于主营业务的发明专利（含国防专利）合计50项以上。

三、限制金融科技、模式创新企业在科创板上市。禁止房地产和主要从事金融、投资类业务的企业在科创板上市。

四、上海证券交易所就落实本指引制定具体业务规则。

附录003

公开发行证券的公司信息披露内容与格式准则第 57 号
——招股说明书

第一章　总　则

第一条　为规范首次公开发行股票的信息披露行为，保护投资者合法权益，根据《中华人民共和国公司法》（以下简称《公司法》）、《中华人民共和国证券法》（以下简称《证券法》）、《国务院办公厅关于贯彻实施修订后的证券法有关工作的通知》《首次公开发行股票注册管理办法》（证监会令第 205 号）的规定，制定本准则。

第二条　申请在中华人民共和国境内首次公开发行股票并在上海证券交易所、深圳证券交易所（以下统称交易所）上市的公司（以下简称发行人或公司）应按本准则编制招股说明书，作为申请首次公开发行股票并上市的必备法律文件，并按本准则的规定进行披露。

第三条　本准则的规定是对招股说明书信息披露的最低要求。不论本准则是否有明确规定，凡对投资者作出价值判断和投资决策所必需的信息，均应披露。

本准则某些具体要求对发行人确实不适用的，发行人可根据实际情况，在不影响披露内容完整性前提下作适当调整，并在提交申请时作出说明。

第四条　发行人应以投资者投资需求为导向编制招股说明书，为投资者作出价值判断和投资决策提供充分且必要的信息，保证相关信息真实、准确、完整。

第五条 发行人在招股说明书中披露的财务会计信息应有充分依据，引用的财务报表、盈利预测报告（如有）应由符合《证券法》规定的会计师事务所审计、审阅或审核。

第六条 发行人在招股说明书中应谨慎、合理地披露盈利预测及其他涉及发行人未来经营和财务状况信息。

第七条 发行人有充分依据证明本准则要求披露的某些信息涉及国家秘密、商业秘密及其他因披露可能导致违反国家有关保密法律法规规定或严重损害公司利益的，可按程序申请豁免披露。

第八条 招股说明书应便于投资者阅读，简明清晰，通俗易懂，尽量使用图表、图片或其他较为直观的披露方式，具有可读性和可理解性：

（一）应客观、全面，使用事实描述性语言，突出事件实质，不得选择性披露，不得使用市场推广和宣传用语；

（二）应使用直接、简洁、确定的语句，尽可能使用日常用语、短句和图表，避免使用艰深晦涩、生僻难懂的专业术语或公文用语，避免直接从法律文件中摘抄复杂信息而不对相关内容作出清晰正确解释；

（三）披露内容应具有相关性，围绕发行人实际情况作出充分、准确、具体的分析描述；

（四）应充分利用索引和附件等方式，不同章节或段落披露同一语词、表述、事项应具有一致性，在不影响信息披露完整性和不致引起阅读不便前提下，可以相互引征；

（五）披露内容不得简单罗列、堆砌，避免冗余、格式化、模板化。

第九条 招股说明书引用相关意见、数据或有外文译本的，应符合下列要求：

（一）应准确引用与本次发行有关的中介机构专业意见或报告；

（二）引用第三方数据或结论，应注明资料来源，确保权威、客观、独立并符合时效性要求，应披露第三方数据是否专门为本次发行准备以及发行人是否为此支付费用或提供帮助；

（三）引用数字应采用阿拉伯数字，货币金额除特别说明外应指人民币金额，并以元、千元、万元或百万元为单位；

（四）应保证中、外文文本一致，并在外文文本上注明："本招股说明书分别以中、英（或日、法等）文编制，对中外文本理解发生歧义时，以中文文本为准。"

第十条　信息披露事项涉及重要性水平判断的，发行人应结合自身业务特点，区分合同、子公司及参股公司、关联交易、诉讼或仲裁、资源要素等不同事项，披露重要性水平确定标准和选择依据。

第十一条　特定行业发行人，除执行本准则外，还应执行中国证券监督管理委员会（以下简称中国证监会）制定的该行业信息披露特别规定。

第十二条　发行人在境内外同时发行股票的，应遵循"就高不就低"原则编制招股说明书，并保证同一事项披露内容一致。

第十三条　发行人报送申请文件后发生应披露事项的，应按规定及时履行信息披露义务。

第十四条　发行人发行股票前应在交易所网站和符合中国证监会规定条件的报刊依法开办的网站全文刊登招股说明书，同时在符合中国证监会规定条件的报刊刊登提示性公告，告知投资者网上刊登地址及获取文件途径。

发行人可以将招股说明书以及有关附件刊登于其他网站，但披露内容应完全一致，且不得早于在交易所网站、符合中国证监会规定条件的网站的披露时间。

保荐人出具的发行保荐书、证券服务机构出具的文件以及其他与发行有关的重要文件应作为招股说明书的附件。

第二章　一般规定

第一节　封面、扉页、目录、释义

第十五条　招股说明书文本封面应标有"×××公司首次公开发行股票并在主板/科创板/创业板上市招股说明书"字样，并载明发行人、保荐人、主承销商的名称和住所。

第十六条　发行人应在招股说明书扉页显要位置载明：

"中国证监会、交易所对本次发行所作的任何决定或意见，均不表明其对发行人注册申请文件及所披露信息的真实性、准确性、完整性作出保证，也不表明其对发行人的盈利能力、投资价值或者对投资者的收益作出实质性判断或保证。任何与之相反的声明均属虚假不实陈述。"

"根据《证券法》规定，股票依法发行后，发行人经营与收益的变化，由发行人自行负责；投资者自主判断发行人的投资价值，自主作出投资决策，自行承担股票依法发行后因发行人经营与收益变化或者股票价格变动引致的投资风险。"

第十七条 招股说明书扉页应列表载明下列内容：

（一）发行股票类型；

（二）发行股数，股东公开发售股数（如有）；

（三）每股面值；

（四）每股发行价格；

（五）预计发行日期；

（六）拟上市的证券交易所和板块；

（七）发行后总股本，发行境外上市外资股的还应披露境内上市流通的股份数量和境外上市流通的股份数量；

（八）保荐人、主承销商；

（九）招股说明书签署日期。

发行人股东公开发售股份的，应载明发行人拟发行新股和股东拟公开发售股份的数量，提示股东公开发售股份所得资金不归发行人所有。

第十八条 招股说明书目录应标明各章、节的标题及相应页码，内容编排应符合通行惯例。

第十九条 发行人应在招股说明书目录次页对可能造成投资者理解障碍及有特定含义的术语作出释义。

第二节 概 览

第二十条 发行人应对招股说明书作精确、扼要的概览，确保概览内容具体清晰、易于理解，以便投资者整体把握企业概况，不应重复列示招股说明书其他章节的内容，不得披露招股说明书其他章节披露内容以外的其他信息。

第二十一条　发行人应在招股说明书概览显要位置声明："本概览仅对招股说明书全文作扼要提示。投资者作出投资决策前，应认真阅读招股说明书全文。"

第二十二条　发行人应结合业务情况披露有助于投资者了解其业务特征及本次发行相关的重要信息，并根据重要性原则对披露内容进行排序，概览内容包括但不限于：

（一）遵循重要性和相关性原则，根据实际情况作"重大事项提示"，简明扼要披露重大风险和其他应提醒投资者特别关注的重要事项，并索引至相关章节内容；

（二）列表披露发行人及本次发行的中介机构基本情况，参考格式如下：

（一）发行人基本情况			
发行人名称		成立日期	
注册资本		法定代表人	
注册地址		主要生产经营地址	
控股股东		实际控制人	
行业分类		在其他交易场所（申请）挂牌或上市的情况	
（二）本次发行的有关中介机构			
保荐人		主承销商	
发行人律师		其他承销机构	
审计机构		评估机构（如有）	
发行人与本次发行有关的保荐人、承销机构、证券服务机构及其负责人、高级管理人员、经办人员之间存在的直接或间接的股权关系或其他利益关系			
（三）本次发行其他有关机构			
股票登记机构		收款银行	
其他与本次发行有关的机构			

（三）列表披露本次发行概况，参考格式如下：

（一）本次发行的基本情况			
股票种类			
每股面值			
发行股数		占发行后总股本比例	
其中：发行新股数量		占发行后总股本比例	
股东公开发售股份数量		占发行后总股本比例	
发行后总股本			
每股发行价格			
发行市盈率（标明计算基础和口径）			
发行前每股净资产		发行前每股收益	
发行后每股净资产		发行后每股收益	
发行市净率（标明计算基础和口径）			
预测净利润（如有）			
发行方式			
发行对象			
承销方式			
募集资金总额			
募集资金净额			
募集资金投资项目			
发行费用概算			
高级管理人员、员工拟参与战略配售情况（如有）			

续表

保荐人相关子公司拟参与战略配售情况（如有）	
拟公开发售股份股东名称、持股数量及拟公开发售股份数量、发行费用的分摊原则（如有）	
（二）本次发行上市的重要日期	
刊登发行公告日期	
开始询价推介日期	
刊登定价公告日期	
申购日期和缴款日期	
股票上市日期	

（四）结合主要经营和财务数据概述发行人主营业务经营情况，包括主要业务、主要产品或服务及其用途、所需主要原材料及重要供应商、主要生产模式、销售方式和渠道及重要客户、行业竞争情况及发行人在行业中的竞争地位（如市场份额或排名数据）等；

（五）简要披露发行人板块定位情况；

（六）列表披露发行人报告期主要财务数据和财务指标，参考格式如下：

项目				
资产总额（万元）				
归属于母公司所有者权益（万元）				
资产负债率（母公司）（%）				
营业收入（万元）				
净利润（万元）				
归属于母公司所有者的净利润（万元）				
扣除非经常性损益后归属于母公司所有者的净利润（万元）				

续表

项目				
基本每股收益（元）				
稀释每股收益（元）				
加权平均净资产收益率（%）				
经营活动产生的现金流量净额（万元）				
现金分红（万元）				
研发投入占营业收入的比例（%）				

（七）简要披露发行人财务报告审计截止日后主要财务信息及经营状况、盈利预测信息（如有）；

（八）披露发行人选择的具体上市标准；

（九）简要披露发行人公司治理特殊安排等重要事项（如有）；

（十）简要披露募集资金运用与未来发展规划；

（十一）其他对发行人有重大影响的事项（如重大诉讼等）。

第三节　风险因素

第二十三条　发行人应遵循重要性原则，简明易懂且具逻辑性地披露当前及未来可预见对发行人构成重大不利影响的直接和间接风险。

发行人应按方便投资者投资决策原则将风险因素分类为与发行人相关的风险、与行业相关的风险和其他风险。

第二十四条　发行人应结合行业特征、自身情况等，针对性、个性化披露实际面临的风险因素，应避免笼统、模板化表述，不应披露可适用任何发行人的风险。

第二十五条　发行人应使用恰当标题概括描述具体风险点，精准清晰充分地揭示每项风险因素的具体情形、产生原因、目前发展阶段和对发行人的影响。风险因素所依赖的事实应与招股说明书其他章节信息保持一致。

第二十六条　发行人应对风险因素作定量分析，对导致风险的变动性因素作敏感性分析。无法定量分析的，应针对性作出定性描述，清晰告知投资者可能发生的最不利情形。

第二十七条　一项风险因素不得描述多个风险。披露风险因素不得包含风险对策、发行人竞争优势及类似表述。

第四节　发行人基本情况

第二十八条　发行人应披露基本情况，主要包括：

（一）注册名称（中、英文）；

（二）注册资本；

（三）法定代表人；

（四）成立日期；

（五）住所和邮政编码；

（六）电话、传真号码；

（七）互联网网址；

（八）电子信箱；

（九）负责信息披露和投资者关系的部门、负责人和联系方式。

第二十九条　发行人应以时间轴、图表或其他有效形式简要披露公司设立情况和报告期内股本、股东变化情况。发行人属于有限责任公司整体变更为股份有限公司的，应披露有限责任公司设立情况。

发行人应简要披露成立以来重要事件（含报告期内重大资产重组），包括具体内容、所履行的法定程序以及对管理层、控制权、业务发展及经营业绩的影响。

发行人应披露公司在其他证券市场的上市／挂牌情况，包括上市／挂牌时间、地点、期间受处罚情况、退市情况等（如有）。

第三十条　发行人应采用方框图或其他有效形式，全面披露持有发行人百分之五以上股份或表决权的主要股东、实际控制人，发行人的分公司、子公司及参股公司。

第三十一条　发行人应简要披露重要子公司及对发行人有重大影响的参股公司情况，主要包括成立时间、注册资本、实收资本、注册地和主要生产经营地、主营业务情况、在发行人业务板块中定位、股东构成及控制情况、最近一年及一期末的总资产和净资产、最近一年及一期的营业收入和净利润，并标明财务数据是否经过审计及审计机构名称。

发行人确定子公司是否重要时，应考虑子公司的收入、利润、总资产、净资产等财务指标占合并报表相关指标的比例，以及子公司经营业务、未来发展战略、持有资质或证照等对公司的影响等因素。

发行人应列表简要披露其他子公司及参股公司情况，包括股权结构、出资金额、持股比例、入股时间、控股方及主营业务情况等。

第三十二条 发行人应披露持有发行人百分之五以上股份或表决权的主要股东及实际控制人的基本情况，主要包括：

（一）控股股东、实际控制人的基本情况。控股股东、实际控制人为法人的，应披露成立时间、注册资本、实收资本、注册地和主要生产经营地、股东构成、主营业务及其与发行人主营业务的关系、最近一年及一期末的总资产和净资产、最近一年及一期的营业收入和净利润，并标明财务数据是否经过审计及审计机构名称；控股股东、实际控制人为自然人的，应披露国籍、是否拥有永久境外居留权、身份证号码；控股股东、实际控制人为合伙企业等非法人组织的，应披露出资人构成、出资比例及实际控制人；

（二）控股股东和实际控制人直接或间接持有发行人的股份是否存在被质押、冻结或发生诉讼纠纷等情形，上述情形产生的原因及对发行人可能产生的影响；

（三）实际控制人应披露至最终的国有控股主体、集体组织、自然人等；

（四）无控股股东、实际控制人的，应参照本条对发行人控股股东及实际控制人的要求披露对发行人有重大影响的股东情况；

（五）其他持有发行人百分之五以上股份或表决权的主要股东的基本情况。主要股东为法人的，应披露成立时间、注册资本、实收资本、注册地和主要生产经营地、股东构成、主营业务及其与发行人主营业务的关系；主要股东为自然人的，应披露国籍、是否拥有永久境外居留权、身份证号码；主要股东为合伙企业等非法人组织的，应披露出资人构成、出资比例。

第三十三条 发行人存在特别表决权股份或类似安排的，应披露相关安排的基本情况，包括设置特别表决权安排的股东大会决议、特别表决权安排运行期限、持有人资格、特别表决权股份拥有的表决权数量与普通股份拥有表决权数量的比例安排、持有人所持特别表决权股份参与表决的股东大会事项范围、特别表决权股份锁定安排及转让限制等，应披露差异化表决安排可能导致的相关风险和对公司治理的影响，以及相关投资者保护措施。

第三十四条 发行人存在协议控制架构的，应披露协议控制架构的具体安排，包括协议控制架构涉及的各方法律主体的基本情况、主要合同核心条款等。

第三十五条 发行人应披露控股股东、实际控制人报告期内是否存在贪污、贿赂、侵占财产、挪用财产或者破坏社会主义市场经济秩序的刑事犯罪，是否存在欺诈发行、重大信息披露违法或者其他涉及国家安全、公共安全、生态安全、生产安全、公众健康安全等领域的重大违法行为。

第三十六条 发行人应披露股本有关情况，主要包括：

（一）本次发行前总股本、本次发行及公开发售的股份，以及本次发行及公开发售的股份占发行后总股本的比例；

（二）本次发行前的前十名股东；

（三）本次发行前的前十名自然人股东及其担任发行人职务情况；

（四）发行人股本有国有股份或外资股份的，应根据有关主管部门对股份设置的批复文件披露相应的股东名称、持股数量、持股比例。涉及国有股的，应在国有股东之后标注"SS""CS"，披露前述标识的依据及含义；

（五）发行人申报前十二个月新增股东的基本情况、入股原因、入股价格及定价依据，新增股东与发行人其他股东、董事、监事、高级管理人员是否存在关联关系，新增股东与本次发行的中介机构及其负责人、高级管理人员、经办人员是否存在关联关系，新增股东是否存在股份代持情形等。属于战略投资者的，应予注明并说明具体战略关系；

（六）本次发行前各股东间的关联关系、一致行动关系及关联股东各自持股比例；

（七）发行人股东公开发售股份的，应披露公开发售股份对发行人的控制权、治理结构及生产经营的影响，并提示投资者关注上述事项。

第三十七条 发行人应披露董事、监事、高级管理人员及其他核心人员的简要情况，主要包括：

（一）姓名、国籍及境外居留权；

（二）性别、年龄；

（三）学历及专业背景、职称；

（四）主要业务经历及实际负责的业务活动；对发行人设立、发展有重要影响的董事、监事、高级管理人员及其他核心人员，还应披露其创业或从业历程；

（五）曾经担任的重要职务及任期；

（六）现任发行人的职务及任期；对于董事、监事，应披露其提名人；

（七）兼职情况及所兼职单位与发行人的关联关系，与发行人其他董事、监事、高级管理人员及其他核心人员的亲属关系；

（八）最近三年涉及行政处罚、监督管理措施、纪律处分或自律监管措施、被司法机关立案侦查、被中国证监会立案调查情况。

第三十八条 发行人应披露与董事、监事、高级管理人员及其他核心人员签订的对投资者作出价值判断和投资决策有重大影响的协议，以及有关协议履行情况。

发行人应列表披露董事、监事、高级管理人员、其他核心人员及其配偶、父母、配偶的父母、子女、子女的配偶以任何方式直接或间接持有发行人股份的情况，持有人姓名及所持股份被质押、冻结或发生诉讼纠纷的情况。股份被质押、冻结或发生诉讼纠纷的，应披露原因及对发行人可能产生的影响。

第三十九条 发行人董事、监事、高级管理人员及其他核心人员最近三年内发生变动的，应以列表方式汇总披露变动情况、原因及影响。

第四十条 发行人应披露董事、监事、高级管理人员及其他核心人员与发行人及其业务相关的对外投资情况，包括投资金额、持股比例、有关承诺和协议、利益冲突解决情况。

第四十一条 发行人应披露董事、监事、高级管理人员及其他核心人员的薪酬组成、确定依据、所履行程序及报告期内薪酬总额占发行人各期利润总额的比例，最近一年从发行人及其关联企业获得收入情况，以及其他待遇和退休金计划等。

发行人应简要披露本次公开发行申报前已经制定或实施的股权激励或期权激励及相关安排，披露其对公司经营状况、财务状况、控制权变化等方面的影响，以及上市后行权安排。

第四十二条 发行人应简要披露员工情况，包括员工人数及报告期内变化情况，员工专业结构，报告期内社会保险和住房公积金缴纳情况。

第五节 业务与技术

第四十三条 发行人应按照业务重要性顺序，清晰、准确、客观、完整披露主营业务、主要产品或服务及演变情况。发行人经营多种业务、产品或服务的，分类口径应前后一致。发行人的主营业务、主要产品或服务分属不同行业的，应分行业分别披露相关信息。主要包括：

（一）主营业务、主要产品或服务的基本情况，主营业务收入的主要构成及特征；

（二）主要经营模式，如采购模式、生产或服务模式、营销及管理模式等，分析采用目前经营模式的原因、影响经营模式的关键因素、经营模式和影响因素在报告期内的变化情况及未来变化趋势。发行人的业务及模式具有创新性的，应披露其独特性、创新内容及持续创新机制；

（三）成立以来主营业务、主要产品或服务、主要经营模式的演变情况；

（四）结合主要经营和财务数据，分析发行人主要业务经营情况和核心技术产业化情况；

（五）主要产品或服务的工艺流程图或服务的流程图，结合流程图关键节点说明核心技术的具体使用情况和效果；相关业务无固定流程的，发行人应结合业务和产品特征针对性分析业务关键环节和核心技术在业务中的具体表现；

（六）结合所属行业特点，披露报告期各期具有代表性的业务指标，并分析变动情况及原因；

（七）结合主要产品和业务，披露符合产业政策和国家经济发展战略的情况。

第四十四条 发行人应结合所处行业情况披露业务竞争状况，主要包括：

（一）所属行业及确定所属行业的依据；

（二）结合行业特征及发行人自身情况，针对性、个性化简要披露所属细分行业的行业主管部门、行业监管体制、行业主要法律法规政策；发行人应避免简单重述行业共性法律法规政策，应重点结合报告期初以来新制定或修订、预期近期出台的与发行人生产经营密切相关、对目前或未来经营有重大影响的法律法规、行业政策，披露对发行人经营资质、准入门槛、运营模式、行业竞争格局等方面的主要影响；

（三）所属细分行业技术水平及特点、进入本行业主要壁垒、行业发展态势、面临机遇与风险、行业周期性特征，以及上述情况在报告期内的变化和未来可预见的变化趋势；发行人所属行业在产业链中的地位和作用，与上、下游行业之间的关联性；

（四）所属细分行业竞争格局、行业内主要企业，发行人产品或服务的市场地位、竞争优势与劣势，发行人与同行业可比公司在经营情况、市场地位、技术实力、衡量核心竞争力的关键业务数据、指标等方面的比较情况；

发行人应披露同行业可比公司的选择依据及相关业务可比程度；可以结合不同业务选择不同可比公司，但同一业务可比公司应保持一致；

（五）发行人描述竞争状况、市场地位及竞争优劣势应有最新市场数据支持，可从主要产品或服务的生产链、具体架构、产品模块、参数等方面运用图表结合数据，分析披露主要产品或服务竞争优劣势；

（六）发行人在披露主要产品或服务特点、业务模式、行业竞争程度、外部市场环境等影响因素时，应说明相关因素如何影响盈利和财务状况。

第四十五条　发行人应披露销售情况和主要客户，主要包括：

（一）报告期各期主要产品或服务的规模（产能、产量、销量，或服务能力、服务量）、销售收入、产品或服务的主要客户群体、销售价格的总体变动情况。存在多种销售模式的，应披露各销售模式的规模及占当期销售总额的比例；

（二）报告期各期向前五名客户合计销售额占当期销售总额的比例；向单个客户的销售占比超过百分之五十的、新增属于前五名客户或严重依赖少数客户的，应披露客户名称或姓名、销售比例；上述客户为发行人关联方的，应披露产品最终实现销售情况；受同一实际控制人控制的客户，应合并计算销售额。

第四十六条　发行人应披露采购情况和主要供应商，主要包括：

（一）报告期各期采购产品、原材料、能源或接受服务的情况，相关价格变动情况及趋势；

（二）报告期各期向前五名供应商合计采购额占当期采购总额的比例；向单个供应商的采购占比超过百分之五十的、新增属于前五名供应商或严重依赖少数供应商的，应披露供应商名称或姓名、采购比例；受同一实际控制人控制的供应商，应合并计算采购额。

第四十七条　发行人应披露对主要业务有重大影响的主要固定资产、无形资产等资源要素的构成，分析各要素与所提供产品或服务的内在联系（如分析各要素的充分性、适当性、相关产能及利用程度），对生产经营的重要程度，是否存在瑕疵及瑕疵资产占比，是否存在纠纷或潜在纠纷，是否对发行人持续经营存在重大不利影响。

发行人与他人共享资源要素（如特许经营权）的，应披露共享的方式、条件、期限、费用等。

第四十八条　发行人应披露主要产品或服务的核心技术及技术来源，相关技术所处阶段（如处于基础研究、试生产、小批量生产或大批量生产阶段）；披露核心技术是否取得专利或其他技术保护措施。

发行人应按重要性原则披露正在从事对发行人目前或未来经营有重大影响的研发项目、进展情况及拟达到目标，报告期研发费用占营业收入的比例等。与他人合作研发的，应披露合作协议主要内容、权利义务划分约定及采取的保密措施等。

发行人应披露保持技术持续创新的机制、技术储备及创新安排等。

第四十九条　发行人应披露生产经营涉及的主要环境污染物、主要处理设施及处理能力。

存在高危险、重污染情况的，应披露安全生产及污染治理情况、安全生产及环境保护方面受处罚情况、最近三年相关成本费用支出及未来支出情况，是否符合安全生产和环境保护要求。

发行人应依法披露法律法规强制披露的环境信息。

第五十条 发行人在中华人民共和国境外生产经营的，应披露经营的总体情况，并对有关业务活动进行地域性分析。发行人在境外拥有资产的，应披露主要资产的具体内容、资产规模、所在地、经营管理和盈利情况等。

第六节 财务会计信息与管理层分析

第五十一条 发行人应使用投资者可理解的语言，采用定量与定性相结合的方法，清晰披露所有重大财务会计信息，并结合自身业务特点和投资者决策需要，分析重要财务会计信息的构成、来源与变化等情况，保证财务会计信息与业务经营信息的逻辑一致性。

发行人应披露与财务会计信息相关的重大事项及重要性水平的判断标准。

发行人应提示投资者阅读财务报告、审计报告和审阅报告（如有）全文。

第五十二条 发行人应披露报告期的资产负债表、利润表和现金流量表，以及会计师事务所的审计意见类型和关键审计事项；编制合并财务报表的，原则上只披露合并财务报表，同时说明合并财务报表的编制基础、合并范围及变化情况；存在协议控制架构或类似特殊安排的，应披露其是否纳入合并范围及依据；存在多个业务或地区分部的，应披露分部信息。

第五十三条 发行人应结合自身业务活动实质、经营模式特点等，重点披露与行业相关、与同行业可比公司存在重大差异或对发行人财务状况、经营成果及财务报表理解具有重大影响的会计政策及其关键判断、会计估计及其假设的衡量标准、会计政策及会计估计的具体执行标准及选择依据，并分析是否符合一般会计原则。发行人不应简单重述一般会计原则。

发行人重大会计政策或会计估计与可比上市公司存在较大差异的，应分析差异原因及影响。发行人报告期存在重大会计政策变更、会计估计变更、会计差错更正的，应披露变更或更正的具体内容、原因及对发行人财务状况和经营成果的影响。

第五十四条 发行人应依据经注册会计师鉴证的非经常性损益明细表，以合并财务报表数据为基础，披露报告期非经常性损益的具体内容、金额及对当期经营成果的影响、扣除非经常性损益后的净利润金额。

第五十五条　发行人应披露报告期母公司及重要子公司、各主要业务适用的主要税种、税率。存在税收优惠的，应按税种分项说明相关法律法规或政策依据、批准或备案情况、具体幅度及有效期限。

报告期发行人税收政策存在重大变化或税收优惠政策对发行人经营成果有重大影响的，发行人应披露税收政策变化对经营成果的影响及报告期各期税收优惠占税前利润的比例，并分析发行人是否对税收优惠存在严重依赖、未来税收优惠是否可持续。

第五十六条　发行人应结合所在行业特征，针对性披露报告期的主要财务指标，包括流动比率、速动比率、资产负债率、利息保障倍数、应收账款周转率、存货周转率、息税折旧摊销前利润、归属于发行人股东的净利润、归属于发行人股东扣除非经常性损益后的净利润、研发投入占营业收入的比例、每股经营活动产生的现金流量、每股净现金流量、基本每股收益、稀释每股收益、归属于发行人股东的每股净资产、净资产收益率。净资产收益率和每股收益的计算应执行中国证监会有关规定。

第五十七条　发行人的管理层分析一般应包括发行人的经营成果，资产质量，偿债能力、流动性与持续经营能力，重大资本性支出与资产业务重组等方面。发行人应明确披露对上述方面有重大影响的关键因素及影响程度，并分析该等因素对公司未来财务状况和盈利能力可能产生的影响；目前已存在新的趋势或变化的，应分析可能对公司未来财务状况和盈利能力产生重大影响的情况。

影响因素的分析应包括财务因素和非财务因素，发行人应将财务会计信息与业务经营信息互为对比印证；不应简单重述财务报表或附注内容，应采用逐年比较、差异因素量化计算、同行业对比等易于理解的分析方式。

发行人对经营成果、资产质量、偿债能力及流动性与持续经营能力、重大资本性支出与资产业务重组的分析一般应包括但不限于第五十八条至第六十一条的内容，可结合实际情况按照重要性原则针对性增减。

第五十八条　发行人应以管理层视角，结合"业务与技术"中披露的业务、经营模式、技术水平、竞争力等要素披露报告期内取得经营成果的逻辑，应披露主要影响项目、事项或因素在数值与结构变动方面的原因、影响程度及风险趋势，一般应包括下列内容：

（一）报告期营业收入以及主营业务收入的构成与变动原因；按产品或服务的类别及地区分布，结合客户结构及销售模式，分析主要产品或服务的销售数量、价格与结构变化情况、原因及对营业收入变化的具体影响；产销量或合同订单完成量等业务数据与财务数据的一致性；营业收入存在季节性波动的，应分析季节性因素对各季度经营成果的影响；

（二）报告期营业成本的分部信息、主要成本项目构成及变动原因；结合主要原材料、能源等采购对象的数量与价格变动情况及原因，分析营业成本变化的影响因素；

（三）报告期毛利的构成与变动情况；综合毛利率、分产品或服务毛利率的变动情况；以数据分析方式说明毛利率的主要影响因素及变化趋势；存在同行业可比公司相同或相近产品或服务的，应对比分析毛利率差异和原因；

（四）报告期销售费用、管理费用、研发费用、财务费用的主要构成及变动原因；与同行业可比公司存在显著差异的，应结合业务特点和经营模式分析原因；

按重要性原则披露研发费用对应研发项目的整体预算、费用支出、实施进度等情况；

（五）对报告期经营成果有重大影响的非经常性损益项目、少数股东损益、未纳入合并报表范围的对外投资形成的投资收益或价值变动对公司经营成果及盈利能力稳定性的影响；区分与收益相关或与资产相关的政府补助，分析披露对发行人报告期与未来期间的影响；

（六）按税种分项披露报告期公司应缴与实缴税额及各期变化原因；

（七）尚未盈利或存在累计未弥补亏损的，应充分披露该情形成因，以及对公司现金流、业务拓展、人才吸引、团队稳定、研发投入、战略性投入、生产经营可持续性等方面的影响。

第五十九条　发行人应结合经营管理政策分析资产质量，披露对发行人存在重大影响的主要资产项目的质量特征、风险状况、变动原因及趋势，一般应包括下列内容：

（一）结合应收款项主要构成、账龄结构、预期信用损失的确定方法、信用政策、主要债务人等因素，分析披露报告期应收款项的变动原因及期后回款进度，说明是否存在较大坏账风险；应收款项坏账准备计提比例明显低于同行业可比公司的，应分析披露具体原因；

（二）结合业务模式、存货管理政策、经营风险控制等因素，分析披露报告期末存货的分类构成及变动原因，说明是否存在异常的存货余额或结构变动情形；结合存货减值测试的方法和结果，分析存货减值计提是否充分；

（三）报告期末持有金额较大的以摊余成本计量的金融资产、以公允价值计量且其变动计入其他综合收益的金融资产、以公允价值计量且其变动计入当期损益的金融资产以及借与他人款项、委托理财等财务性投资的，应分析投资目的、期限、管控方式、可回收性、减值准备计提充分性及对发行人资金安排或流动性的影响；

（四）结合产能、业务量或经营规模变化等因素，分析披露报告期末固定资产的分布特征与变动原因，重要固定资产折旧年限与同行业可比公司相比是否合理；报告期存在大额在建工程转入固定资产的，应说明其内容、依据及影响，尚未完工交付项目转入固定资产的条件和预计时间；固定资产与在建工程是否存在重大减值迹象；

（五）报告期末主要对外投资项目的投资期限、投资金额和价值变动、股权投资占比等情况，对发行人报告期及未来的影响；对外投资项目已计提减值或存在减值迹象的，应披露减值测试的方法与结果，分析减值准备计提是否充分；

（六）报告期末无形资产、开发支出的主要类别与变动原因，重要无形资产对发行人业务和财务的影响；无形资产减值测试的方法与结果，减值准备计提的充分性；存在开发支出资本化的，应披露具体项目、资本化依据、时间及金额；

（七）报告期末商誉的形成原因、变动与减值测试依据等。

第六十条　发行人应分析偿债能力、流动性与持续经营能力，一般应包括下列内容：

（一）最近一期末银行借款、关联方借款、合同承诺债务、或有负债等主要债项的金额、期限、利率及利息费用等情况；逾期未偿还债项原因及解决措施；借款费用资本化情况及依据、时间和金额。发行人应分析可预见的未来需偿还的负债金额及利息金额，重点说明未来十二个月内的情况，并结合公司相关偿债能力指标、现金流、融资能力与渠道、表内负债、表外融资及或有负债等情况，分析公司偿债能力；

（二）报告期股利分配的具体实施情况；

（三）报告期经营活动产生的现金流量、投资活动产生的现金流量、筹资活动产生的现金流量的基本情况、主要构成和变动原因。报告期经营活动产生的现金流量净额为负数或者与当期净利润存在较大差异的，应分析披露原因及主要影响因素；

（四）截至报告期末的重大资本性支出决议以及未来其他可预见的重大资本性支出计划和资金需求量；涉及跨行业投资的，应说明与公司未来发展战略的关系；存在较大资金缺口的，应说明解决措施及影响；

（五）结合长短期债务配置期限、影响现金流量的重要事件或承诺事项以及风险管理政策，分析披露发行人的流动性已经或可能产生的重大变化或风险趋势，以及发行人应对流动性风险的具体措施；

（六）结合公司的业务或产品定位、报告期经营策略以及未来经营计划，分析披露发行人持续经营能力是否存在重大不利变化的风险因素，以及管理层自我评判的依据。

第六十一条　发行人报告期存在重大投资或资本性支出、重大资产业务重组或股权收购合并等事项的，应分析披露该等重大事项的必要性与基本情况，对发行人生产经营战略、报告期及未来期间经营成果和财务状况的影响。

第六十二条　发行人披露的财务会计信息或业绩预告信息应满足及时性要求。

发行人应扼要披露资产负债表日后事项、或有事项、其他重要事项以及重大担保、诉讼等事项在招股说明书签署日的进展情况，披露该等事项对发行人未来财务状况、经营成果及持续经营能力的影响。

第六十三条 发行人认为提供盈利预测信息有助于投资者对发行人作出正确判断，且确信能对未来期间盈利情况作出比较切合实际预测的，可以披露盈利预测信息，并声明："本公司盈利预测报告是管理层在最佳估计假设基础上编制的，但所依据的各种假设具有不确定性，投资者应谨慎使用。"

发行人应提示投资者阅读盈利预测报告及审核报告全文。

第六十四条 发行人尚未盈利的，应披露未来是否可实现盈利的前瞻性信息及其依据、基础假设等。

发行人应声明："本公司前瞻性信息是建立在推测性假设数据基础上的预测，具有重大不确定性，投资者应谨慎使用。"

第六十五条 发行人已境外上市或拟同时境内外上市的，因适用不同会计准则导致财务报告存在差异的，应披露差异事项产生原因及差异调节表，并注明境外会计师事务所的名称。境内外会计师事务所的审计意见类型存在差异的，应披露境外会计师事务所的审计意见类型及差异原因。

第七节 募集资金运用与未来发展规划

第六十六条 发行人应披露募集资金的投向和使用管理制度，披露募集资金对发行人主营业务发展的贡献、未来经营战略的影响。

发行人应结合公司主营业务、生产经营规模、财务状况、技术条件、管理能力、发展目标等情况，披露募集资金投资项目的确定依据，披露相关项目实施后是否新增构成重大不利影响的同业竞争，是否对发行人的独立性产生不利影响。

第六十七条 发行人应按照重要性原则披露募集资金运用情况，主要包括：

（一）募集资金的具体用途，简要分析可行性及与发行人主要业务、核心技术之间的关系；

（二）募集资金的运用和管理安排，所筹资金不能满足预计资金使用需求的，应披露缺口部分的资金来源及落实情况；

（三）募集资金运用涉及审批、核准或备案程序的，应披露相关程序履行情况；

（四）募集资金运用涉及与他人合作的，应披露合作方基本情况、合作方式、各方权利义务关系；

（五）募集资金拟用于收购资产的，应披露拟收购资产的内容、定价情况及与发行人主营业务的关系；向实际控制人、控股股东及其关联方收购资产，对被收购资产有效益承诺的，应披露承诺效益无法完成时的补偿责任；

（六）募集资金拟用于向其他企业增资或收购其他企业股份的，应披露拟增资或收购企业的基本情况、主要经营情况及财务情况，增资资金折合股份或收购股份定价情况，增资或收购前后持股比例及控制情况，增资或收购行为与发行人业务发展规划的关系；

（七）募集资金用于偿还债务的，应披露该项债务的金额、利率、到期日、产生原因及用途，对发行人偿债能力、财务状况和财务费用的具体影响。

第六十八条　发行人应披露制定的战略规划，报告期内为实现战略目标已采取的措施及实施效果，未来规划采取的措施等。

第八节　公司治理与独立性

第六十九条　发行人应结合《公司法》、中国证监会关于公司治理的有关规定及公司章程，披露报告期内发行人公司治理存在的缺陷及改进情况。

第七十条　发行人应披露公司管理层对内部控制完整性、合理性及有效性的自我评估意见以及注册会计师对公司内部控制的鉴证意见。报告期内公司内部控制存在重大缺陷的，发行人应披露相关内控缺陷及整改情况。

第七十一条　发行人应披露报告期内存在的违法违规行为及受到处罚、监督管理措施、纪律处分或自律监管措施的情况，并说明对发行人的影响。

发行人可汇总或分类披露情节显著轻微的违法违规行为及受到处罚、监督管理措施、纪律处分或自律监管措施的情况。

第七十二条　发行人应披露报告期内是否存在资金被控股股东、实际控制人及其控制的其他企业以借款、代偿债务、代垫款项或者其他方式占用的情况，或者为控股股东、实际控制人及其控制的其他企业担保的情况。

第七十三条　发行人应分析披露其具有直接面向市场独立持续经营的能

力，主要包括：

（一）资产完整方面。生产型企业具备与生产经营有关的主要生产系统、辅助生产系统和配套设施，合法拥有与生产经营有关的主要土地、厂房、机器设备以及商标、专利、非专利技术的所有权或者使用权，具有独立的原料采购和产品销售系统；非生产型企业具备与经营有关的业务体系及主要相关资产；

（二）人员独立方面。发行人的总经理、副总经理、财务负责人和董事会秘书等高级管理人员不在控股股东、实际控制人及其控制的其他企业担任除董事、监事以外的其他职务，不在控股股东、实际控制人及其控制的其他企业领薪；发行人的财务人员不在控股股东、实际控制人及其控制的其他企业兼职；

（三）财务独立方面。发行人已建立独立的财务核算体系、能够独立作出财务决策；具有规范的财务会计制度和对分公司、子公司的财务管理制度；发行人未与控股股东、实际控制人及其控制的其他企业共用银行账户；

（四）机构独立方面。发行人已建立健全内部经营管理机构、独立行使经营管理职权，与控股股东和实际控制人及其控制的其他企业不存在机构混同的情形；

（五）业务独立方面。发行人的业务独立于控股股东、实际控制人及其控制的其他企业，与控股股东、实际控制人及其控制的其他企业不存在对发行人构成重大不利影响的同业竞争，以及严重影响独立性或者显失公平的关联交易；

（六）发行人主营业务、控制权、管理团队稳定，最近三年内主营业务和董事、高级管理人员均没有发生重大不利变化；发行人的股份权属清晰，不存在导致控制权可能变更的重大权属纠纷，最近三年实际控制人没有发生变更；

（七）发行人不存在主要资产、核心技术、商标有重大权属纠纷，重大偿债风险，重大担保、诉讼、仲裁等或有事项，经营环境已经或将要发生重大变化等对持续经营有重大影响的事项。

报告期内发行人独立持续经营能力存在瑕疵的，发行人应披露瑕疵情形及整改情况。

第七十四条 发行人应披露与控股股东、实际控制人及其控制的其他企业从事相同、相似业务的情况，并论证是否对发行人构成重大不利影响，披露发行人防范利益输送、利益冲突及保持独立性的具体安排等。

控股股东、实际控制人控制的其他企业报告期内与发行人发生重大关联交易或与发行人从事相同、相似业务的，发行人应披露该企业的基本情况，包括主营业务、与发行人业务关系、最近一年及一期末总资产和净资产、最近一年及一期营业收入和净利润，并标明是否经审计及审计机构名称。

第七十五条 发行人应根据《公司法》《企业会计准则》及中国证监会有关规定披露关联方、关联关系和关联交易。

第七十六条 发行人应披露报告期内关联交易总体情况，并根据交易性质和频率，按照经常性和偶发性分类披露关联交易及关联交易对发行人财务状况和经营成果的影响。

发行人应区分重大关联交易和一般关联交易，并披露重大关联交易的判断标准及依据。

重大经常性关联交易，应分别披露报告期内关联方名称、交易内容、交易价格确定方法及公允性、交易金额及占当期营业收入或营业成本的比例、占当期同类型交易比例以及关联交易变化趋势，与交易相关应收应付款项余额及变化原因，以及上述关联交易是否将持续发生。

重大偶发性关联交易，应披露报告期内关联方名称、交易时间、交易内容、交易价格确定方法及公允性、交易金额、资金结算情况、交易产生的利润及对发行人当期经营成果、主营业务的影响。

发行人应列表汇总简要披露报告期内发生的全部一般关联交易。

第七十七条 发行人应披露关联交易的原因，简要披露报告期内关联交易是否履行公司章程规定的审议程序，以及独立董事对关联交易履行的审议程序是否合法及交易价格是否公允的意见。

第七十八条 发行人应披露报告期内关联方变化情况。关联方变为非关联方的，发行人应比照关联交易的要求持续披露与原关联方的后续交易情况，以及原关联方相关资产、人员的去向等。

第九节　投资者保护

第七十九条　发行人应简要披露本次发行完成前滚存利润的分配安排和已履行的决策程序。发行前滚存利润归发行前股东享有的，应披露滚存利润审计和派发情况。

第八十条　发行人应披露本次发行前后股利分配政策差异情况，有关现金分红的股利分配政策、决策程序及监督机制。发行人分红资金主要来源于重要子公司的，应披露子公司分红政策。

第八十一条　发行人存在特别表决权股份、协议控制架构或类似特殊安排，尚未盈利或存在累计未弥补亏损的，应披露保护投资者合法权益的各项措施，包括但不限于下列内容：

（一）发行人存在特别表决权股份等特殊架构的，持有特别表决权的股东应按照所适用的法律以及公司章程行使权利，不得滥用特别表决权，不得损害投资者的合法权益。损害投资者合法权益的，发行人及持有特别表决权的股东应改正，并依法承担对投资者的损害赔偿责任；

（二）尚未盈利企业的控股股东、实际控制人和董事、监事、高级管理人员关于减持股票的特殊安排或承诺。

第十节　其他重要事项

第八十二条　发行人应披露对报告期经营活动、财务状况或未来发展等具有重要影响的已履行、正在履行和将要履行的合同情况，包括合同当事人、合同标的、合同价款或报酬、履行期限、实际履行情况等，并分析对发行人的影响及存在的风险。与同一交易主体在一个会计年度内连续发生的相同内容或性质的合同应累计计算。

第八十三条　发行人应披露对外担保情况，主要包括：

（一）被担保人的名称、注册资本、实收资本、住所、生产经营情况、与发行人有无关联关系、最近一年及一期末总资产和净资产、最近一年及一期营业收入和净利润；

（二）主债务的种类、金额和履行期限；

（三）担保方式；采用抵押、质押方式的，应披露担保物的种类、数量、价值等相关情况；

（四）担保范围；

（五）担保期间；

（六）解决争议方法；

（七）其他对担保人有重大影响的条款；

（八）担保履行情况；

（九）存在反担保的，应简要披露相关情况；

（十）该等担保对发行人业务经营和财务状况的影响。

第八十四条 发行人应披露对财务状况、经营成果、声誉、业务活动、未来前景等可能产生较大影响的诉讼或仲裁事项，以及控股股东或实际控制人、子公司，发行人董事、监事、高级管理人员和其他核心人员作为一方当事人可能对发行人产生影响的刑事诉讼、重大诉讼或仲裁事项，主要包括：

（一）案件受理情况和基本案情；

（二）诉讼或仲裁请求；

（三）判决、裁决结果及执行情况；

（四）诉讼、仲裁案件对发行人的影响。

第十一节 声 明

第八十五条 发行人及其全体董事、监事、高级管理人员应在招股说明书正文的尾页声明：

"本公司及全体董事、监事、高级管理人员承诺本招股说明书的内容真实、准确、完整，不存在虚假记载、误导性陈述或重大遗漏，按照诚信原则履行承诺，并承担相应的法律责任。"

声明应由全体董事、监事、高级管理人员签字，并由发行人盖章。

第八十六条 发行人控股股东、实际控制人应在招股说明书正文后声明：

"本公司（或本人）承诺本招股说明书的内容真实、准确、完整，不存在虚假记载、误导性陈述或重大遗漏，按照诚信原则履行承诺，并承担相应的法律责任。"

声明应由控股股东、实际控制人签字、盖章。

第八十七条 保荐人（主承销商）应在招股说明书正文后声明：

"本公司已对招股说明书进行核查，确认招股说明书的内容真实、准确、完整，不存在虚假记载、误导性陈述或重大遗漏，并承担相应的法律责任。"

声明应由法定代表人、保荐代表人、项目协办人签字，并由保荐人（主承销商）盖章。

第八十八条 发行人律师应在招股说明书正文后声明：

"本所及经办律师已阅读招股说明书，确认招股说明书与本所出具的法律意见书无矛盾之处。本所及经办律师对发行人在招股说明书中引用的法律意见书的内容无异议，确认招股说明书不致因上述内容而出现虚假记载、误导性陈述或重大遗漏，并承担相应的法律责任。"

声明应由经办律师及所在律师事务所负责人签字，并由律师事务所盖章。

第八十九条 为本次发行承担审计业务的会计师事务所应在招股说明书正文后声明：

"本所及签字注册会计师已阅读招股说明书，确认招股说明书与本所出具的审计报告、审阅报告（如有）、盈利预测审核报告（如有）、内部控制鉴证报告及经本所鉴证的非经常性损益明细表等无矛盾之处。本所及签字注册会计师对发行人在招股说明书中引用的审计报告、审阅报告（如有）、盈利预测审核报告（如有）、内部控制鉴证报告及经本所鉴证的非经常性损益明细表等的内容无异议，确认招股说明书不致因上述内容而出现虚假记载、误导性陈述或重大遗漏，并承担相应的法律责任。"

声明应由签字注册会计师及所在会计师事务所负责人签字，并由会计师事务所盖章。

第九十条 为本次发行承担评估业务的资产评估机构应在招股说明书正文后声明：

"本机构及签字资产评估师已阅读招股说明书，确认招股说明书与本机构出具的资产评估报告无矛盾之处。本机构及签字资产评估师对发行人在招股说明书中引用的资产评估报告的内容无异议，确认招股说明书不致因上述内容而出现虚假记载、误导性陈述或重大遗漏，并承担相应的法律责任。"

声明应由签字资产评估师及所在资产评估机构负责人签字，并由资产评估机构盖章。

第九十一条 为本次发行承担验资业务的机构应在招股说明书正文后声明：

"本机构及签字注册会计师已阅读招股说明书，确认招股说明书与本机构出具的验资报告无矛盾之处。本机构及签字注册会计师对发行人在招股说明书中引用的验资报告的内容无异议，确认招股说明书不致因上述内容而出现虚假记载、误导性陈述或重大遗漏，并承担相应的法律责任。"

声明应由签字注册会计师及所在验资机构负责人签字，并由验资机构盖章。

第九十二条 本准则要求的有关人员签名下方应以印刷体形式注明其姓名。

第十二节　附　　件

第九十三条 发行人应按本准则规定披露以下附件：

（一）发行保荐书；

（二）上市保荐书；

（三）法律意见书；

（四）财务报告及审计报告；

（五）公司章程（草案）；

（六）落实投资者关系管理相关规定的安排、股利分配决策程序、股东投票机制建立情况；

（七）与投资者保护相关的承诺。应充分披露发行人、股东、实际控制人、发行人的董事、监事、高级管理人员以及本次发行的保荐人及证券服务机构等作出的重要承诺、未能履行承诺的约束措施以及已触发履行条件承诺事项的履行情况。承诺事项主要包括：

1. 本次发行前股东所持股份的限售安排、自愿锁定股份、延长锁定期限以及股东持股及减持意向等承诺；

2. 稳定股价的措施和承诺；

3. 发行人因欺诈发行、虚假陈述或者其他重大违法行为给投资者造成损失的，发行人控股股东、实际控制人、相关证券公司自愿作出先行赔付投资者的承诺（如有）；

4. 股份回购和股份买回的措施和承诺；

5. 对欺诈发行上市的股份回购和股份买回承诺；

6. 填补被摊薄即期回报的措施及承诺；

7. 利润分配政策的承诺；

8. 依法承担赔偿责任的承诺；

9. 控股股东、实际控制人避免新增同业竞争的承诺；

10. 其他承诺事项。

（八）发行人及其他责任主体作出的与发行人本次发行上市相关的其他承诺事项；

（九）发行人审计报告基准日至招股说明书签署日之间的相关财务报告及审阅报告（如有）；

（十）盈利预测报告及审核报告（如有）；

（十一）内部控制鉴证报告；

（十二）经注册会计师鉴证的非经常性损益明细表；

（十三）股东大会、董事会、监事会、独立董事、董事会秘书制度的建立健全及运行情况说明；

（十四）审计委员会及其他专门委员会的设置情况说明；

（十五）募集资金具体运用情况（如募集资金投向和使用管理制度、募集资金投入的时间周期和进度、投资项目可能存在的环保问题及新取得的土地或房产等）；

（十六）子公司、参股公司简要情况（包括成立时间、注册资本、实收资本、注册地和主要生产经营地、主营业务情况、在发行人业务板块中定位、股东构成及控制情况、最近一年及一期末的总资产和净资产、最近一年及一期的营业收入和净利润，并标明财务数据是否经过审计及审计机构名称）；

（十七）其他与本次发行有关的重要文件。

第三章 特别规定

第九十四条 拟在科创板上市的发行人应在招股说明书显要位置提示科创板投资风险，作如下声明：

"本次发行股票拟在科创板上市，科创板公司具有研发投入大、经营风险高、业绩不稳定、退市风险高等特点，投资者面临较大的市场风险。投资者应充分了解科创板的投资风险及本公司所披露的风险因素，审慎作出投资决定。"

拟在创业板上市的发行人应在招股说明书显要位置提示创业板投资风险，作如下声明：

"本次发行股票拟在创业板上市，创业板公司具有创新投入大、新旧产业融合存在不确定性、尚处于成长期、经营风险高、业绩不稳定、退市风险高等特点，投资者面临较大的市场风险。投资者应充分了解创业板的投资风险及本公司所披露的风险因素，审慎作出投资决定。"

第九十五条 发行人应在"业务与技术"中详细披露以下内容：

拟在主板上市的，应披露业务发展过程和模式成熟度、经营稳定性和行业地位；拟在科创板上市的，应披露科研水平、科研人员、科研资金投入等相关信息；拟在创业板上市，应披露自身的创新、创造、创意特征，针对性披露科技创新、模式创新或者业态创新情况。

第九十六条 拟在科创板或创业板上市的发行人适用本准则第三十九条和第七十三条第（六）款相关规定时披露"最近二年"情况。

第九十七条 拟在科创板或创业板上市的发行人应在"业务与技术"中结合行业技术水平和对行业的贡献，披露发行人的技术先进性及具体表征；披露发行人的核心技术在主营业务及产品或服务中的应用和贡献情况；披露核心技术人员、研发人员占员工总数的比例，核心技术人员的学历背景构成，取得的专业资质及重要科研成果和获得奖项情况，对公司研发的具体贡献，发行人对核心技术人员实施的约束激励措施，报告期内核心技术人员的主要变动情况及对发行人的影响。

拟在科创板上市的发行人应披露核心技术的科研实力和成果情况，包括获得重要奖项、承担重大科研项目、核心学术期刊发表论文等情况；披露发行人新技术新产品商业化情况。

第九十八条 拟在科创板上市的发行人应披露募集资金重点投向科技创新领域的具体安排。

拟在创业板上市的发行人应披露募集资金对其业务创新、创造、创意性的支持作用。

第九十九条 拟在科创板上市且尚未盈利的发行人应在"投资者保护"中披露核心技术人员关于减持股票的特殊安排或承诺。

第一百条 拟在科创板上市的发行人应在"附件"中充分披露核心技术人员的重要承诺、未能履行承诺的约束措施以及已触发履行条件承诺事项的履行情况。

第四章 附 则

第一百零一条 红筹企业申请首次公开发行股票或发行存托凭证并在主板／科创板／创业板上市的，应同时遵循本准则以及《公开发行证券的公司信息披露编报规则第 23 号——试点红筹企业公开发行存托凭证招股说明书内容与格式指引》等规定。

第一百零二条 本准则自公布之日起施行。《公开发行证券的公司信息披露内容与格式准则第 1 号——招股说明书（2015 年修订）》（证监会公告〔2015〕32 号）、《公开发行证券的公司信息披露内容与格式准则第 41 号——科创板公司招股说明书》（证监会公告〔2019〕6 号）、《公开发行证券的公司信息披露内容与格式准则第 28 号——创业板公司招股说明书（2020 年修订）》（证监会公告〔2020〕31 号）同时废止。

附录004 公开发行证券的公司信息披露内容与格式准则第58号
——首次公开发行股票并上市申请文件

第一条 为规范首次公开发行股票并上市申请文件的格式和报送方式，根据《中华人民共和国证券法》《国务院办公厅关于贯彻实施修订后的证券法有关工作的通知》《首次公开发行股票注册管理办法》（证监会令第205号）的规定，制定本准则。

第二条 申请在中华人民共和国境内首次公开发行股票并在上海证券交易所、深圳证券交易所（以下统称交易所）上市的公司（以下简称发行人）应按本准则的要求制作和报送申请文件，并通过交易所发行上市审核业务系统报送电子文件。

报送的电子文件应和预留原件一致。发行人律师应对报送的电子文件与预留原件的一致性出具鉴证意见。报送的电子文件和预留原件具有同等的法律效力。

第三条 本准则附件规定的申请文件目录是对发行申请文件的最低要求。中国证券监督管理委员会（以下简称中国证监会）和交易所根据审核需要可以要求发行人、保荐人和相关证券服务机构补充文件。如果某些文件对发行人不适用，发行人应作出书面说明。补充文件和相关说明也应通过交易所发行上市审核业务系统报送。

第四条 申请文件一经受理，未经中国证监会或者交易所同意，不得改动。

第五条　发行人应确保申请文件的原始纸质文件已存档。

对于申请文件的原始纸质文件，发行人不能提供有关文件原件的，应由发行人律师提供鉴证意见，或由出文单位盖章，以保证与原件一致。如原出文单位不再存续，由承继其职权的单位或作出撤销决定的单位出文证明文件的真实性。

第六条　申请文件的原始纸质文件所有需要签名处，应载明签名字样的印刷体，并由签名人亲笔签名，不得以名章、签名章等代替。

申请文件的原始纸质文件中需要由发行人律师鉴证的文件，发行人律师应在该文件首页注明"以下第 ×× 页至第 ×× 页与原件一致"，并签名和签署鉴证日期，律师事务所应在该文件首页加盖公章，并在第 ×× 页至第 ×× 页侧面以公章加盖骑缝章。

第七条　发行人应根据交易所对申请文件的问询及中国证监会对申请文件的反馈问题补充、修改材料。保荐人和相关证券服务机构应对相关问题进行尽职调查并补充出具专业意见。

第八条　发行人向交易所发行上市审核业务系统报送的申请文件应采用标准".doc"、".docx"或".pdf"格式，按幅面为 209 毫米 ×295 毫米规格的纸张（相当于标准 A4 纸张规格）进行排版，并应采用合适的字体、字号、行距，易于投资者阅读。

申请文件的正文文字应为宋体小四号，1.5 倍行距。一级标题应为黑体三号，二级标题应为黑体四号，三级标题应为黑体小四号，且各级标题应采用一致的段落间距。

申请文件章与章之间、节与节之间应有明显的分隔标识。文档应根据各级标题建立文档结构图以便于阅读。

申请文件中的页码应与目录中标识的页码相符。例如，第四部分 4-1 的页码标注为 4-1-1，4-1-2，4-1-3，……4-1-n。

第九条　未按本准则的要求制作和报送申请文件的，交易所可以按照有关规定不予受理。

第十条　红筹企业申请首次公开发行股票或发行存托凭证并上市，应同时按照本准则和相关规定制作和报送申请文件。

第十一条　本准则自公布之日起施行。《公开发行证券的公司信息披露内容与格式准则第9号——首次公开发行股票并上市申请文件》（证监发行字〔2006〕6号）、《公开发行证券的公司信息披露内容与格式准则第42号——首次公开发行股票并在科创板上市申请文件》（证监会公告〔2019〕7号）、《公开发行证券的公司信息披露内容与格式准则第29号——首次公开发行股票并在创业板上市申请文件（2020年修订）》（证监会公告〔2020〕32号）同时废止。

附录：首次公开发行股票并上市申请文件目录

一、招股文件

1-1　招股说明书（申报稿）

二、发行人关于本次发行上市的申请与授权文件

2-1　关于本次公开发行股票并上市的申请报告

2-2　董事会有关本次发行并上市的决议

2-3　股东大会有关本次发行并上市的决议

2-4　关于符合板块定位要求的专项说明

三、保荐人和证券服务机构关于本次发行上市的文件

3-1　保荐人关于本次发行上市的文件

3-1-1　关于发行人符合板块定位要求的专项意见

3-1-2　发行保荐书

3-1-3　上市保荐书

3-1-4　保荐工作报告

3-1-5　签字保荐代表人在审企业家数说明

3-1-6　关于发行人预计市值的分析报告（如适用）

3-1-7　保荐机构相关子公司参与配售的相关文件（如有）

3-2　会计师关于本次发行上市的文件

3-2-1　财务报告及审计报告

3-2-2　发行人审计报告基准日至招股说明书签署日之间的相关财务报

告及审阅报告（如有）

3-2-3 盈利预测报告及审核报告（如有）

3-2-4 内部控制鉴证报告

3-2-5 经注册会计师鉴证的非经常性损益明细表

3-3 发行人律师关于本次发行上市的文件

3-3-1 法律意见书

3-3-2 律师工作报告

3-3-3 关于发行人董事、监事、高级管理人员、控股股东和实际控制人在相关文件上签名盖章的真实性的鉴证意见

3-3-4 关于申请电子文件与预留原件一致的鉴证意见

四、发行人的设立文件

4-1 发行人的企业法人营业执照

4-2 发行人公司章程（草案）

4-3 发行人关于公司设立以来股本演变情况的说明及其董事、监事、高级管理人员的确认意见

4-4 商务主管部门出具的外资确认文件（如有）

五、与财务会计资料相关的其他文件

5-1 发行人关于最近三年及一期的纳税情况

5-1-1 发行人最近三年及一期所得税纳税申报表

5-1-2 有关发行人税收优惠、政府补助的证明文件

5-1-3 主要税种纳税情况的说明

5-1-4 注册会计师对主要税种纳税情况说明出具的意见

5-1-5 发行人及其重要子公司或主要经营机构最近三年及一期纳税情况的证明

5-2 发行人需报送的财务资料

5-2-1 最近三年及一期原始财务报表

5-2-2 原始财务报表与申报财务报表的差异比较表

5-2-3 注册会计师对差异情况出具的意见

5-3 发行人设立时和最近三年及一期的资产评估报告（如有）

5-4　发行人的历次验资报告或出资证明

5-5　发行人大股东或控股股东最近一年的原始财务报表及审计报告（如有）

六、关于本次发行上市募集资金运用的文件

6-1　发行人关于募集资金运用方向的总体安排及其合理性、必要性的说明

6-2　募集资金投资项目的审批、核准或备案文件（如有）

6-3　发行人拟收购资产（或股权）的财务报表、资产评估报告及审计报告、盈利预测报告（如有）

6-4　发行人拟收购资产（或股权）的合同或合同草案（如有）

七、其他文件

7-1　产权和特许经营权证书

7-1-1　发行人拥有或使用的对其生产经营有重大影响的商标、专利、计算机软件著作权等知识产权以及土地使用权、房屋所有权等产权证书清单（需列明证书所有者或使用者名称、证书号码、权利期限、取得方式、是否及存在何种他项权利等内容）

7-1-2　发行人律师就7-1-1清单所列产权证书出具的鉴证意见

7-1-3　特许经营权证书（如有）

7-2　重要合同

7-2-1　对发行人有重大影响的商标、专利、专有技术等知识产权许可使用协议（如有）

7-2-2　重大关联交易协议（如有）

7-2-3　重组协议（如有）

7-2-4　特别表决权股份等差异化表决安排涉及的协议（如有）

7-2-5　高级管理人员、员工配售协议（如有）

7-2-6　重要采购合同

7-2-7　重要销售合同

7-2-8　其他对报告期经营活动、财务状况或未来发展等具有重要影响的已履行、正在履行和将要履行的合同（如有）

7-3　特定行业（或企业）的管理部门出具的相关意见（如有）

7-4　承诺事项

7-4-1　发行人及其实际控制人、控股股东、持股 5% 以上股东以及发行人董事、监事、高级管理人员等责任主体的重要承诺以及未履行承诺的约束措施

7-4-2　有关消除或避免相关同业竞争的协议以及发行人的控股股东和实际控制人出具的相关承诺

7-4-3　发行人董事、监事、高级管理人员对证券发行文件的确认意见以及监事会的书面审核意见

7-4-4　发行人控股股东、实际控制人对证券发行文件的确认意见

7-4-5　发行人关于申请电子文件与预留原件一致的承诺函

7-4-6　保荐人关于申请电子文件与预留原件一致的承诺函

7-4-7　发行人、保荐人及相关主体保证不影响和干扰审核的承诺函

7-5　说明事项

7-5-1　发行人关于申请文件不适用情况的说明

7-5-2　发行人关于招股说明书不适用情况的说明

7-5-3　信息披露豁免申请（如有）

7-6　保荐协议和承销协议

7-7　股东信息核查

7-7-1　发行人关于股东信息披露的专项承诺

7-7-2　保荐人关于发行人股东信息披露的专项核查报告

7-7-3　律师事务所关于发行人股东信息披露的专项核查报告

7-8　历次聘请保荐机构情况的说明

7-9　其他文件

附录005 上海证券交易所科创板企业发行上市申报及推荐暂行规定

（2022 年 12 月修订）

第一条 为了进一步明确科创板定位把握标准，支持和鼓励硬科技企业在科创板发行上市，引导和规范发行人申报和保荐机构推荐工作，促进科创板市场持续健康发展，根据《关于在上海证券交易所设立科创板并试点注册制的实施意见》《科创板首次公开发行股票注册管理办法（试行）》《科创属性评价指引（试行）》（以下简称《指引》）《上海证券交易所科创板股票发行上市审核规则》和《上海证券交易所科创板股票上市规则》（以下简称《科创板上市规则》），制定本规定。

第二条 科创板企业发行上市申报和推荐，应当基于《指引》和本规定中的科创属性要求，把握发行人是否符合科创板定位。

发行人申报科创板发行上市的，应当对照《指引》和本规定中的科创属性要求，对其是否符合科创板定位进行自我评估。保荐机构推荐发行人申报科创板发行上市的，应当对发行人是否符合与科创板定位相关的科创属性要求，进行核查把关，作出专业判断。

第三条 科创板优先支持符合国家科技创新战略、拥有关键核心技术等先进技术、科技创新能力突出、科技成果转化能力突出、行业地位突出或者市场认可度高等的科技创新企业发行上市。

第四条 申报科创板发行上市的发行人，应当属于下列行业领域的高新技术产业和战略性新兴产业：

（一）新一代信息技术领域，主要包括半导体和集成电路、电子信息、下一代信息网络、人工智能、大数据、云计算、软件、互联网、物联网和智能硬件等；

（二）高端装备领域，主要包括智能制造、航空航天、先进轨道交通、海洋工程装备及相关服务等；

（三）新材料领域，主要包括先进钢铁材料、先进有色金属材料、先进石化化工新材料、先进无机非金属材料、高性能复合材料、前沿新材料及相关服务等；

（四）新能源领域，主要包括先进核电、大型风电、高效光电光热、高效储能及相关服务等；

（五）节能环保领域，主要包括高效节能产品及设备、先进环保技术装备、先进环保产品、资源循环利用、新能源汽车整车、新能源汽车关键零部件、动力电池及相关服务等；

（六）生物医药领域，主要包括生物制品、高端化学药、高端医疗设备与器械及相关服务等；

（七）符合科创板定位的其他领域。

限制金融科技、模式创新企业在科创板发行上市。禁止房地产和主要从事金融、投资类业务的企业在科创板发行上市。

第五条　支持和鼓励科创板定位规定的相关行业领域中，同时符合下列4项指标的企业申报科创板发行上市：

（一）最近三年研发投入占营业收入比例5%以上，或者最近三年研发投入金额累计在6000万元以上；

（二）研发人员占当年员工总数的比例不低于10%；

（三）应用于公司主营业务的发明专利5项以上；

（四）最近三年营业收入复合增长率达到20%，或者最近一年营业收入金额达到3亿元。

采用《科创板上市规则》第2.1.2条第一款第（五）项规定的上市标准申报科创板的企业，或按照《关于开展创新企业境内发行股票或存托凭证试点的若干意见》等相关规则申报科创板的已境外上市红筹企业，可不适用前款第（四）项指标的规定；软件行业不适用前款第（三）项指标的要求，研发投入占比应在 10% 以上。

第六条　支持和鼓励科创板定位规定的相关行业领域中，虽未达到本规定第五条指标，但符合下列情形之一的企业申报科创板发行上市：

（一）拥有的核心技术经国家主管部门认定具有国际领先、引领作用或者对于国家战略具有重大意义；

（二）作为主要参与单位或者核心技术人员作为主要参与人员，获得国家自然科学奖、国家科技进步奖、国家技术发明奖，并将相关技术运用于主营业务；

（三）独立或者牵头承担与主营业务和核心技术相关的国家重大科技专项项目；

（四）依靠核心技术形成的主要产品（服务），属于国家鼓励、支持和推动的关键设备、关键产品、关键零部件、关键材料等，并实现了进口替代；

（五）形成核心技术和应用于主营业务的发明专利（含国防专利）合计 50 项以上。

第七条　发行人申报时，应当按照本规定所附示范格式的要求，提交关于符合科创板定位的专项说明。专项说明应当突出重点，直接明了，有针对性评估是否符合科创属性要求。

第八条　保荐机构应当围绕科创板定位，对发行人自我评估涉及的相关事项进行尽职调查，重点对发行人科创属性认定的依据是否真实、客观、合理，以及申请文件中的相关信息披露进行核查把关，并按照本规定所附示范格式的要求，出具专项意见，说明具体的核查内容、核查过程等，同时在上市保荐书中说明核查结论及依据。

保荐机构核查时，应当结合发行人的技术先进性等情况进行综合判断，不应简单根据相关数量指标得出发行人符合科创板定位的结论。

适用本规定第四条第一款第（七）项的，保荐机构应当充分论证、审慎推荐。

第九条　本所发行上市审核中，按照实质重于形式的原则，着重从以下方面关注发行人的自我评估是否客观，保荐机构的核查把关是否充分并作出综合判断：

（一）发行人是否符合科创板支持方向；

（二）发行人的行业领域是否属于《指引》和本规定所列行业领域；

（三）发行人的科创属性是否符合《指引》和本规定所列相关指标或情形要求；

（四）发行人是否具有突出的科技创新能力；

（五）本所规定的其他要求。

第十条　本所可以就发行人的科创属性向科创板科技创新咨询委员会履行正式咨询程序，参照咨询意见作出是否符合科创板定位的审核判断，并按规定程序出具审核意见。

第十一条　发行人应当在招股说明书中，就第三条至第六条规定的科创板支持方向、行业领域、科创属性指标或者相关情形进行相应的信息披露。

第十二条　发行人拟披露的与科创板定位相关的信息属于国家秘密、商业秘密，披露后可能导致其违反国家有关保密法律法规或者严重损害公司利益的，发行人及其保荐机构可以向本所申请豁免披露。

第十三条　发行人及其保荐机构可在申报前，就本规定相关条款的理解和适用，向本所进行咨询。

第十四条　本所对保荐机构推荐企业到科创板上市的行为实施自律监管，对违反本规定的保荐机构可以按规定采取自律监管措施或者纪律处分。

第十五条　本规定由本所负责解释。

第十六条　本规定自发布之日起实施。原《上海证券交易所科创板企业发行上市申报及推荐暂行规定》（上证发〔2021〕23号）同时废止。本所其他相关规定与本规定不一致的，以本规定为准。

附件：1.关于发行人符合科创板定位要求的专项说明（参考示范格式）

　　　2.关于发行人符合科创板定位要求的专项意见（参考示范格式）

附件1

关于发行人符合科创板定位要求的专项说明
（参考示范格式）

上海证券交易所：

　　根据《科创板首次公开发行股票注册管理办法（试行）》、《科创属性评价指引（试行）》、《上海证券交易所科创板股票发行上市审核规则》、《上海证券交易所科创板股票上市规则》（以下简称《科创板上市规则》）、《上海证券交易所科创板企业发行上市申报及推荐暂行规定》（以下简称《暂行规定》）等有关规定，我公司对是否符合科创板定位进行了充分的自我评估，出具本专项说明，并保证本专项说明真实、准确和完整。

一、公司简介与主营业务概述

二、公司符合科创板定位的说明

（一）公司符合科创板支持方向

　　公司结合实际情况，主要从以下方面进行说明，如不具备相关情况的可不作说明。

　　1. 符合国家科技创新战略情况。说明公司技术产品符合的国家高新技术产业和战略性新兴产业规划、政策文件的制定机关、规划或文件名称及其中的具体内容。

　　2. 拥有关键核心技术等先进技术或产品情况。逐项说明公司拥有的关键核心技术等先进技术或产品的名称、内容、功能性能（含衡量先进性的技术指标，如有）等。结合相关细分领域国际国内发展现状和趋势，分析各类技术产品所在产业链及在其中的位置、在相关细分领域国际和国内发展中的位置、与相关细分领域国际国内可比公司同类技术产品技术指标、功能性能差异比较，说明公司技术或产品的先进性。如公司拥有的技术产品在国际或国内具有原创性、引领性、前沿性，或属于关键核心领域、国外拥有但国内没有的"卡脖子"领域，请予以具体说明。

3.科技创新能力、科技成果转化能力情况。结合相关事实和数据，分析公司应用现代先进技术并不断对技术产品性能功能进行改进或将先进技术转化为新一代产品，技术储备和不断创新安排，先进技术产品商业化所处阶段、应用领域、区域范围、取得的收入等具体情况，说明公司具有的科技创新能力、科技成果转化能力。

4.行业地位或者市场认可度情况。结合政府相关部门研发许可情况、不同阶段销售情况、市场反映情况等，说明公司技术产品产业化、市场化销售得到市场和相关方面认可的情况，在所属细分行业领域的排名情况。

（二）公司符合科技创新行业领域要求

公司所属科技创新行业领域见下表：

公司所属行业领域	□新一代信息技术	简要分析行业领域归类依据（具体认定的理由和依据需在后文详细说明）
	□高端装备	
	□新材料	
	□新能源	
	□节能环保	
	□生物医药	
	□符合科创板定位的其他领域	

根据高新技术产业和战略性新兴产业规划、政策文件，国家统计局《战略性新兴产业分类》和《暂行规定》确定的科技创新行业领域，结合公司核心产品及其应用情况等，说明公司属于该行业领域依据和理由。公司有两类或两类以上技术产品的，可以按照营业收入较高的技术产品所属科技创新行业领域归类；公司技术产品可归入两个或两个以上科技创新行业领域的，可根据实际情况合理选择一个行业领域归类。认定属于科技创新行业领域中其他领域的，应结合科创板支持方向、公司技术产品实际情况详细说明理由和依据。

（三）公司符合科创属性相关指标或情形

公司符合科创属性指标见下表：

科创属性相关指标一	是否符合	指标情况
最近 3 年累计研发投入占最近 3 年累计营业收入比例 ≥ 5%，或最近 3 年累计研发投入金额 ≥ 6000 万元	□是　□否	
研发人员占当年员工总数的比例 ≥ 10%	□是　□否	
应用于公司主营业务的发明专利 ≥ 5 项	□是　□否	
最近三年营业收入复合增长率 ≥ 20%，或最近一年营业收入金额 ≥ 3 亿	□是　□否	

备注：采用《科创板上市规则》第 2.1.2 条第一款第（五）项规定的上市标准申报科创板的企业，或按照《关于开展创新企业境内发行股票或存托凭证试点的若干意见》等相关规则申报科创板的已境外上市红筹企业，可不适用上述第（四）项指标的规定；软件行业不适用上述第（三）项指标的要求，研发投入占比应在 10% 以上。

公司符合科创属性的情形见下表：

科创属性相关指标二	是否符合	主要依据
拥有的核心技术经国家主管部门认定具有国际领先、引领作用或者对于国家战略具有重大意义。	□是　□否	
作为主要参与单位或者核心技术人员作为主要参与人员，获得国家自然科学奖、国家科技进步奖、国家技术发明奖，并将相关技术运用于公司主营业务。	□是　□否	
独立或者牵头承担与主营业务和核心技术相关的国家重大科技专项项目。	□是　□否	
依靠核心技术形成的主要产品（服务），属于国家鼓励、支持和推动的关键设备、关键产品、关键零部件、关键材料等，并实现了进口替代。	□是　□否	
形成核心技术和应用于主营业务的发明专利（含国防专利）合计 50 项以上。	□是　□否	

备注：公司可选择科创属性相关指标或者科创属性相关情形，选择科创属性相关情形的，可选择其中任意一项情形进行说明。

　　公司选择科创属性相关指标的，逐项说明符合指标的具体情况、计算基础和计算方法。采用《科创板上市规则》第 2.1.2 条第一款第（五）项规定的上市标准申报科创板的企业，或按照《关于开展创新企业境内发行股票或存托凭证试点的若干意见》等相关规则申报科创板的已境外上市红筹企业，说明其适用的具体指标和符合指标的具体情况、计算基础和计算方法。

　　公司选择科创属性相关情形的，说明符合所选择情形的情况：

　　1. 选择第一项情形的，公司应依据国家主管部门制定的相关科技创新规划和政策文件、相关细分领域技术发展的现状与趋势，说明其技术产品具有国际领先、引领作用或者对于国家战略具有重大意义。

　　2. 选择第二项情形的，公司应说明获得国家自然科学奖、国家科技进步奖、国家技术发明奖的奖项名称、授予单位、授予时间、发行人及其核心技术人员的参与情况；奖项涉及技术产品内容、形成过程、权属情况以及在主营业务中的应用情况等。

　　3. 选择第三项情形的，公司应说明独立或者牵头承担与主营业务和核心技术相关的国家重大科技专项具体项目的组织单位、牵头承担的合作方、项目内容、实施时间、进展情况、取得的成果及其在主营业务中的应用情况等。

　　4. 选择第四项情形的，公司应说明相关产品（服务）占发行人营业收入的比例。公司的具体产品（服务）是否属于由国家主管部门对外正式发布或出具的文件中明确的具体设备、产品、零部件、材料，是否具有极其重要作用或地位，且在国家发改委、工信部、科技部等相关部委文件中有明确列示。公司相关产品（服务）出现前，国内产品（服务）是否主要依赖进口，公司实现产品（服务）的技术突破后，是否能打破外国产品（服务）的垄断地位，客观上是否具备在相同领域替代原有垄断产品（服务）的性能或效用且在国内相同产品（服务）中处于领先地位；或者公司产品（服务）是否为世界首创或领先，对整体市场竞争格局、产品（服务）定价权等产生重大影响。

　　5. 选择第五项情形的，公司应说明相关重要发明专利的取得时间、主要技术等。

（四）公司认为需要说明的其他情况（如有）

三、结论性意见

经充分评估，发行人认为自身符合科创板支持方向、科技创新行业领域和相关指标或情形等科创板定位要求。

××股份有限公司

年 月 日

附件2

关于发行人符合科创板定位要求的专项意见

（参考示范格式）

上海证券交易所：

根据《科创板首次公开发行股票注册管理办法（试行）》《科创属性评价指引（试行）》和《上海证券交易所科创板股票发行上市审核规则》《上海证券交易所科创板股票上市规则》《上海证券交易所科创板企业发行上市申报及推荐暂行规定》（以下简称《暂行规定》）等有关规定，××（保荐机构）及指定的保荐代表人已经勤勉尽责，诚实守信，严格按照相关业务规则、行业执业规范和道德准则，对××（发行人）是否符合科创板定位进行了充分的核查论证工作，出具本专项意见，并保证所出具意见真实、准确和完整。

一、发行人简介与主营业务概述

二、保荐机构关于发行人符合科创板定位的核查情况

（一）发行人符合科创板支持方向的核查情况

保荐机构应对发行人符合国家科技创新战略情况，拥有关键核心技术等先进技术或产品情况，科技创新能力、科技成果转化能力情况，行业地位或者市场认可度情况进行核查，并就发行人是否符合《暂行规定》第三条规定的符合科创板支持方向发表核查意见。

（二）发行人符合科技创新行业领域的核查情况

保荐机构应根据高新技术产业和战略性新兴产业规划、政策文件，国家统计局《战略性新兴产业分类》和《暂行规定》的规定，结合公司核心产品及其应用情况等进行核查，并就发行人是否属于科技创新行业领域、行业领域归类的准确性发表核查意见。若发行人认定属于符合科创板定位的其他领域，保荐机构应详细说明理由和依据。

（三）发行人符合科创属性相关指标或情形的核查情况

保荐机构应逐项对发行人科创属性相关指标的具体情况、计算基础和计算方法，发行人选择适用的科创属性情形的具体情况进行核查，并就发行人是否符合《暂行规定》第五条或第六条规定的科创属性相关指标或情形发表核查意见。

（四）保荐机构认为需要说明的其他情况（如有）

三、关于发行人符合科创板定位的结论性意见

经充分核查和综合判断，本保荐机构认为发行人出具的专项说明和披露的科创属性信息真实、准确、完整，发行人符合科创板支持方向、科技创新行业领域和相关指标或情形等科创板定位要求。

×× （保荐机构）

年　月　日